浸养美育

——音乐教学新探

谭 京 著

合肥工业大学出版社

图书在版编目(CIP)数据

浸养美育:音乐教学新探/谭京著. --合肥:合肥工业大学出版社,2024
ISBN 978 - 7 - 5650 - 6782 - 2

Ⅰ.①浸… Ⅱ.①谭… Ⅲ.①音乐课-教学研究-中小学
Ⅳ.①G633.951.2

中国国家版本馆 CIP 数据核字(2024)第 097866 号

浸 养 美 育
——音乐教学新探

谭 京 著   责任编辑 毛 羽

出 版	合肥工业大学出版社	版 次	2024 年 7 月第 1 版
地 址	合肥市屯溪路 193 号	印 次	2024 年 7 月第 1 次印刷
邮 编	230009	开 本	710 毫米×1010 毫米 1/16
电 话	基础与职业教育出版中心:0551-62903120	印 张	14.5
	营销与储运管理中心:0551-62903198	字 数	237 千字
网 址	press. hfut. edu. cn	印 刷	安徽联众印刷有限公司
E-mail	hfutpress@163.com	发 行	全国新华书店

ISBN 978 - 7 - 5650 - 6782 - 2   定价:68.00 元

如果有影响阅读的印装质量问题,请联系出版社营销与储运管理中心调换。

总　序

超越优秀，成就名师

　　广东省这一轮中小学"百千万人才培养工程"初中文科名教师培养对象的系列专著陆续出版了。作为这个项目的主持人和导师，我想说几句话，权作这套书系的总序。

　　优质的教育需要优秀的教师，基础教育的高质量发展也需要教师的高质量发展。因此，培养和造就高质量的教师成为国家、教育行政部门和学校的重要任务，而成就卓越、实现专业的终极发展也应是教师自我的追求。

　　为贯彻落实中共中央、国务院关于全面深化新时代教师队伍建设的有关部署要求，进一步加强广东省中小学教师队伍建设，培养造就一大批教育家型教师、卓越教师和骨干教师，努力营造优秀教育人才脱颖而出的制度环境，2020年广东省实施了新一轮中小学"百千万人才培养工程"。

　　该工程以打造广东省中小学高层次人才队伍为目标，建立完善省、市、县三级分工负责、相互衔接的中小学教师人才培养体系，坚持系统设计、高端培养、模式创新、整体推进，注重发挥教育家型教师、卓越教师和骨干教师的示范引领作用，辐射带动中小学教师队伍整体素质的提升，为加快推进广东省教育现代化提供坚实的师资保障和人才支持。

　　该工程主要目标任务：到2035年，省级培养项目培养数以千计师德师风高尚、教育理念先进、理论知识扎实、教育教学能力强、管理水平高，具有国际视野、创新精神、较大社会影响力和知名度的教育家型教师；市级培养项目培养数以万计的卓越教师；县级培养项目培养数以十万计的骨干教师。

2021年7月，广东省"百千万人才培养工程"初中文科名教师项目立项。经过多轮遴选，35位来自全省各地市的初中文科教师成为名教师培养对象。他们都是45岁以下，具有高级职称，在教学和研究上都已取得一定成绩的优秀教师，基本上都有市级优秀荣誉，其中不乏全国和广东省优秀教师、特级教师。我有幸成为这个项目的主持人和导师组组长。我给培养对象定的目标就是通过三年培养，在三年或者再长一点的时间内，35位教师都能成为教育家型的"粤派名师"。

对于这35位教师，我要致以诚挚的谢意和敬意。因为，他们都很优秀，都很年轻，都很努力。

当前中小学存在一种普遍现象，有的教师在获得优秀称号或40岁之前都有着较高的成就动机，比较明确的努力目标、奋斗方向，那就是要争取"优秀"，且都为成为"优秀"付出了艰辛和心血。但随着优秀称号或高级职称的获得，有的教师便产生"优秀（职称）到手万事休"的享乐心理，自认为在专业上已是"船到码头车到站""多年媳妇熬成婆"了，沾沾自喜于"优秀"和高级职称，故步自封，不自觉地失去成就动机，不思进取。年龄相对较大的优秀教师就有"人到中年万事休"的知天命心理，认为自己人生渐入或已入不惑之年，身体已不如壮年，且在新课改中和青年教师相比，很多方面都处于劣势，没有多大必要再像原先那样拼死拼活去追求新的发展目标。如此，他们消磨了斗志，失去了再发展的方向，不再一如既往地投身教师工作，只抱着"当一天和尚撞一天钟"的态度一味地吃老本、混日子、摆架子，甚至干脆逃避工作。

初中文科名教师项目中的35位培养对象，都摈弃了以上心理，他们已经功成名就，且上有老下有小，却没有"躺平"，没有"佛系"，也没有"固化"，而是继续在为自己的专业再发展，搞课改、做课题、出专著、提主张、带后进、帮薄弱，为使自己走得更远而努力。这怎能不让我感动而对他们感谢和致敬呢？

当然，也正因如此，我的责任和压力更大了。如何带领这35位优秀教师一起成长，最终使其成为教育家型的"粤派名师"，就成为我必须思考的问题和今后三年的重要工作任务。我虽倍感压力，但信心满满。

教师的专业发展受外部因素和内在因素的制约，是教师主体与周围环境相互积极作用，通过主体的各种实践活动而实现的。"人在社会中推进生命历程的时候，除了受到环境因素的影响之外，还要受到个人的能动性和自我选择的影响。"① 教师需要更多的"内生性"成长，而非"外铄性"成长。教师专业发展既是社会身份的获得，又是教师专业内在价值的体验与获得。广东省中小学"百千万人才培养工程"给老师们提供了一个平台，创造了成长的机会和条件。但是，如果没有培养对象自我发展的意识和行动，仅靠工程来打造是不可能实现专业再发展的。因此，在这里，我想对 35 位培养对象提出几点希望。

首先，树立专业再发展的意识和成就名师的信心。

柯林斯说："因为优秀，所以难以卓越。"卓越之难，在于远超优秀的境界。各位名教师培养对象都是具有了一定成绩和成就的优秀青年教师，有的还具备了令人称羡的荣誉和名号，是教师在专业发展中的先行者。但是，从教师专业发展的角度来说，优秀只能是代表其以往专业生涯的成绩，而未来的专业之路并不因其拥有优秀称号就必然取得更大的成就。教师的工作是一个动态、复杂的专业领域，充满了未知和不可预测，不可能有现成的模式和套路因循，教师的专业活动永远处于变动、探索和创新之中。因此，教师的专业发展必然是个持续性和动态性的过程。布莱克曼对教师专业发展的定义：不论时代如何演变，不论是自发的还是受赞助的，教师始终都是持续的学习者，此种学习就是专业发展。

基于此，专业发展应贯穿每个教师的整个专业生涯，永无止境，优秀教师更应如此。优秀是对以往成绩的肯定，是现在立身的基础，更是未来发展的起点，优秀教师必须不断超越、臻于卓越。《国家中长期教育改革和发展规划纲要（2010—2020 年）》提出"鼓励教师和校长在实践中大胆探索，创新教育思想、教学模式和教育方法，形成教学特色和办学风格，造就一批教育家"。广东省中小学"百千万人才培养工程"的任务也是"培养教育家型教师"。教师专业发展的最终目标就是努力"成为教育家"，实际上就是在已有的优秀基础上再达到一种新的境界，即本着自身的禀赋、才具、特点与教育积淀，在创造性的实践与探索的过程中形成自己鲜明的专业个性、特质，显

---

① 刘捷. 专业化：挑战 21 世纪的教师 [M]. 北京：教育科学出版社，2002.

示独特的教育价值。李海林教授认为，教师要实现"二次发展"。实际上，教师应该坚持终身发展。所以，作为以往的优秀教师、名教师的培养对象应忘记以往的荣耀，站在新的台阶和起点上，迈步从头越，实现再次发展、终身发展，追求成名师、敢于成名师，朝既定的教育家型的"粤派名师"目标前进。

其次，基于已有的个性，建立自己的教学主张和教育范式。

很多老师为什么在专业上难以持续发展，在发展到某个阶段后就停止发展，有的老师在取得一定成绩后如昙花一现，陷入"一优秀就沉沦"的泥沼，其重要原因就是未找到自身的新的发展点。教师在"优秀"后必须有新的兴奋点、切入点，否则极易陷入目标低迷、激情不再、专业固化的困境。要突破这种困局，必须寻找从我们自身专业发展轨迹中延伸出来、向高处登攀的阶梯。教育是科学更是艺术，是一种创造性的活动。教师必须以创造和个性才能更好地完成这项活动，也只有创造和个性才能让教师感受到工作的幸福，从而不懈地努力追求更高的目标和境界。

优秀教师、名教师培养对象的个性特点在专业生涯中已逐步显现，这正是我们再发展的新的兴奋点、切入点。从此出发，在教育科学理念的引导下，在实践中不断磨砺、丰富、完善，形成并凸显教学特色，体现出有鲜明个性和独特教育价值的教学主张与教育范式[①]，这可以也应当成为我们专业再发展的生长点。拥有个性化和独具教育价值的教学主张和教育范式是优秀教师"教育自觉"的关键性标志，是其成熟成功的核心因素，是其产生和保持影响力的重要原因，是具有影响力的优秀教师与一般优秀教师的显著区别，也是优秀教师走向教育家的津渡。于漪建立了"人文教育"的主张和范式、李吉林建立了"情境教育"的主张和范式，李庚南建立了"自学·议论·引导"的主张和范式……一大批优秀教师，正是不断通过探索和建立自己的教学主张与教育范式，形成自己的鲜明的专业个性、特质，体现独特的教育价值，最终成为著名的教育专家或教育家，登上专业生涯的巅峰。

优秀教师一般已具备娴熟的教学技能、深厚的专业知识和丰富的教学经验，但若没有自己的教学主张和教育范式，也只是懂操作的高级技术员和规

---

① 朱嘉耀.走出一条名师培养的南通之路［J］.江苏教育研究，2011（8）：4-8.

定的忠实执行者。当建立起自己的教学主张和范式之后，优秀教师就不仅能以其教学经验、教学特色影响教师，还能以其教学主张，即个性化的教育思想影响、改变教师。就其本人而言，也因教学主张及教学主张下的实践，使自己获得持续的影响力，并不断有新的进展和新的经验①。如此，就能从广度和深度上推进教学改革及教师的专业发展。这也是我为什么在项目实施中，把建立自己的教学主张和教育范式作为培养这35位教师的重要抓手的主要原因之一。

再次，自觉地读书、实践、反思、研究、写作。

建立教学主张与教育范式是优秀教师对自己教学实践进行高度理性解析与提升，形成思想成果的过程；建构操作体系，则是将思想物化，将技术经验梳理、搭建、完善，成为教学主张实施的途径、方式的过程②。如果将此作为优秀教师再发展的追求，那么如何实现呢？最基本的方式就是自觉地躬身于读书、实践、反思、研究、写作，舍此无任何终南捷径。读书是自我的充实，是与他人的专业对话，是为了有更好的理论指导实践；实践于教学，是教师工作的根本，是教师工作的出发处和归宿；反思是对教学实践以自我行为表现及其行为之依据的"异位"解析和修正，进而不断提高教师自身教育教学效能和素养的过程；研究是教师对教育教学，对自己生存、发展意义的不断地探寻、叩问和求证；写作是教师将默会知识向明言知识的转化，是提炼总结研究成果，是理性概括梳理思想……这几个环节周而复始、不断循环，其间每一步骤都可能是一个新的起点，但始终无终点。只要有一个环节被忽视和省略，优秀教师的发展都会固化、停滞不前。例如，教而优则仕，离开了教师的工作场——课堂实践，还能再发展吗？又如，教而不思、思而不研，则永远只能是一个优秀的"教书匠"。哪一位教育专家、教育家没有自己的著述？古今中外，成为教育家的优秀教师无谁能舍弃这一路径，无谁能跳过其中的哪一环节。因此，优秀教师一是应信奉而坚持这一方式，并在自己的专业生活中努力践行，持之以恒；二是要把每一步骤都做到充分扎实，绝不走过场做花样；三是用研究、思考来串联整合整个循环，使每一环节都张扬着思想的力量。如此，优秀教师新的发展目标就有可能实现。因此，我们"百

---

① 成尚荣. 生活在规律中的主人：谈名师成长的方式 [J]. 人民教育，2009（9）：46-49.
② 同上。

千万人才培养工程"名师培养对象，必须把"读书、实践、反思、研究、写作"作为自己接受培养期间，乃至终身发展的基本方式。我们要求老师们大量阅读、研究课题、发表论文、出版专著，出版本套培养对象系列专著，也正是基于这一点。

最后，保持正确的专业自我，葆有永久的信念和激情。

许多著名教育专家在总结自己一生的教学生涯时特别强调教育信念和激情在他们专业再发展中的价值和意义[1]。原联合国教科文组织国际教育规划研究所负责人库姆斯认为，"使教师成为优秀教师的，不是……而是教师对学生、自己、他们的目的、意图和教学任务所持的信念"[2]。而教育激情"可以产生一种推动性、激励性的力量"，"在某种意义上，激情确实是教学的关键"[3]。正确而合理的教育信念、自始至终的教育激情是教师顺利成长和完善教学实践的重要保证。雅斯贝尔斯强调，"教育须有信仰，没有信仰就不成其为教育"，"教育，不能没有虔敬之心，……缺少对'绝对'的热情，人就不能生存，或者人就活得不象一个人，一切就变得没有意义"[4]。

教师工作是一种基于信念的行为，这也就意味着信念和激情是教师专业发展的动力，这种发展是自发、真诚、内源性的发展，也是基于生命的灵动与热力高度自觉的发展，而非出于外在强制和纯粹基于个人私利，机械麻木与冷漠盲目的发展。无论是力辞官职、执着教坛的斯霞，还是不求闻达、但求学术的李吉林等名师，他们在成名后，也即优秀后并未就此止住前进的脚步，而是更加努力地跋涉，凭着信念和激情演绎自己的人生价值和理想，成为成功教师的典范。因此，教师在取得一定成绩，显示优秀的品质后，其专业自我应当在更高水平上提升，从而使其专业人格完整而和谐；应坚守信念永葆激情，认识到"优秀"只是检验自身发展的一个尺度，自己永远处于一种"未完成"的状态，永远是在专业发展的路上，从现实的种种束缚及身体和心灵的各种禁锢中解脱出来，不断反省自己的专业自我，从中发现内在的

---

①　柳斌．中国著名特级教师教学思想录［M］．南京：江苏教育出版社，1996．

②　库姆斯．教育改革的新假设［M］//瞿葆奎．教育学文集·国际教育展望．北京：人民教育出版社，1993．

③　FRIED R L．The Passionate Teacher：A Practical Guide［M］．Boston，Mass：Beacon Press，1995．

④　雅斯贝尔斯．什么是教育［M］．邹进，译．北京：生活·读书·新知三联书店，1991．

冲突，祛魅头顶优秀光环，克服自我惰性、自我满足和自我功利，实现自我突破，在不断协调冲突的过程中把生命提高到新的层次，以自身的智慧更新对世界的理解，从而发现新的发展可能性和追求新的成长目标。

因为优秀，所以要走得更远。教育家来自教师，尤其是优秀教师。当优秀教师能够克服"优后"专业固化难题，实现专业再发展，走得更远的时候，国家、社会和人们期待的"造就一批教育家"的目标也就指日可待了。这也是我对广东省中小学"百千万人才培养工程"初中文科名教师培养项目的期待，对35位年轻而又优秀的初中教师的厚望。

我还要说的是，作为项目的主持人和导师组组长，我将在教育主管部门、省项目办和所在培养机构岭南师范学院的指导下，和导师团队及项目管理团队一起，坚持培养标准，强化专业引领，尽量做好服务，为老师们的成长扶一手、拉一把、送一程，让老师们走得更快、走得更稳、走得更远。

这就是在广东省中小学"百千万人才培养工程"初中文科名教师培养对象系列专著出版之际我想说的话，和诸位未来名师共勉。热烈祝贺广东省中小学"百千万人才培养工程"初中文科名教师培养对象系列专著的出版！热切期盼广东省中小学"百千万人才培养工程"初中文科名教师培养对象早成"粤派名师"！

李斌辉

2022 年 9 月 23 日于岭南师范学院

序

    在党和国家全面加强和改进新时代学校美育工作的背景下，在大中小学全面实施学校美育浸润行动的进程中，音乐教育作为美育的主要内容和美育浸润行动的重要载体，承担着提高学生审美素养、陶冶学生情操、温润学生心灵、激发学生创新创造活力的重要使命。谭京老师出版《浸养美育——音乐教学新探》一书，可以说是恰逢其时，是对国家美育浸润行动的积极回应与生动实践。

    在这本书中，谭老师从阐述音乐教育的本质出发，结合自身数十年所积累的丰富教学经验，较为深入地探讨了音乐教育培养学生综合素质、提升他们的审美能力和创造力的理念与方法。同时，谭老师创造性地提出了"浸养美育"这一理念，强调音乐教育不只是技能的传授，更是情感、思想和文化的交流与融合。在书中，谭老师通过诸多生动的实践案例向我们展示了音乐教育在培养学生个性、激发创新精神、塑造健全人格方面所具有的独特价值和重要作用。她认为，音乐教育应当创新传统的教学模式，注重学生的主动参与，倡导沉浸式的学习和体验，把学生视为具有独特个性和创造力的个体和终身学习者，让学生在音乐的海洋中自由探索、感受和表达，从而实现自我成长和精神升华。可以说，这是一部理论与实践有机融合的音乐教育著作，它为音乐教育同行们提供了丰富的教学资源和方法，也为所有关心教育、热爱音乐的人提供了借鉴与启示。

　　最后，感谢谭老师将其宝贵经验和智慧凝结于字里行间，为我们带来了这样一部学术价值与现实意义兼备的著作。相信读者朋友们在阅读本书的过程中一定能够获得灵感和力量，并借助所得的灵感和力量将音乐教育的种子播撒得更远、更广，让更多的孩子在音乐的浸润和滋养下健康、自由、快乐地成长。

郭声健

2024 年 4 月 7 日于湖南师范大学

前　言

浸养融生，慧美绽放

　　"浸养美育"是一种综合的教育理念，旨在通过各种艺术形式，如音乐、绘画、舞蹈等，培养学生的审美情感、创造力和文化素养。其中，音乐教育作为"浸养美育"的重要组成部分，具有独特的意义和价值。音乐教学追求的不仅仅是技能的传授，更重要的是在学生的心灵深处播种美的种子，激发其对音乐的热爱和对生活的热情。

　　音乐是一种特殊的艺术语言，能够触动人们的情感和激发人们的情绪，引发人们内心深处的共鸣。通过音乐教学，学生可以学会欣赏不同类型、风格的音乐作品，感受音乐所表达的情感和所创造的意境，培养审美情感，提高审美水平。音乐是一种富有创造性的艺术形式，需要学生通过自己的创意来表达情感和思想。在音乐教学中，老师不仅要让学生获得乐理知识和演奏技巧，还要培养他们的创造力和表现力，鼓励他们进行音乐创作和表演，展现个性和才华。音乐还是一种具有深厚历史和文化积淀的艺术形式，不同的音乐作品反映了不同民族、不同时期的文化特点和精神内涵。通过学习音乐，学生可以了解各种音乐形式的起源和发展，认识不同文化背景下的音乐表达方式，拓宽文化视野、增强文化自信。

本书旨在深入探讨"浸养美育"在音乐教育中的内涵与理论，以及其在音乐教学中的具体应用与实践路径。全书共分为三个部分，前篇为内涵与理论，主要介绍了"浸养美育"概念的形成背景、理论基础及其在音乐教育中的重要性；中篇为范式特点与路径，主要介绍了"浸养美育"教学的具体特点与实践路径；后篇为教学案例与实践反思，主要介绍了"浸养美育"理念在音乐教学中的实际应用与案例分析。本书适用于音乐教育工作者、音乐教育研究者及对音乐教育理念感兴趣的读者。

谭　京

2024 年 1 月 1 日于惠州市第一中学

目　录

前篇　内涵与理论

中篇　范式特点与路径

后篇　教学案例与实践反思

前篇　内涵与理论

第一章 音乐教育现状的方向审视

第一节 现状调查

一、音乐教育资源的逐步增加

近年来，音乐教育资源的逐步增加成为提升教育质量的重要推动力。许多地区和学校意识到音乐教育的重要性，开始加大对这一领域的资金投入。这些投入不仅体现在购置新的乐器和教学设备上，还包括改善音乐教室的环境，营造更适宜的学习氛围。例如，购置现代化的钢琴、电声乐器、数字音响设备等，为学生提供了丰富的音乐实践机会，提升了他们的音乐技能和综合素质。各地教育部门和学校也在不断探索和创新音乐教育资源的共享机制。一些地区建立了教育资源共享平台，使优质的音乐教育资源得以在不同学校之间流通。这种共享平台不仅解决了资源分配不均的问题，还提高了资源的利用效率。通过共享平台，更多的学校能够借鉴先进的教学经验，采用优质的教学资源，从而提升了该地区整体的音乐教育水平。

音乐教育资源的增加也体现在教师资源的优化上。随着资金的投入，学校有能力聘请更多专业的音乐教师，并为现有教师提供更多的培训和进修机会。这不仅提高了教师的专业素质和教学能力，也为学生提供了更高质量的音乐教育。同时，教师引进和培训也促进了教学方法的创新，使得音乐课堂更加生动有趣，激发了学生的学习兴趣和热情。

通过资金的投入和资源的共享，学校能够开发和引进更多优质的音乐教材和教学资源。这些教材和资源不仅涵盖了传统的音乐理论和技能，还包括现代音乐、跨文化音乐等多元化的内容，使学生能够接触到更广泛的音乐知识和文化。这种内容的丰富化，有助于培养学生的音乐素养和审美能力，提升他们的综合素质。此外，学校在资金充足的情况下，还能够组织更多的音乐活动和实践机会。例如，举办音乐节、音乐会、艺术展览等，让学生有更多的机会展示自己的才华和成果。通过这些活动，学生不仅能够锻炼自己的表演能力，还能增强自信心和团队合作能力；同时，这些活动也为学生提供了相互交流和学习的平台，有助于他们拓宽视野和思维。

许多学校开始与音乐教育机构、艺术团体等建立合作关系，共同开展音乐教育项目。这种合作不仅为学校提供了更多的专业资源和指导，还为学生提供了更多的实践机会和展示平台。例如，学校邀请音乐家和艺术家来校讲座和演出，让学生能够近距离接触和学习专业的音乐知识和技能。这种校外资源的引入，丰富了学校的音乐教育内容，提升了学生的音乐素养和综合素质。此外，音乐教育资源的增加还体现在政策的支持和保障上。各级政府出台了一系列政策，鼓励和支持学校发展音乐教育。这些政策不仅提供了资金和资源上的支持，还在制度和管理上给予了保障。例如，一些地区设立了专项资金，用于支持学校购置音乐设备和开展音乐教育活动。这些政策的实施，为学校音乐教育的发展提供了坚实的基础和保障，进一步推动了音乐教育质量的全面提升。

二、师资力量的提升

通过各类培训和进修，音乐教师的专业素质和教学能力得到了显著提升，能够更好地满足学生的音乐学习需求。各种专业培训使教师们能够及时、准确地掌握最新的教育理论和教学方法，提高他们的音乐技能和专业水平。这些培训项目往往由教育部门或专业机构组织，内容涵盖音乐教育的各个方面，包括音乐理论、乐器演奏、指挥、作曲等，为教师提供了全面的提升机会。部分学校积极引进具有专业背景的优秀音乐教师，为学生提供更高水平的音乐教育。这些新教师大多毕业于音乐学院或艺术院校，具备扎实的专业基础和丰富的实践经验。他们的加入带来了新鲜的教学理念和方法，为学校的音乐教育注入了新的活力。通过引进优秀人才，学校能够为学生提供更优质的音乐课程和更丰富的音乐活动，以全面提升学生的音乐素养。

　　在提升师资力量的过程中，一些学校还鼓励教师参加国内外的学术交流和比赛。教师们不仅可以展示自己的教学成果和专业技能，还可以向同行学习和借鉴先进的教学经验。学术交流和比赛不仅拓宽了教师的视野，还激发了他们的教学热情和创新能力。例如，一些教师在参加国际音乐教育会议后，将国外先进的教育理念和方法运用到自己的教学中，取得了显著的效果。此外，学校还注重对教师进行系统的职业规划和发展指导。通过制定个人发展计划，学校帮助教师明确职业目标，并提供有针对性的培训和进修机会，鼓励他们不断学习和进步。职业规划不仅提升了教师的专业素质，也增强了他们的职业认同感和归属感，激发了他们的工作积极性和教学热情。

　　在日常教学中，学校还采取了一系列措施，促进教师之间的交流和合作，如定期组织教研活动和公开课，让教师们分享教学经验和成果，相互学习和借鉴。通过集体备课和教学研讨，教师们能够共同探讨教学中的难点和问题，研究和开发新的教学方法和策略。教师之间的交流和合作，不仅提高了他们的教学水平，也促进了学校音乐教学质量的整体提升。另外，学校还通过引入先进的教学设备和资源，支持教师的专业发展。现代化的教学设备和资源，如多媒体教室、数字音乐系统、电子乐器等，为教师提供了更多的教学工具和手段，丰富了教学内容和形式。借助这些设备和资源，教师能够开展更具趣味性和互动性的音乐教学，激发学生的学习兴趣和参与度。

　　在提升师资力量的过程中，家长和社会的支持也起到了重要作用。许多家长认识到音乐教育的重要性，积极支持学校的教学工作，为教师的专业发展提供了良好的外部环境；同时，社会各界也通过各种方式，支持和推动音乐教育的发展。例如，一些企业和社会团体为学校提供资金和资源支持，赞助教师的培训和进修项目，助力教师的专业成长。

三、课程设置的优化

　　在近年来的教育改革中，音乐课程设置的优化成为提升音乐教育质量的重要举措。许多学校逐渐增加了音乐课程中的实践环节，使学生在合唱、乐器演奏和音乐创作等活动中得以充分实践，全面提升他们的音乐技能和艺术素养。这种实践性的教学方式不仅丰富了学生的学习体验，还激发了他们对音乐的兴趣和热情。在传统的课程设置中，音乐课往往被视为副科，课时相对较少，学生难以系统地学习音乐知识和技能。通过增加音乐课时，学校确保学生有足够的时间进行音乐学习和实践，使他们能够深入了解和掌握音乐的基本理论和技巧。例如，某些学校将每周的音乐课时从一节增加到两节或更多，给予音乐课与其他核心课程同等的重视。这种重视表明了学校对音乐教育的调整，也为学生提供了更多的学习机会。

传统的音乐课程内容多以理论为主，实践环节较少，导致学生对音乐的理解和掌握停留在表面。如今，许多学校在音乐课程中引入了更多的实践活动，如合唱团、器乐队和创作班等，使学生在实际操作中提升音乐技能。通过参与合唱，学生可以学会如何与他人合作，如何理解音乐的和谐美感；通过乐器演奏，学生不仅能掌握一门乐器，还能培养专注力和耐心；通过音乐创作，学生可以发挥创造力，用音乐表达自己的情感和思想。这些实践活动不仅丰富了课程内容，也使音乐教育更具吸引力和实效性。

传统的教学方法多为讲授式，学生被动接受知识，参与度和互动性较低。如今，教师通常采用启发式、讨论式和合作式等多种教学方法，增强了课堂的互动性和趣味性。例如，在音乐创作课上，教师鼓励学生分组进行讨论，并合作完成乐曲创作；在乐器演奏课上，教师通过示范和指导，帮助学生掌握演奏技巧。这些多样化的教学方法不仅提高了学生的学习积极性，也促进了他们的自主学习和创新能力。同时，学校还通过举办各类音乐活动，丰富音乐教育的形式和内容。音乐节、合唱比赛、器乐演奏会等活动，不仅为学生提供了展示自我的平台，还激发了他们的学习动力和竞争意识。通过参与这些活动，学生不仅能够锻炼自己的音乐技能，还能增强自信心和表演能力。

在优化音乐课程设置的过程中，学校也注重满足学生的个性化需求。每个学生都有自己的兴趣和特长，学校通过开设选修课和兴趣班，为学生提供多样化的选择。例如，一些学校开设了钢琴班、吉他班、打击乐班等，满足不同学生的学习需求。同时，学校还根据学生的兴趣和水平，进行分层教学，使每个学生都能在适合自己的课程中得到最大的发展。这种个性化的课程设置，不仅提高了学生的学习效果，也激发了他们的学习热情。此外，学校还通过引入现代化的教学设备和资源，优化音乐课程的设置。多媒体教室、数字音乐系统、电子乐器等现代化设备，为音乐教学提供了丰富的资源和工具。例如，教师可以利用多媒体设备播放音乐作品，让学生在欣赏中学习；数字音乐系统可以帮助学生进行音乐创作和编曲，提升他们的实践能力；电子乐器不仅操作方便，还能模拟多种音色，满足学生多样化的学习需求。这些现代化设备和资源的引入，使音乐教学更加生动、直观和高效。

四、教育理念的更新

近年来，教育理念的更新使得学校和家长对音乐教育的重视程度显著提高。他们逐渐认识到，音乐教育不仅是全面素质教育的重要组成部分，还对学生的综合素质发展具有深远的影响。这种理念的转变不仅进一步完善了学校的教育目标，也改变了许多家长对音乐教育的态度，使得学校与家庭在音乐教育方面形成合力，共同推动了音乐教育的全面发展。学校在教育理念更新的过程中，愈发认识到音乐教育的重要性，不再单纯地将其视为副科，而是将其作为促进学生全面发展的重要途径。过去，学校的教育目标多关注于学生的考试成绩，一定程度上忽视了音乐教育等对学生审美能力和情感发展的作用。如今，许多学校将培养学生的音乐兴趣、审美能力和创新精神纳入教育目标中，制定了更加全面和科学的教育计划。例如，学校不仅更加重视音乐课时安排，还通过各种形式的音乐活动，如音乐节、合唱比赛、乐队演出等，激发学生的音乐兴趣和参与热情。

在教育目标的设定上，学校逐渐将重点从单纯的考试成绩转向学生全面素质的培养。而音乐教育被视为培养学生综合素质的重要手段。学校在制定教育目标时，更加注重培养学生的音乐兴趣、审美能力和创新精神。音乐兴趣的培养，使学生在学习过程中能够保持积极的态度和热情，进而提高学习效果；审美能力的培养，使学生在音乐学习中能够感受美和欣赏美，提升艺术修养和文化素质；创新精神的培养，使学生在音乐创作和表演中能够大胆尝试和表达，提升创造力和表现力。

过去的音乐教学多采用灌输式的方法，学生被动接受知识，缺乏主动参与和思考。如今，教师在教学中更加注重启发和引导，鼓励学生自主学习和创新。例如，在音乐创作课上，教师不仅传授基本的创作技巧，还鼓励学生大胆尝试，用音乐表达自己的情感和思想；在合唱和乐器演奏课上，教师不仅教授演唱和演奏技巧，还注重团队合作和协调，使学生在合作中体验音乐的乐趣和美妙。教学方法的改进，不仅提高了学生的学习兴趣和积极性，也培养了他们的自主学习和创新能力。越来越多的家长认识到，音乐教育不仅有助于孩子的智力开发和情感培养，还有助于提升他们的审美素养和综合素质。因此，家长们在关注孩子文化课成绩的同时，更是积极支持和鼓励孩子参与音乐学习和活动。许多家长还为孩子报音乐班、购买乐器，并在家里创造良好的音乐学习环境。家长的这种重视和支持，不仅提升了孩子学习音乐的积极性，也促进了学校音乐教育的顺利开展。由此可见，学校通过家长会、家校联谊活动等形式，向家长宣传音乐教育的重要性和价值，争取家长的理解和支持。家长则通过积极参与学校组织的音乐活动，了解孩子在音乐学习中的表现和进步，并在家庭教育中给予相应的指导和支持。学校与家长的这种良性互动，为孩子创造了更加和谐优质的学习环境，有利于音乐教育的顺利开展和教育效果的提升。

在教育理念更新的背景下，学校的音乐教育取得了显著的成效。学生在音乐兴趣、审美能力和创新精神方面得到了全面提升，表现出更高的学习积极性和参与热情。例如，许多学生在音乐比赛和演出中表现优异，展现了良好的音乐素养和艺术修养。音乐教育的这些成果，不仅提升了学生的综合素质，也为他们未来的发展奠定了坚实的基础。

五、教学设施的改善

在现代教育的发展过程中，教学设施的改善为音乐教育的提升提供了重要保障。学校逐步配备了现代化的音乐教学设备，如电子琴、数字音乐系统等，为学生创造了更为优越的学习条件。这些设备不仅丰富了教学内容，也极大地提高了教学效果，使学生能够在更好的环境中学习音乐。例如，电子琴作为常见的教学设备，具有音色多样、操作简便的特点，适合初学者学习基础乐理和键盘技巧。此外，数字音乐系统的引入，使得学生能够接触到最新的音乐创作和编曲技术，不仅提升了学生的学习兴趣，还培养了他们的数字音乐素养，为未来的音乐创作和表演打下了坚实基础。

许多学校设立了专门的音乐教室，配备了各类乐器和音响设备，为音乐教学提供了良好的环境。这些音乐教室通常设计精良，具有良好的声学效果，能够最大程度地发挥乐器的音质。例如，钢琴教室、管弦乐教室、打击乐教室等，不仅提供了专业的学习场地，还营造了浓厚的音乐氛围。学生在这样的环境中学习，更容易集中精力，充分感受到音乐的魅力和乐趣。此外，音响设备的改进也极大地促进了音乐教学的发展。过去，学校的音响设备大多比较简陋，无法满足高质量教学的需求。如今，现代化的音响系统不仅音质清晰，还能够模拟不同的声场效果，使学生在演奏和练习中获得更真实的听觉体验。高品质的音响设备在合唱、乐队排练、音乐会等活动中尤为重要，它们能够放大和均衡各个声部的音量，使演出效果更加出色。

在改善教学设施的过程中，学校还注重设备的多功能性和互动性。例如，多媒体音乐教室的设立，使得教师能够利用计算机、投影仪等设备进行多媒体教学。通过播放音乐视频、展示乐谱和音乐作品分析，教师能够以更加生动和直观的方式进行教学。这种多媒体互动教学不仅激发了学生的学习兴趣，还增强了课堂的互动性和参与感。许多学校不仅购置了钢琴、电子琴、吉他、打击乐器等常规乐器，还购入了竖琴、双簧管、大提琴等较为特殊的乐器，丰富了学生的选择。这些乐器的引入，不仅满足了学生的不同学习需求，还使得学校能够开设更多样化的音乐课程和活动。例如，一些学校组建了管弦乐队、打击乐团等，为学生提供了更多展示才华的舞台。

学校还通过合理的设施管理和维护，确保设备的长期使用和良好状态。定期的设备检查和保养，能够及时发现和解决问题，避免设备故障对教学的影响。例如，钢琴的调音和保养、电子设备的检修和更新，都需要专业的技术支持和管理。学校通过与专业机构合作，确保了设备的稳定运行和高效使用，为音乐教学提供了坚实的保障。教学设施的改善使学校的音乐教学质量得到了显著提升。学生在现代化设备和良好环境的支持下学习音乐，不仅提高了学习效果，也激发了对音乐的热爱和追求。例如，通过使用电子琴和数字音乐系统，学生能够快速掌握基础乐理和演奏技巧，进行创作和编曲实践；在专业音乐教室中，学生能够更好地集中精力进行练习和排练，提升表演水平和团队合作能力。教学设施的改善，不仅为学生提供了更好的学习条件，也为学校的音乐教育发展创造了良好的环境。

第二节　问题审视

一、音乐教育现存问题

（一）音乐教学资源不足

当前，音乐教育也存在着诸多问题，其中之一便是音乐教学资源的不足。

这一问题不仅影响了学生的音乐学习体验，也制约了音乐教育的全面发展。音乐教学资源不足主要体现在以下几个方面。

教学设施的不足是影响音乐教育质量的关键因素之一。许多学校缺乏专门的音乐教室，乐器、录音设备等也相对匮乏，这导致了学生在音乐学习过程中无法充分接触到不同类型的乐器、设备，进而限制了他们对音乐的理解和技能锻炼。

师资力量的不足是制约音乐教育发展的重要原因之一。尽管音乐教师的整体数量有所增加，但其专业素质、教学经验等方面的不足仍然存在。一些教师缺乏音乐教学的专业知识和技能，无法提供高质量的音乐教育服务，影响了学生的学习效果和兴趣培养。

教材的匮乏也是制约音乐教育发展的一个关键问题。目前，许多学校使用的音乐教材质量较差，且内容单一、陈旧，难以满足学生的学习需求；同时，许多学校缺乏如音乐图书、音乐影视资料等音乐教育资源，限制了学生的音乐学习和研究。

音乐教育资源不足是当前音乐教育面临的重要问题之一，解决这一问题需要政府、学校、社会各界等多方共同努力，例如，加大对音乐教育的投入和支持、提高音乐教师的专业素质、完善音乐教材和资源等，各方携手为学生提供更优质的音乐教育服务。

（二）社会认可度和支持度不足

音乐教育的社会认可度和支持度不足是当前音乐教育面临的一个重要问题。尽管音乐教育在学校课程中占有一席之地，但在社会层面，音乐教育往往缺乏足够的认可和支持，这给音乐教育的发展带来了一系列的挑战。

社会对音乐教育的认可度不高，音乐教育往往被认为是次要的、可有可无。在一些人眼中，音乐教育往往被视为"软科学"或"小门槛"，相比其他学科如语文、数学等，其重要性和必要性并未被广泛认可。这种状况在一定程度上导致了音乐教育在学校课程设置和资源分配上的不足，影响了音乐教育的深入开展。

社会对音乐教育的支持度不足，这主要体现在政策扶持力度不够、经费投入不足等方面。在一些地区，政府对音乐教育的政策支持力度不够，缺乏对音乐教育的明确规划和政策指导，导致音乐教育在教育体系中的地位不稳定；同时，音乐教育经费的投入也相对不足，直接导致了学校在音乐教育方面的设施、器材、教材等方面的投入不足，影响了音乐教育的教学质量和效果。

社会对音乐教育的理解和认知存在偏差，往往将音乐教育简单地理解为音乐技能的培养，忽视了音乐教育对学生综合素养的培养和人格品质的塑造。这种片面的认知导致了音乐教育价值被低估，影响了社会对音乐教育的支持和投入。

社会对音乐教育师资队伍的认可度不高，导致了音乐教育师资队伍的流失和不稳定。另外，由于音乐教师的待遇相对较低，许多有音乐教育专业背景的人士选择了其他行业，加重了音乐教育师资队伍的流失。

综上，要解决社会认可度和支持度不足这一问题，需要加大对音乐教育的宣传和推广力度，提高社会对音乐教育的认可度和支持度，为音乐教育的发展营造良好的社会氛围。

（三）教师素质不均

音乐教师素质不均是一个长期存在且影响深远的问题。教师的素质直接关系到教学质量和学生的学习效果。因此，音乐教师素质的不均衡问题亟待解决。

一些音乐教师缺乏专业知识和技能，无法胜任教学工作。音乐教育要求音乐教师具备丰富的音乐知识和专业技能，包括音乐理论、乐器演奏、声乐技巧等方面。然而，部分音乐教师的专业知识和技能水平不够，无法达到教学要求，影响了教学质量和效果。

一些音乐教师缺乏教学经验和能力，无法有效地组织和指导学生学习。音乐教学是一项复杂的工作，需要教师具备丰富的教学经验和能力，能够灵活运用各种教学方法和手段，激发学生的学习兴趣，引导他们全面发展。然而，部分音乐教师缺乏教学经验和能力，导致教学效果不佳。

一些音乐教师缺乏敬业精神和责任感，对教学工作缺乏热情和投入。音乐教育是一项需要耐心和毅力的工作，需要教师全心全意地投入教学中，关心学生的成长和发展，积极引导他们学习，激发他们的潜能。然而，部分音乐教师缺乏敬业精神和责任感，对教学工作不够重视，缺乏对学生的关注和关爱。

一些音乐教师缺乏自我更新意识和学习能力，无法跟上音乐教育发展的步伐。随着社会的不断发展和进步，音乐教育的理念和方法也在不断更新和发展，这要求教师不断提高自己的教育水平和专业素养。然而，部分音乐教师缺乏自我更新意识和学习能力，无法适应音乐教育发展的需要，影响了教学质量和效果。

音乐教育中教师素质不均是一个亟待解决的问题。要解决这一问题，需要政府加大对音乐教师培训的支持力度，提高音乐教师的专业水平和教学能力，建立健全的评价机制，激励音乐教师不断提高自己的教育水平和专业素养，为学生提供更好的音乐教育服务。

（四）课程设置单一

音乐课程设置过于单一是当前音乐教育领域面临的一个重要问题。在许多学校中，音乐课程主要集中在传统的歌唱和乐器演奏上，忽视了音乐教育的多样性和丰富性。这种单一的课程设置不仅影响了学生对音乐的全面理解，也限制了音乐教育的发展空间和创新力度。

课程设置的单一导致了学生对音乐的理解和欣赏能力不足。传统的歌唱和乐器演奏课程往往注重技能的培养，忽视了音乐理论、音乐史、音乐欣赏等方面的教学内容。学生在学习过程中缺乏对音乐背景、文化和风格的了解，难以形成对音乐作品的深刻理解和欣赏，限制了其音乐素养的提高。

课程设置的单一限制了音乐教育的多样性和创新性。传统的歌唱和乐器演奏课程往往囿于教学内容和形式的单一性，缺乏创新和变革的动力。这种单一的课程设置阻碍了音乐教育的发展和创新，难以满足学生多样化的学习需求。

课程设置的单一也影响了音乐教育的整体质量。由于课程内容的单一和局限性，学生在学习过程中往往缺乏对音乐的全面认识和体验。同时，教师在教学过程中也面临着单一教学内容的局限，难以充分发挥自己的教学创意和能力。

音乐课程设置的单一是当前音乐教育面临的一个重要问题，解决这一问题需要教育管理部门和学校加大对音乐课程设置的改革力度，丰富和拓展音乐教学内容，为学生提供更丰富、更全面的音乐教育服务；同时，教师也应不断提升自身的专业水平和教学能力，积极探索多样化的教学方法和丰富的教学内容，为音乐教育的发展注入新的活力和动力。

二、音乐教育现存问题产生的原因及对策

（一）资源分配不均衡

音乐教育资源分配不均衡的问题是由多方面因素导致的。首先，地区经济发展不平衡是造成资源分配不均衡的主要原因。在发达地区，学校通常拥有更多的资金和资源，能够投入更多的经费用于音乐教育，如购置先进的音乐设备、器材及招聘高素质的音乐教师。相比之下，发展水平较低地区的学校经济条件较差，往往缺乏足够的资金来支持音乐教育的开展，导致资源匮乏、设施简陋、师资力量薄弱。

教育政策和制度的不完善也是资源分配不均衡的重要原因之一。部分地区在教育经费的分配和使用上存在不合理现象，导致资源不能有效地投入音乐教育中，造成资源浪费和滥用。

对音乐教育的重视程度不够也是导致资源分配不均衡的原因之一。在一些地区，音乐被视为可有可无的学科，教育主管部门和学校领导往往将其排在次要位置，对音乐教育的投入不够重视。此种情况虽然近年来逐渐得到了改善，但仍旧导致了音乐教育资源的不足和学校在音乐教育方面的设施和师资力量投入不足，进而影响了音乐教育的质量和水平。

家庭和社会对音乐教育的认知和支持程度的不够也是导致资源分配不均衡的原因之一。一些家庭和社会群体对音乐教育的理解和认知存在偏差，认为音乐教育对学生未来发展没有太大的作用。这种观念导致了家庭对音乐教育资源的投入不足，以及学校在音乐教育方面的设施和师资力量配置不足，影响了音乐教育的有效开展和发展。

面对资源分配不均衡问题，首先，政府应加大对贫困地区的财政支持力度，制定更加公平的教育资源分配政策，确保音乐教育资源的合理配置。例如，可以通过专项资金支持贫困地区学校购置必要的音乐教育设备和设施，并建立长期的资金补贴机制，保障贫困地区能够持续开展音乐教育。此外，政府还可以通过政策手段，鼓励企业和社会各界捐赠音乐器材和资金，推动音乐教育的均衡发展。其次，政府和教育部门应通过培训、进修、学历提升等多种方式，增强贫困地区音乐教师的专业能力。例如，可以通过设立专项

培养计划，选派贫困地区的音乐教师到发达地区进修学习，接受先进的教育理念和教学方法等。同时，还可通过政策引导，建立相关的激励机制，如提供住房补贴等福利待遇，改善教师的工作环境与生活条件，吸引更多优秀的音乐教师愿意前往经济欠发达地区任教，以缓解师资不足的问题。

（二）教育观念不同

在音乐教育现存问题中，教育观念存在差异是一个重要的问题。教育观念的不同主要体现在对音乐教育重要性、地位及发展方向的认知上。不同生活背景、文化水平、价值观念等因素的影响，导致了人们对音乐教育的理解和定位存在较大差异。

一些教育主管部门和学校领导对音乐教育重要性的认知存在偏差，导致其更倾向于将资源和精力投入语文、数学等所谓主科上，而忽视了音乐教育对学生全面发展的重要作用，进而导致了音乐教育在课程设置和资源分配上的不合理。

家庭和社会对音乐教育重要性的认知存在差异，这影响了其对音乐教育的支持和重视程度。音乐教育往往被视为是次要的、可有可无的课程，对学生未来发展没有太大的作用。

教育观念的差异也与社会文化、历史传统等因素密切相关。在一些具有深厚音乐传统的地区，音乐教育往往受到更多的重视和支持，被视为培养学生艺术情感和审美能力的重要途径。而在一些过于追求功利化的地区，由于社会价值观念的变化和经济发展的压力，音乐教育往往处于较低的地位，得到较少的关注和支持。

由上述可知，教育观念的不同是导致音乐教育出现问题的重要原因之一。要解决这一问题，需加强对音乐教育重要性的宣传和认知，提高社会对音乐教育的支持和重视程度，推动教育观念的转变，为音乐教育的健康发展创造良好的社会氛围。

（三）师资培养不足

音乐教育领域的师资培养不足是一个大问题，其产生的原因是多方面的。现代社会对音乐教育师资的需求与日俱增，但是培养体系却未能及时跟上这一需求的脚步。音乐教育的专业性较高，但许多高校，尤其是师范类高校，在教学过程中缺乏足够的专业性和实践性的培训，导致毕业生在实际工作中缺乏必要的专业性和实践能力。此外，音乐教育师资培养还存在着教学理念和方法的单一化问题，缺乏对多样化教学模式的深入探索和培训。另外，音乐教育师资培养中也存在忽视教育心理学、教育技术等相关教育教学理论和技能的问题，导致教师在实际教学中缺乏对学生个体差异的认知和处理能力，以及对现代教育技术的应用能力。

面对音乐教育师资培养不足的问题，需要采取一系列措施来加以解决。首先，教育部门和音乐教育人才培养机构应加大对音乐教育师资培养的投入，提高培养质量，以培养更多高水平的音乐教育专业人才；应不断改进培养模式，注重理论与实践相结合，为学生提供更多的实践机会，增强其实践能力和专业素养。其次，教育部门和音乐教育人才培养机构还应加强教育心理学、教育技术等方面的教育教学工作，提高所培养人才的综合素养。再次，针对在职音乐教师的职业技能培训应注重多样化教学理念和方法的培养，鼓励教师创新教学，提高教学的针对性和吸引力。最后，还需要建立健全教育评价机制，让学生对音乐教师的教学工作进行及时评价和反馈，不断完善培养体系，确保音乐教育师资培养工作能够不断迈向更高水平。

（四）教学理念落后

导致音乐教学理念落后的原因包括多个方面。首先，传统的音乐教育理念长期以来未能适应社会和学生需求的变化。传统音乐教育注重技术技能的传授，忽视了音乐教育的多元化和个性化发展。这种教育理念往往导致教学内容单一，难以激发学生的学习兴趣和创造力，限制了音乐教育的发展空间。

其次，部分音乐教育人才培训机构和教师缺乏更新教学理念的意识和能力。随着社会的不断发展和科技的不断进步，教育理念也在不断更新，然而部分音乐教育人才培训机构和教师仍固守着传统的教学模式和理念，缺乏对新理念的认识和接受，导致教学内容和方法落后于时代发展的需求。

教育体制和评价机制的僵化也是导致教学理念落后的原因之一。现行的教育体制和评价机制往往过分强调考试成绩和标准化评价，忽视了学生的综合能力和个性发展。在这样的体制和机制下，教师不得不采用传统的教学理念和方法，以应对考试和评价的压力，而忽视了音乐教育的多元化和个性化发展。

要解决教学理念落后这一问题，首先，需要加强对教师的教育理念和方法的培训，提高教师更新教学理念的意识和能力。例如，可以通过举办培训班、研讨会等形式，向教师介绍最新的教育理念和方法，鼓励教师不断学习和探索。其次，需要改革教育体制和评价机制，在充分考虑学生综合能力培养和个性发展的前提下，应建立多元化的评价体系。例如，制定更加灵活和多样化的评价标准，鼓励学生展现自己的特长和个性，促进音乐教育的多元化发展。此外，还需要加强对音乐教育理念和方法的研究和探索，推动音乐教育理念的不断创新和发展。教育部门、音乐人才培训机构及相关研究机构可以加强合作，开展音乐教育理念和方法的研究，探索适合时代发展和学生需求的教学模式和理念，为音乐教育的发展提供理论指导。

第三节　方向凝思

一、注重多元化的教学内容

在当今日益多元化的社会环境中，音乐教育也应注重教学内容的多元化。传统的音乐教学往往局限于特定的音乐风格、乐器技能或音乐理论等内容，而现代社会的音乐教育需要更加贴近学生的兴趣和需求，更加关注个体差异和多样化发展。因此，注重多元化的教学内容已经成为现代音乐教育的重要方向之一。

多元化的教学内容可以丰富学生的音乐体验和认知。音乐包括古典音乐、流行音乐、民族音乐等各种类型，具有丰富的表现形式和风格，在音乐教学中引入不同风格和类型的音乐作品，可以拓宽学生视野，增强其对音乐的理解和欣赏能力，丰富音乐体验。

多元化的教学内容有利于激发学生的学习兴趣和创造力。每个学生的兴趣和特长都不尽相同，传统的音乐教育往往忽视了学生的个性化需求，导致学生对音乐教育产生抵触情绪。而教师通过引入多元化的教学内容，可以满足学生不同的学习需求，激发他们的学习兴趣，促进他们积极参与音乐教学，锻炼创造性思维。

多元化的教学内容有助于培养学生的综合素养和跨学科能力。音乐教育的目标不仅仅在于培养音乐技能，更在于培养综合素养和能力。教师通过引入与音乐相关的其他学科内容，如音乐史、音乐理论、音乐心理学等，可以促进学生的跨学科学习和思维能力，提高他们的综合素养。

多元化的教学内容有助于发挥音乐教育的社会功能，促进文化传承。音乐是人类文化的重要组成部分，教师通过引入不同地域、不同文化背景的音乐作品，可以加深学生对不同文化之间交流的理解，有助于培养学生的跨文化意识和国际视野，促进音乐文化的传承和发展。

总之，注重多元化的教学内容是现代音乐教育的重要方向之一。多元化的教学内容能够满足学生的个性化需求，激发他们的学习兴趣和创造力，培养他们的综合素养和跨学科能力。

二、注重创造性发展

传统的音乐教育往往侧重于技术技能的传授，而忽视了对学生创造力和想象力的培养。然而，随着社会的不断发展和变化，创造力已经成为当今社会对人才的重要要求之一。因此，在音乐教育中注重创造性发展已经成为一种趋势和必然。

注重创造性发展可以激发学生的创造力和想象力。教师通过引导学生参与音乐创作和表演活动，鼓励他们自由发挥、积极探索、勇于创新，可以激发学生的创造力，培养他们的创新思维和表达能力。

注重创造性发展可以培养学生的综合能力和跨学科能力。音乐创作涉及音乐理论、音乐技术、音乐表现等多个方面的知识和技能，需要学生综合运用各种知识和技能进行创作。教师通过引导学生参与音乐创作活动，可以促进他们的跨学科学习能力和思维能力，提高他们的综合能力。

注重创造性发展可以促进音乐教育的社会功能和文化传承。音乐创作不仅仅是一种艺术活动，还是一种社会活动，可以反映社会现实、表达人们情感、传递文化信息。教师引导学生参与社会和文化相关的音乐创作活动，可以培养他们的社会责任感和文化自信心。

注重创造性发展可以提升音乐教育的吸引力和竞争力。学生对音乐教育的需求在不断变化，传统的音乐教育模式已经难以满足学生的需求。而创造性发展有助于吸引学生参与音乐教育活动，提升音乐教育的竞争力和影响力。

综上，注重创造性发展是现代音乐教育的重要方向之一。注重创造性发展有助于激发学生的创造力和想象力，培养他们的综合能力和跨学科能力，促进音乐文化的传承和发展，提升音乐教育的吸引力和竞争力。

三、注重个性化培养

传统音乐教育往往采用统一的教学模式和内容，忽视了学生个体差异和特长，导致一些学生在音乐学习中失去了兴趣，或者无法充分发挥自己的潜能。而注重个性化培养则能够很好地满足学生的学习需求，促进他们的全面发展。

注重个性化培养可以更好地发现和培养学生的音乐特长和潜能。每个学生都有自己独特的音乐兴趣和天赋，传统的音乐教育采用统一的教学方法和内容，往往忽视了这些个体差异。而通过注重个性化培养，教师可以更加关注学生的个体差异，并针对不同学生的特长和需求，量身定制教学计划，帮助他们充分发挥自己的潜能，实现个人价值。

每个学生都有自己独特的个性和创造力，而传统的音乐教育往往以教师为中心，过分强调技术技能的传授。学生被动地接受知识和技能，导致学生缺乏自主思考和创新能力，缺乏主动性，参与度较低。而注重个性化培养，教师可以根据学生的兴趣和需求设计丰富多样的学习活动，提高他们的学习积极性和主动性。培养他们的独立思考和创新能力，为他们未来的发展打下良好的基础。

总之，注重个性化培养可以提高音乐教育的质量和效益。每个学生的个性和学习需求不同，采用统一的教学方法和内容往往无法满足所有学生的需求，教师可以根据学生的个性和需求进行针对性的教学，提高教学的有效性。

四、科技与音乐的结合

随着科技的不断进步和发展，科技产品已经成为音乐创作、演奏、教学等方面的重要工具和资源。因此，将科技与音乐相结合，不仅可以拓展音乐教育的内容和形式，还可以提高音乐教育的质量和效率，促进学生的创造性发展和个性化培养。

科技可以为音乐教育提供丰富多样的教学资源和工具。例如，通过互联网和数字化技术，学生可以轻松获取各种类型和风格的音乐作品，丰富自己的音乐体验和认知；同时，虚拟乐器、音乐软件等技术工具也可以帮助学生更加直观地理解音乐理论和技巧，提高他们的音乐表现能力和创作水平。

科技可以为音乐教育带来更加灵活和多样化的教学方法和手段。传统的音乐教育往往局限于教室内的课堂教学和传统的乐器演奏，而现代科技的应用可以将音乐教育延伸到更广泛的领域和场景。例如，教师通过网络直播、远程教学等科技手段，可以实现跨地域、跨时空的音乐教育，让学生在教室之外、校园之外也能享受到高质量的音乐教育资源。同时，教师通过虚拟现实、增强现实等科技手段，可以创造更具生动性和互动性的音乐教学环境，激发学生的学习兴趣。

科技还可以为音乐教育提供个性化的学习和教学方案。传统的音乐教育往往采用统一的教学内容和方法，忽视了学生个体差异和学习需求的多样性。而现代科技的应用可以实现对学生学习情况的实时监测和分析，根据学生的学习特点和兴趣爱好，量身定制个性化的学习计划和教学方案，帮助他们更好地发挥自己的潜力，实现个性化的音乐培养和发展。

总的来说，科技与音乐的结合是音乐教育的一个重要发展方向。教师通过充分利用现代科技手段，可以为音乐教育提供丰富多样的教学资源和工具，创造更加灵活多样的教学方法和手段，以实现个性化的学习和教学方案。因此，科技与音乐的结合不仅可以推动音乐教育事业的发展，还可以为学生提供更加丰富、有趣和有效的学习体验，促进他们的全面发展和成长。

第二章　"浸养美育"教学的内涵

第一节　"联觉体验"的隐喻特征

一、"联觉体验"概述

"浸养美育"的理念特别强调"联觉体验"的重要性。这一概念源于心理学中的联觉现象，即一个感觉刺激会引发另一种感觉的联动反应。

联觉体验具有两个重要维度："听觉"和"悟觉"。听觉是基础，因为音乐是以听觉为基础的艺术形式。然而，仅仅停留在听觉上是远远不够的。悟觉，即对音乐中所蕴含的思想和情感的感悟，同样至关重要。音乐不仅是对听觉的刺激，也是作曲家思想的载体和情感的流露。因此，音乐教学需要在丰富和发展听觉的同时，着力于激发学生的悟觉，让学生能够深刻理解音乐的内涵和意义。

音乐教学不能仅仅停留在单一的感觉层面，还应该注重不同感觉之间的互动。"联觉体验"可以使外在的音乐听觉顺利地连接学生内在的音乐悟觉发展上，从而实现音乐教学向音乐教育的转变。这种"联觉体验"不仅能够丰富学生的音乐感知，还能够促进学生对音乐的思考和理解，培养其对音乐的情感共鸣和审美情趣。

教师可通过多种方式和手段来引导学生进行"联觉体验"，如通过音乐欣赏、音乐分析、音乐创作等活动，让学生在实践中感受音乐的美好，并深入思考音乐背后所蕴含的内涵。此外，教师需要成为学生的引导者和启发者，激发学生的"联觉体验"，引领他们走向音乐的美育之路。

二、"浸养美育"教学中"联觉体验"的隐喻特征

（一）融合感官体验

"浸养美育"教学中"联觉体验"隐喻特征的首要表现之一是融合感官体验。这种融合不是简单地将不同感官的体验放置在一起，而是教师在教学设计和实践中精心地将它们交织在一起，以创造更加丰富、深刻的学习体验。

融合感官体验在"浸养美育"教学中扮演着重要角色。它能够激发学生的多元感知，并促使他们以更加全面的方式理解和欣赏艺术作品。通过同时利用视觉、听觉、触觉等多种感觉，学生能够获得更加立体、丰富的感知体验，从而更好地感受到艺术作品所传达的情感和意义。例如，在音乐课上，学生不仅可以听到音乐的旋律和节奏，还可以通过触摸乐器、感受音乐的振动和品读音乐家创作的故事等方式来深化对音乐的体验和理解。

融合感官体验有助于增强学生的情感投入和情感共鸣。教师通过将多种感官体验融合在一起，可以创造更加具有情感张力和感染力的学习环境，从而引发学生内心深处的情感共鸣。在这样的环境中，学生不仅仅是被赋予信息，而且通过自身的感知和情感参与学习过程中，从而更加深入地理解和体验艺术作品所蕴含的情感内涵。例如，在美术课上，通过让学生观察、触摸和感受不同质地的材料，以及通过色彩和形状等视觉元素的组合，学生可以更加直观地感受到艺术家所表达的情感和思想。

融合感官体验还有助于培养学生的跨学科思维和创造性思维能力。通过将不同感官的体验融合在一起，学生被鼓励以跨学科的方式思考问题，从而打破学科之间的界限，拓展思维的广度和深度。在这样的学习环境中，学生不仅可以从艺术作品本身的角度去理解和探索，还可以将艺术与其他学科领域进行关联，发现不同学科之间的联系和互动，从而培养更加综合和创新的思维能力。例如，在文学课上，通过结合文学作品的阅读与音乐的欣赏，学生可以更加深入地理解文学作品所表达的情感和主题，并从中获得灵感，创作具有独特风格和深度的作品。

总之，"浸养美育"教学中的"联觉体验"隐喻特征，通过融合感官体验，创造更加丰富、深刻的学习体验，以提高学生的情感投入度，激发学生

的情感共鸣，培养学生的跨学科思维和创造性思维能力，从而为他们的综合发展提供有力支撑。

（二）情感共鸣与想象力

在"浸养美育"教学中，情感共鸣与想象力是"联觉体验"的重要组成部分，它们相辅相成，共同促进了学生对艺术作品的深刻理解和体验。情感共鸣可以被视为学生与艺术作品之间建立的情感联系，而想象力则是学生在这种情感联系基础上进行的内心探索和创造。

情感共鸣在"浸养美育"教学中扮演着至关重要的角色。通过艺术作品所传达的情感内容，学生能够与作者产生共鸣，从而深刻地感受作品所蕴含的情感内涵，并将其与自身的情感经历进行对照和联系。这种情感共鸣不仅能够增强学生对艺术作品的情感投入和参与度，还能够激发他们内心深处的情感体验和情感反应。例如，当学生在音乐课上听到一首动人的音乐作品时，如果这首作品激发了他们内心的某种情感共鸣，他们就会深深地感受到这种共鸣所带来的情感冲击和情感体验，从而加深其对音乐作品的理解和欣赏。

想象力在"浸养美育"教学中也具有重要意义。通过情感共鸣与艺术作品建立起的情感联系，可以让学生激发自己的想象力，进而将艺术作品所呈现的想象世界延伸和拓展到自己的内心深处。在这个过程中，学生不仅可以通过自己的想象力去重新构建和呈现艺术作品所描绘的场景和情节，还可以将自己的情感体验和情感反应融入这个想象世界中，从而使其变得更加丰富和生动。例如，当学生在美术课上观赏一幅抽象艺术画作品时，他们可以利用自己的想象力去探索和解读作品中所蕴含的各种意象和符号，并将其与自己的情感体验相结合，从而创造属于自己独特的想象世界。

情感共鸣与想象力的结合还有助于促进学生的审美情感和创造性思维能力的发展。学生能够更加敏锐地感知和理解艺术作品所传达的审美意义和审美价值，从而培养自己独特的审美情感和审美品位。而通过想象力的发挥，学生可以在这种情感联系的基础上进行自由的联想和创造，从而创作出具有独特风格和深度的作品，展现自己的创造性思维和创造性表达能力。例如，当学生通过情感共鸣与一部文学作品建立了深厚的情感联系后，他们可以利用想象力探索和创造作品中的想象世界，从而创作属于自己的文学作品。

综上，"浸养美育"教学中"联觉体验"的隐喻特征通过情感共鸣与想象力的结合，可以创造丰富、深刻的学习体验，促进学生的审美情感和创造性思维能力的发展，为他们的综合发展和创新能力的培养提供有力支持。

（三）跨学科交融

"联觉体验"的隐喻特征之一是跨学科交融。这意味着教学不是局限于单一学科的范畴，而是将多个学科的知识、技能和方法融合在一起，以创造更加丰富和综合的学习体验。

跨学科交融可以帮助学生建立更加综合和多元化的知识体系。通过将不同学科的知识和技能融合在一起，教师能够帮助学生在学习中建立起更加丰富和多样化的知识网络，使他们能够从不同学科的角度去理解和探索同一个问题或主题。这种综合性的知识体系不仅有助于学生更加全面地理解和把握所学知识，还能够促进他们的跨学科思维和创新能力的发展。例如，在一个关于环境保护的课题中，教师可以将地理、生物、社会学等多个学科的知识融合在一起，让学生从不同学科的角度去探讨和解决环境问题，从而培养他们的综合性思维和解决问题的能力。

跨学科交融可以帮助学生更好地理解和应用所学知识。教师能够帮助学生将所学知识应用到实际问题中去，并从不同学科的角度去分析和解决问题。这种综合性的学习体验不仅能够增强学生对知识的理解和掌握，还能够提高他们的问题解决能力和创新能力。例如，在一个关于可持续发展的课题中，教师可以将数学、经济学、工程学等多个学科的知识融合在一起，让学生从不同学科的角度去分析和评估可持续发展方案的可行性和效果，从而培养他们的应用性思维和创新性思维。

跨学科交融还能够促进学生的批判性思维和批判性分析能力的发展。通过将不同学科的知识和方法融合在一起，教师能够帮助学生从多个角度去审视和分析问题，从而培养他们的批判性思维和批判性分析能力。这种综合性的学习体验不仅能够让学生更加全面地理解和评价所学知识，还能够拓展他们的思考深度和广度。例如，在一个关于人权和社会正义的课题中，教师可以将历史、政治、法律等多个学科的知识融合在一起，让学生从不同学科的角度去分析不同社会问题的根源和解决方法，并进行评价。

总的来说，跨学科交融是"浸养美育"教学中"联觉体验"的重要特征之一，通过将不同学科的知识、技能和方法融合在一起，创造出更加丰富和综合的学习体验，可以促进学生的综合发展和培养其创新能力。

（四）创新教学方法

创新教学方法的重要性不言而喻。它不仅可以激发学生的学习兴趣，提高他们的参与度，还能够促进他们在美育领域的全面发展。而"联觉体验"作为创新教学方法中的一种隐喻特征，能引领学生进入美的世界，唤起他们对于美的感知和理解。

创新教学方法能够激发学生的学习兴趣和潜能。传统的美育教学往往以死记硬背和机械式的学习为主，学生对此很难产生真正的兴趣。而创新教学方法则打破了这种束缚。其通过多样化的教学手段和活动形式，使学生在参与的过程中体验到美的乐趣，从而主动融入学习中。例如，教师可以采用互动式的课堂讨论、实践性的艺术活动等方式，让学生在实践中感知美的魅力，激发他们的学习热情。

创新教学方法有助于提高学生的综合素养和创造力。美育教育不仅仅是单一的艺术表现，还包含了对于美的感知、理解和创造。而创新教学方法恰恰能够培养学生的综合素养，让他们在审美能力、创造力等方面得到全面的提升。通过"联觉体验"的隐喻特征，学生不仅可以通过听觉感知美的存在，还可以借助其他感官来感知美的存在，从而形成更加立体的美育体验。例如，教师可以通过音乐、舞蹈、戏剧等多种艺术形式的结合，让学生在多重感官的刺激下，更加全面地理解和感知美的内涵。

创新教学方法有助于培养学生的创新意识和实践能力。在当今社会，创新已经成为一种重要的能力，而美育教育正是培养学生创新能力的重要途径之一。教师通过引入创新教学方法，可以让学生在实践中不断探索、尝试，从而培养他们的创新意识和实践能力。而"联觉体验"的隐喻特征则可以帮助学生跳出传统的思维模式，开拓他们的思维视野，从而更好地进行创新实践。例如，教师可以通过跨学科的合作、项目式的学习等方式，让学生在实践中不断地进行联想和创新。

由此可见，创新教学方法在"浸养美育"教学中具有重要的作用，而"联觉体验"的隐喻特征则是其中的重要组成部分。教师引入创新教学方法可以激发学生的学习兴趣，提升他们的综合素养，培养他们的创新意识和实践能力，从而能更好地实现美育教育的目标。

第二节　浸润式学习的隐喻特征

一、浸润式学习的内涵

音乐学习是一种沉浸式的体验，它不仅仅是简单地学习音符和节奏，还是一种情感、思维和行为的深度融合。在音乐学习的过程中，我们经历着情绪的浸润、思维的浸润和行为的浸润。这三者相互交织，催生出真正的美学素养。我们只有处于这种浸润的状态下，才能领悟音乐的本质，感知才能从听觉逐渐拓展到更深层次的悟觉。而在音乐课堂中，营造这种浸润的氛围尤为重要，因为它能够促进学生对音乐的深入理解，完成音乐教育的使命。

联觉，即联合感觉，是音乐学科的核心特征之一。通过联觉，我们能够将听觉、视觉、触觉等感官有机地结合起来，进而更好地理解和表达音乐的内涵。然而，要实现联觉，浸润则是必不可少的关键路径。浸润，就是让自己完全沉浸在音乐之中，让音乐渗透进我们的情感、思维和行为之中，从而实现对音乐的真正体悟。

"浸心·润美"的教学风格以"四动·五心"为基础。所谓"四动"，指学生在音乐学习中的连锁反应过程，即生动、打动、心动、感动，这也是让音乐学习真正走向深度的过程。而"五心"，则指教师在教学过程中对学生的态度，即爱心、童心、真心、耐心和恒心，也是师生在音乐学习中共同培养起来的高贵品质。这种教学风格的核心是"浸心"，即教师要将自己的心灵与音乐课堂融为一体，用爱心和美感去感染学生，引导他们在音乐的海洋中畅游。

音乐学科的本质是美育艺术，而教师的使命就是以美育美。教师只有将自己的心完全投入音乐课堂中，以真挚的爱心去感染学生，才能真正实现音乐教育的目标。因此，教师的心态至关重要。只有当教师具备了"浸心"的状态，才能够真正地影响学生，让他们的人生在音乐的润泽下得到成长。

在这个音乐教学理念的指导下，学生不仅仅是在学习音乐知识，而且是在感受音乐的美妙，体验音乐的魅力。他们不再是被动地灌入知识，而是在浸润的氛围中自发地去探索、去表达、去创造。因此，一个好的音乐教学环境不仅能促进知识的传授，还能加强情感的沟通、思维的碰撞、行为的引导。

　　浸润是音乐学习的一种状态，能对心灵产生沉淀和升华。只有当教师和学生都处于这种状态下，音乐教育才能够真正发挥其潜力，为学生的全面发展注入更多的力量。

二、"浸养美育"教学中浸润式学习的隐喻特征

（一）乐学：浸润的情绪特征

　　音乐浸润式教学的主要特征之一是乐学，即情绪特征是教学中至关重要的一环。乐学不仅指学生在学习过程中保持积极、主动的学习态度，还指在音乐学习中营造一种愉悦、快乐的情绪状态，让学生在学习中感受到愉悦与满足。

　　乐学的情绪浸润状态是深度学习的外显表现。学习中的积极情绪是深度学习实施的重要前提，因此，音乐教学需要以乐学为端，营造积极的学习氛围。学生的积极学习情绪主要来源于对学习的心理预期的满足和学习发生的适切心境。当学习活动达到或超越学生的主观预期时，学生会产生积极的情绪反应。同时，若教师营造合理的课堂环境，学生便能够处于放松的心境中，保持舒适的学习状态。

　　音乐学习过程中的乐学状态是学生情感投入的直接表现。音乐具有强烈的情感感染力，它是一种人类以听觉为基本方式进行情感表达和交流的艺术形式。音乐学习能否促使学生的感觉投入，往往决定了学生在音乐学习中的感知、认知和思维是否顺利发展。因此，教师在音乐教学中需要创造适度的需求，让学生产生相应的学习期待；同时要创造适切的环境，与学习主题之间建立意义连接，为学生营造积极向上的学习氛围。

　　在音乐浸润式教学中，教师应当注重以下两个方面的"脚手架"建设：一是创造适度的需要，激发学生的学习动机和兴趣；二是创造适切的环境，使学生能够在轻松愉悦的氛围中进行学习。通过合理的教学设计和精心的课堂管理，教师能够有效地调动学生的乐学情绪，从而使他们更加积极地投入音乐学习中，享受学习的过程，实现学习的最佳效果。

　　因此，乐学作为音乐浸润式教学的一个重要特征，不仅体现在学生的积

极学习态度上，还体现在他们在学习过程中所经历的愉悦、快乐的情感状态上。只有在这种积极向上的学习情绪下，学生才能够真正地投入音乐学习中，获得更加丰富和深刻的学习体验。

（二）深思：浸润的思维特征

音乐浸润式教学的另一个主要特征是深思，它是浸润的思维特征。深度学习以高级思维的发展和实际问题的解决为目标，因此，重视学生的思维发展，让思维贯穿整个学习过程，是非常重要的。在浸润式教学中，深思不仅描述了学生思维的活跃程度，还强调了思维的深度和广度，这也是课堂学习能否真正触发学生深入思考的重点和关键。

深思是学科教学中重要的一环，它描述了课堂学习的思维活跃程度和思维深入程度。教师需要以深思作为教学重构的关键原则和核心依据。问题是思维的起点，因此，教师在设计学习问题时，需要遵循两个原则：一是从课程深处出发，确保问题与课程目标、内容密切相关；二是考虑学生心智发展特点，设计层次性问题链，引导学生思维的渐进深入。

音乐思维的深入需要教师合情合理地搭建学习的问题"支架"。教师应该根据音乐课程目标和教材内容，围绕学生的兴趣点、困惑点、生成点和关键点进行问题设计。通过提出启发性的问题，教师可以引导学生产生疑问，启发学生思考，并促进他们在问题解决过程中发展音乐学科素养。

由上述可知，深思是音乐浸润式教学中的关键特征之一。教师需要通过合适的问题设计和引导，激发学生的思维活跃性，引导他们在学习过程中进行深入思考。只有在深思的引导下，学生才能够真正地理解音乐的内涵，培养出扎实的音乐素养和学科能力。

（三）善行：浸润的行动特征

音乐浸润式教学的主要特征之一是善行，即学生在学习过程中展现的积极主动、熟练有效的行动特征。深度学习强调将所学知识融入原有认知结构中，并能将已有知识迁移到新情境中。这种知识实践与运用的深度学习需要教师在教学中提供合情合理的"脚手架"，以激发学生的积极情绪并提供必要的技术帮助，使得学生的学科实践行动能在沉浸式的状态下进行。因此，在音乐学习中，学生的音乐想象力和创新力的发挥主要依赖音乐实践技能的强化和音乐创新运用的实践，而让学生的音乐实践在"善行"浸润的状态下进行，则是实现"由知识掌握转化为能力突破"的核心要素之一。

实现"善行"状态的音乐实践行动需要相应的教学"脚手架"助行。首先，教学需要充分让学生认识学科实践的生命成长意义，从而提高他们对学科实践的主动意识和积极情绪。音乐不仅是一门学科，还是一种艺术、一种生活方式。通过音乐实践，学生可以感受到自我成长和表达的乐趣，这种认知将激发学生更积极地投入音乐实践中。其次，教学需要重视适当的方法，以提高学生学习实践的针对性和有效性。这包括为学生提供音乐实践的技术指导、提供实践的场所和资源支持，以及鼓励学生在实践中尝试不同的方法和创新。只有这样，学生才能在音乐实践中真正实现"善行"的状态，即情绪积极、实践主动、行动准确到位。

在实际的音乐教学中，教师可以通过设计富有挑战性和启发性的音乐实践任务来激发学生的兴趣和主动性，如组织音乐创作比赛、演奏表演会等活动；同时，教师还可以利用现代科技手段，如音乐软件、多媒体教学等，为学生提供更丰富的音乐实践体验和更全面的指导。通过教师的这些努力，学生将能够在音乐学习中体验到"善行"的乐趣和成就感，进而不断提升自己的音乐实践能力和创新水平。

第三节　"浸养美育"音乐教学

一、"浸养美育"音乐教学概述

（一）注重审美情感的培养

"浸养美育"音乐教学的内涵之一是注重审美情感的培养。这一理念认为，音乐教育不仅仅是传授音乐知识和技能，还应该通过音乐的学习和实践，培养学生对美的感知和欣赏能力，促进他们的情感素养和人格发展。审美情感的培养是音乐教育的核心之一，它涵盖了对音乐作品的欣赏、分析和表达，以及对音乐美学理论和文化背景的理解与领悟。

审美情感的培养意味着通过对音乐作品的欣赏和感受，引导学生逐渐形成对音乐美的感知和认识。音乐具有独特的美学特征和情感表达方式，能够触动人心、启发思考。教师可以通过精心挑选和解读各种类型、风格的音乐作品，帮助学生感受音乐的美妙之处，激发他们对音乐的兴趣和热爱。而通过欣赏优秀的音乐作品，学生可以领略不同音乐风格和文化背景的魅力，拓展自己的审美视野，培养对音乐美的敏感性和品位。

审美情感的培养包括对音乐作品的分析和理解，以及对音乐美学理论的学习和运用。学生不仅需要欣赏音乐作品的美感，还需要通过深入地学习和思考，理解音乐作品背后的内涵和意义。教师可以引导学生从音乐的旋律、节奏、和声等方面分析音乐作品的结构和特点，探讨音乐作品所表达的情感和主题。同时，学生还应该了解和掌握音乐美学理论，如音乐形式、和声学、音乐心理学等，以便能更深入地理解和解释音乐作品的美学意义和艺术价值。

音乐是一种情感的表达和传递，学生不仅应该能够欣赏音乐作品，还应该能够通过自己的演奏、表演或创作，表达自己的情感和思想。教师可以通过合唱团、乐队演出等活动，培养学生的表演技巧和舞台表现力，让他们通过音乐的表演来传递自己的情感和观点，实现心灵的交流和沟通。

审美情感的培养是"浸养美育"音乐教学的重要内容之一，它旨在通过对音乐的欣赏、分析和表达，培养学生对音乐美的感知和理解能力，提升他们的情感修养和审美品位。只有通过深入地学习和实践，学生才能真正领略音乐的美妙之处，从而在音乐的世界里得到心灵的滋养和成长。

（二）强调培育学生的创造性思维和表达能力

"浸养美育"音乐教学强调培育学生的创造性思维和表达能力，其旨在激发学生的想象力、提高其创造力，并通过音乐来表达自我。这种教学理念不仅关注学生对音乐的理解和技能掌握，还注重培养学生的独立思考能力和创造性表达能力。"浸养美育"音乐教学强调培育学生的创造性思维和表达能力，意味着教师致力于激发学生内在的创造力和想象力，使其能够通过音乐表达自我、创造新的音乐形式，并在音乐创作和演奏中展现个性与才华。这种教学理念的内涵不仅体现在教授学生如何演奏乐器和理解音乐作品上，还在于培养学生独立思考、创造性解决问题的能力，让他们在音乐的世界中学会探索、发现和创造。

强调培育学生的创造性思维意味着教师需要提供一个鼓励创新和探索的

学习环境。这样的环境应该充满启发和挑战，让学生感受到自由表达的空间和权利。教师可以通过组织创作比赛、引导学生进行即兴演奏等方式，激发学生的创造力，并为其提供展示才华的机会。此外，教师还应该给予学生足够的信任和支持，鼓励他们勇于尝试、敢于创新，从而培养其自信心和创造性思维。

强调培育学生的表达能力意味着教师需要注重培养学生的音乐表达技巧和情感传递能力。音乐是一种情感的艺术，能够通过音符和旋律传达出内心的情感和思想。因此，教师应该引导学生理解音乐作品背后的情感内涵，学会通过音乐表达自己的情感和情绪。这不仅需要学生具备良好的音乐技巧，更需要他们具备敏锐的感知力和表达能力，能够将内心的感受转化为音乐语言，并与他人分享。

强调培育学生的创造性思维和表达能力还意味着教师需要关注学生进行个性发展和特长培养。每个学生都有自己独特的音乐才华和表达方式，教师应该尊重和发掘学生的个性特点，为他们提供个性化的音乐学习和表达机会。这可能包括针对不同学生的个性化指导和辅导，提供丰富多样的音乐资源和活动，让学生在音乐的世界中找到自己的位置和价值，等等。

（三）重视通过音乐教育培养学生的情感态度和价值观

"浸养美育"音乐教学着眼于培养学生的审美情感、创造性思维和情感态度，以及塑造其价值观。情感、创造性和价值观的培养不仅是学习音乐知识和技能的一部分，而且是培养学生全面发展和成为有思想、有情感、有品格的人的重要途径。

音乐具有独特的审美属性，能够激发人们的情感和情绪。因此，学生不仅要学习如何欣赏音乐作品，还要培养自己的审美情感，提高对美的感知能力。学生可通过接触不同类型、不同风格的音乐作品，了解音乐的表现手法、情感内涵，逐渐形成自己的审美标准和品位。而通过深入体验音乐的美感，学生能够拓展自己的情感世界，培养细腻的情感表达能力，从而在生活中能更加敏感、细致地感知美的存在。

音乐创作是音乐教育中重要的一环。通过创作音乐，学生能够尽情表达自己的情感、思想和体验。教师不仅要传授音乐知识和技能，还要激发学生的创造力，鼓励他们勇于尝试、大胆创新。通过创作音乐作品，学生能够锻炼自己的想象力和创造力，培养独立思考和解决问题的能力。同时，音乐表演也是培养学生表达能力的重要途径。通过演奏、演唱等活动，学生能够展示自己的才华和个性，培养自信心和自我表达能力。

音乐能够触动人心、传递情感、引发共鸣。教师要注重培养学生积极向上的情感态度，引导他们用心感受音乐的情感内涵，树立正确的人生观和价值观。通过学习音乐作品中蕴含的情感和价值，学生能够感受到真、善、美等正能量的力量，培养乐观向上的生活态度和积极进取的精神。同时，音乐教育还能够培养学生的情商和社交能力，促进团队合作和情感交流，从而增强学生的社会责任感和人文素养。

"浸养美育"音乐教育通过注重审美情感的培养、强调培育学生的创造性思维和表达能力，以及重视通过音乐教育培养学生的情感态度和价值观等方式，致力于培养学生全面发展，成为有思想、有情感、有品格的人。这种教育理念不仅能够丰富学生的音乐修养，还能够提升他们的人文素养和社会责任感，为其未来的成长和发展奠定坚实的基础。

（四）注重尊重和关注每个学生的个性特点和兴趣爱好

每个学生都是独特的个体，拥有不同的个性特点、音乐背景和兴趣爱好。因此，实施"浸养美育"音乐教学需要教师能够充分尊重和关注每个学生的个性特点和兴趣爱好，从而更好地满足他们的学习需求，激发他们的学习兴趣和积极性。

注重尊重学生的个性特点意味着教师需要认识到每个学生都具有独特的性格、学习方式和音乐禀赋。在教学过程中，教师应该耐心倾听学生的想法和意见，了解他们的学习习惯和特点，尊重他们的个人差异，不应将学生一概而论，而是根据个体情况进行个性化的教学设计和指导。

关注学生的兴趣爱好是"浸养美育"音乐教学的重要方面之一。教师首先应该积极地了解学生对音乐的兴趣爱好，包括他们喜欢的音乐类型、乐器、演奏方式等，然后根据学生的兴趣爱好设计丰富多样的音乐活动和课程内容。比如，对于喜欢流行音乐的学生，教师可以组织流行音乐演唱比赛或者学习流行音乐的编曲和制作等活动；对于喜欢古典音乐的学生，教师可以组织古典音乐欣赏会或者学习古典音乐的演奏技巧和历史知识等活动。

教师还应该鼓励学生发挥自己的个性特点和创造力，在音乐学习和表达中展示自己独特的风采。例如，对于那些具有创造性思维的学生，教师可以鼓励他们进行音乐创作或者即兴演奏，让他们有机会展示自己的创造性和想象力；而对于那些喜欢表演的学生，教师可以组织音乐剧或者戏剧表演，让他们在表演中展现自己的艺术才华和个性魅力。

"浸养美育"音乐教学的内涵之一是注重尊重和关注每个学生的个性特点和兴趣爱好，这种教学方式可以更好地激发学生的学习兴趣和积极性，促进他们全面发展，帮助他们实现个性化的音乐学习和表达。

二、"浸养美育"音乐教学的具体实施策略

（一）主题渲染以"引"情

1. 把握课程内容的立意，谋定情感渗透的支点

在"浸养美育"音乐教学的实施中，主题渲染以"引"情是关键一环。音乐教学之始，教师应如何借力合情、合理的心境"脚手架"，引领学生的音乐学习情绪进入"乐学"的"浸润"状态呢？音乐教学不仅仅是技能的传授，还是情感交流和心灵对话的艺术。例如，在歌唱教学中，教师除了传授歌曲演唱的技巧，更重要的是要传达歌曲所承载的情感，引导学生理解和表达歌曲背后的情感内涵。基于这一理念，主题渲染以"引"情成了歌唱教学中的关键策略之一。

要把握课程内容的立意，谋定情感渗透的支点。以歌唱教学为例，在歌唱教学过程中，教师不仅要教会学生唱好歌曲，更要引导他们深入理解歌曲的意境和内涵，感受声音与情感的融合。例如，在教学《生死不离》这首歌曲时，教师可以通过介绍歌曲的创作背景和主题来确定教学的主题立意，如"众志成城，无惧灾难"。通过这样的主题立意，教学就能够在引导学生的情感体验上有所依托，从而能更加有效地渗透情感，使学生能够深入体会歌曲所表达的情感，并在演唱时能够更加真情流露。

在主题渲染以"引"情的过程中，教师可以借助感人的音视频或图文资源，营造情绪浸入的适切情境。因为通过播放相关的音视频或呈现相关的图文资料，教师可以让学生更加直观地感受音乐作品所传达的情感，从而更加深入地理解作品的内涵。例如，教师可以呈现与歌曲主题相关的视频素材，或展示与歌曲背景相关的图片资料，通过视觉和听觉的双重感觉刺激，加深

学生对歌曲情感内涵的理解和体验；还可以通过讲解歌曲的背景故事、分析歌词的含义等方式，进一步引导学生的情感体验，帮助学生更好地理解歌曲所要表达的情感，从而更加自然地将情感融入歌唱中。

总之，"浸养美育"音乐教学实施中的主题渲染以"引"情，不仅能够帮助学生更深入地理解和体验音乐作品的情感内涵，还能够激发学生对音乐学习的兴趣和热情，引导他们进入"乐学"的"浸润"状态，以实现音乐教学更有意义的目标。

2. 采用合适的情境方式，引导学生情绪有序浸入

在选择主题渲染的情境方式时，教师需要根据学生的特点和情感需求，采用合适的方式引导他们有序地浸入情绪，如观赏展示、聆听感知、活动感悟等多种方式。虽然方式很多，但关键在于选择能触及学生心灵的方式。例如，以"5·12汶川地震"为主题，教师通过播放相关视频和讲述事件的方式，能够切实让学生感受到灾难面前人们的团结和奉献精神，以引发学生的情感共鸣。

教师的真挚情感和情绪表达能够深度触动学生的心灵，促使他们产生共鸣和投入情感。通过教师真情的表达，学生能够更加深刻地理解音乐作品的内涵和意义，从而能更加全情投入音乐学习中。

在实施主题渲染以"引"情的过程中，我们需要遵循两个基本原则。首先是切题性原则，即情境支架的设计必须与音乐的主题相符，以确保情境设计与教学目标的一致性。其次是切生性原则，即情绪浸入支架的设计必须符合学生的认知水平和情感发展程度，以保证情感引导的有效性和可操作性。

综上，通过主题渲染以"引"情的方式，我们能够让学生在音乐学习中产生更深层次的情感体验和认知体验，从而促进他们的音乐学习情绪的提升，培养他们对音乐的热爱和感悟能力，以实现真正意义上的"乐学"状态。

(二) 联觉引疑以启思

1. 创设共感平台，丰富感官刺激

在实施"浸养美育"音乐教学时，采用联觉引疑以启思的方法是至关重要的。这种方法不仅能够激发学生的思维，还能够让他们更深入地理解音乐作品的内涵，从而达到"深思"的学习状态。

创设共感平台是联觉引疑的关键。音乐教学需要以感官刺激为基础，通

过丰富的感官体验激发学生的思维。学生需要通过听觉、视觉等感观来感受音乐作品的音律、节奏和情感变化。例如，在歌曲《生死不离》的教学中，教师可以通过播放相关的视频和呈现图文素材，创造一个共感的平台。这些素材可以是历年抗灾的感人图片或视频，与歌曲的主题相符合。通过画面和音乐的结合，让学生的视觉和听觉同时得到刺激，以加深学生对歌曲情感的感知和理解。

丰富的感官刺激可以通过不同的感知方式来实现。学生可以通过观看视频、闭目聆听音乐等方式来感知音乐作品，从而加深对该作品的理解和体验。例如，在歌曲《生死不离》的教学中，学生可以先观看相关视频，感受其中的情感表达和故事情节；然后再闭目聆听歌曲，将自己沉浸在音乐的世界中，体会其中的情感变化和内涵。这种联觉引疑的方式能够让学生更加全面地感知和理解音乐作品，促进他们的思维发展和深度学习。

通过创设共感平台和丰富感官刺激，我们能够引导学生进入思维沉浸状态，让他们能够在音乐教学中深度思考和体验，实现真正的"深思"学习状态。这种方法不仅有助于学生的音乐学习，还能够培养他们的感知能力和思维能力，为其全面发展打下良好的基础。

2. 合理设疑引思，浸入问题探究

合理设疑引思是联觉引疑的关键。学生在音乐学习中的思维活动需要有适当的问题引导，以激发其对音乐的思考和探究。联觉引疑的核心是通过不同感官刺激来引发学生的思维活动。例如，教师可以通过提出问题引导学生思考，"回忆一下，你对哪一句旋律的印象最深？"这种问题能够引发学生对音乐作品的感知和理解，促进其深入思考。

问题设置的深度和广度需要适度。问题既要有一定的难度，又不能过于困难，以确保学生能够参与进来，并且不至于过于消极。在设疑引思的过程中，教师需要确保问题的适度，让学生有探究的动力和兴趣。同时，问题的关注要全面，要能够引发每个学生的思考和回答，保证每个学生都能够参与到问题探究中来。

问题的设置需要考虑整体性，即问题任务的完成应当促进主题任务的达成，以确保课堂教学的整体性。同时，问题的设计还需要具有层次性，即问题的递进深入能够引导学生逐步深入思考和探究。例如，在教学歌曲《生死不离》时，教师可以从简单的回忆逐渐深入到如何通过旋律的变化体现歌曲的情感意志，从而引导学生逐步深入理解和探究音乐作品。

合理的设疑引思能够激发学生的思维，促进其深入思考和探究音乐作品。这种方法不仅能够增强学生对音乐的理解和感知，还能够培养其独立思考和解决问题的能力，为其全面发展提供有力支撑。

（三）致用实践以助行

1. 行动助力支架

实施"浸养美育"的理念意味着不仅仅要让学生学会音乐知识和技能，还要求他们能够将所学应用到实践中，实现知行合一的目标。因此，在音乐教学实践中，如何巧妙运用"善行"实践支架，促进学生能力的突破和提升，具有重要意义。

行动助力支架在这一过程中起到至关重要的作用。这种支架侧重于提供合适的学习方法指导，帮助学生克服知识与实践之间的障碍，使他们能够有序地进行音乐实践。例如，在教学《生死不离》这首歌曲的学唱实践中，教师可以先采取学生自行试唱曲谱旋律的方式，将学生分为两组，一组演唱，另一组跟随模仿唱；演唱组的学生对模仿唱组的表现进行评价，并给予指导；然后，两组进行合作，共同提高演唱水平。通过这种合作模式，学生不仅能够巩固自己的演唱技巧，还能够通过相互指导和合作达到共同提高的目的，以实现知行合一的理念。

实施行动助力支架需要遵循适度性原则。实践设置的深度和难度应当适度，既要能够引发学生的思考和探究，又不能太过困难，导致学生产生消极情绪。在指导学生进行歌唱实践时，教师需要根据学生的实际水平和能力设定合适的任务和要求，以确保他们能够积极参与和获得成就感。

整体性与层次性原则也是实施行动助力支架的关键。问题的设置和任务的安排需要符合整体教学目标，并且能够逐步引导学生深入思考和实践。在教学过程中，教师可以根据教学目标设计不同层次的问题和任务，逐步引导学生对音乐作品的表现进行深入探究以加深理解，从而实现音乐学习的知行合一。

教师巧妙运用行动助力支架能够有效促进学生音乐实践能力的提升和突破，实现知行合一的教学目标。这种方法不仅能够提高学生的音乐技能水平，还能够培养他们的合作精神和创新意识，为其未来的发展打下坚实的基础。

2. 情绪触发支架

在组织音乐实践过程中，设计的实践活动形式应当能够触发学生的兴趣和情感，从而激发其参与和投入。例如，在歌曲《生死不离》教学的小组合作创编环节中，教师可以给予学生一定的自主权，让他们决定采用何种形式进行创编；可以用小组唱、小组唱加乐器伴奏、唱歌加伴舞、演唱加律动等形式，甚至可以尝试用《生死不离》的副歌旋律进行填词，表达对抗震救灾的情感表达。

这样的实践活动形式设计，可以使学生在音乐实践中感受到乐趣和挑战，让他们沉浸在角色转换和思维转换的学习体验中。这种游戏化和创新化的实践方式，可以让学生以所学的音乐知识为基础，投入情感地去诠释音乐的旋律和内容，提升自我表达、表现音乐、创造音乐的实践能力，从而体验到音乐实践的快乐和成就感。

要让音乐实践在"善行"的行为浸润中破茧成蝶，有两个重要的心理前提需要解决。首先是"想行"，即要通过音乐载体创造感官的新异刺激，让学生在音乐学习中保持积极的情绪，激发其对音乐实践的热情和投入。其次是"能行"，需要通过适当的方法和技术帮助，为学生提供足够的实践创新的条件和基础，确保学生的创新实践与其最近发展区相近，以实现对音乐实践能力的有效提升。

通过情绪触发支架的实施，教师能够激发学生的学习兴趣和动力，促进其音乐实践能力的发展，使其在音乐学习中实现知行合一、学以致用的目标。这种方法不仅能够提升学生的音乐素养和综合能力，还能够培养其创造性思维和团队合作精神。

第三章　"浸养美育"的理念价值

第一节　教育观和教学观

一、教育观

（一）全面发展

"浸养美育"的教育观强调学生的全面发展，这意味着教育不仅仅是为了传授知识，还要培养学生的多方面素养，包括情感、审美、思维、实践等。全面发展的教育观体现了对学生整体发展的关注，注重培养学生的综合素养，以使其成为全面发展的人才。

全面发展的教育观注重情感素养的培养。在情感方面，学生需要培养积极向上的情感品质，如乐观、坚韧、同情心等，以及与他人建立良好关系的能力。情感素养的培养不仅有助于学生的心理健康，还有利于他们在学习和生活中更好地应对各种挑战和压力。

全面发展的教育观强调审美素养的培养。审美素养指学生对美的感知能力和欣赏能力，包括对文学、艺术、音乐、自然等各个领域的美的理解和欣赏。通过艺术教育、文学阅读、音乐欣赏等方式，学生可以培养自己的审美情趣，提高审美鉴赏水平，从而能更好地感知和理解世界的美。

全面发展的教育观注重思维能力的培养。思维能力是学生分析情况、进行判断和决策以解决问题的能力，是学习和工作的基础。启发式教学、问题解决式学习等方式，可以激发学生的思维活力，培养他们的批判性思维、创造性思维、逻辑思维等各种思维能力，使其具备解决各种复杂问题的能力。

全面发展的教育观还强调实践能力的培养。实践能力指学生运用所学知识和技能解决实际问题的能力，包括动手能力、实验能力、创新能力等。项目式学习、实践性任务、社会实践等方式，可以培养学生的实践能力，使他们具备将理论知识转化为实际行动的能力，更好地应对未来的挑战和竞争。

总之，全面发展的教育观是一种注重学生多方面素养和综合能力培养的教育理念。教师通过关注学生的情感、审美、思维和实践等各个方面，可以帮助他们在学习和生活中实现全面发展，进而成长为具有高综合素养的人才。

（二）情感培养

"浸养美育"的教育观强调情感培养，认为情感是人类内在的重要驱动力，对于个体的全面发展至关重要。在教育实践中，情感培养不仅是一种手段，还是一个目标，旨在促使学生在情感上得到充分的发展和提升，使其具备积极向上的情感态度，从而更好地适应社会、与他人和谐相处，并在生活和学习中展现出积极的人生态度和情感智慧。

情感培养注重学生的情感认知和情感表达能力。学生应当通过情感教育的过程，认识和了解自己的情感状态，学会用适当的方式表达自己的情感需求和情感体验。这需要教师在教学中注重引导学生反思自己的情感体验，鼓励他们用语言、行为、艺术等形式表达自己的情感，从而提高情感认知和表达的能力。

情感培养强调培养学生的情感智慧和情感调控能力。学生需要学会正确处理自己的情感，以积极的情感态度面对挑战和困难。教师可以通过情感教育活动和情感管理技巧培养学生的情感智慧，帮助他们更好地理解和处理自己的情感，提高情感调控的能力。

情感培养包括培养学生的同理心和人际交往能力。学生应当学会关心和尊重他人的情感，培养同情心和包容心，在人际交往中建立良好的情感关系。在教学实践中，教师可以通过情感教育活动和团队合作等形式，培养学生的同理心和合作精神，提高他们的人际交往能力。

情感培养需要注重教师的情感教育素养和情感引导能力。教师应当具备良好的情感情商和情感管理能力，能够成为学生情感发展的引导者和榜样。

教师应当注重与学生的情感沟通和情感互动，建立良好的师生关系，为学生的情感发展提供积极的情感支持和指导。

综上所述，"浸养美育"的教育观强调情感培养是教育工作的重要内容和目标，情感教育能促使学生在情感上得到充分的发展和提升，使其成为具有积极向上的情感态度和情感智慧全面发展的人才。

（三）审美教育

"浸养美育"的教育观将审美教育视为教育的重要组成部分，认为通过审美教育可以培养学生的审美情感、审美能力和审美素养，使其具备欣赏美和创造美的能力，从而提升个体的综合素质和人文素养。审美教育旨在引导学生在审美领域内进行感知、体验和创造，培养其审美情感和审美品位，使其成长为具有高审美素养的人才。

审美教育注重培养学生的审美情感。学生应当通过审美教育，增强对美的感知能力和对美的情感体验，培养积极向上的审美情感，提高对美的敏感度和认知水平。教师可以通过展示美术作品、音乐作品、文学作品等形式，激发学生的审美情感，引导学生从中感受美的存在，培养其对美的热爱和向往。

审美教育强调培养学生的审美能力。学生可以通过审美教育，提高对美的鉴赏能力和评价能力，培养对不同艺术形式和文化传统的理解和欣赏能力，形成独立的审美观点和判断标准。教师可以通过艺术作品的赏析、艺术史的学习和文化活动的参与等形式，提高学生的审美品位和审美眼光，培养其对美的独特理解和欣赏能力。

审美教育包括培养学生的审美素养。学生应当形成良好的审美品格和审美修养，树立正确的审美观念和审美态度。教师可以通过美学理论的学习、审美教育课程的设置和艺术活动的组织等形式，促进学生的审美素养的全面提升，培养其对美的尊重和追求。

审美教育需要注重教师的审美修养和审美引导能力。教师应当具备良好的审美素养和审美修养，能够成为学生审美发展的引导者和榜样。教师应当注重与学生的审美互动和审美交流，引导学生从实践中感知、体验和创造美，激发学生对美的热爱和追求。

由此可知，"浸养美育"的教育观将审美教育视为教育的重要内容和目标，审美教育可以培养学生的审美情感、审美能力和审美素养，提升个体的综合素质和人文素养。

（四）创造性思维能力培育

"浸养美育"的教育观致力于培育学生的创造性思维能力，认为创造性思维是推动社会进步和个人成长的关键因素之一。教师应积极开展各种教学活动，以激发学生的创造潜能，培养其创造性思维和创新能力，从而为其未来的发展打下坚实的基础。

创造性思维能力的培育需要提供多样化的学习环境和学习资源。教师应当为学生提供丰富多样的学习材料和学习体验，创造充满创意和启发性的学习环境，激发学生的好奇心和求知欲。教师通过触发学生的兴趣和激情，引导他们主动探索和思考，培养其独立思考和创造性思维能力。

创造性思维能力的培育需要教师注重培养学生的批判性思维和问题解决能力。学生应当学会分析和评价信息，提出有挑战性的问题，并通过合理的思考和推理找到解决问题的方法。教师可以通过启发性的问题设计和案例分析等形式，培养学生的批判性思维和问题解决能力，激发其创造性思维和创新能力。

创造性思维能力的培育也需要注重培养学生的想象力和创造力。学生应当学会大胆想象和勇于创新，在解决问题和实现目标的过程中展现创造性的思维和行为。教师可以通过创意游戏、艺术表演等形式，激发学生的想象力和创造力，培养其创造性思维和创新能力。

创造性思维能力的培育还需要注重教师的创新意识和教学方法。教师应当不断更新教学理念和教学方法，积极探索符合学生特点及学科特点的创新性教育模式和教学策略，为学生的创造性思维能力的培育提供良好的教学保障和指导。

总之，"浸养美育"的教育观强调培育学生的创造性思维能力，教师通过提供多样化的学习环境和学习资源，注重培养学生的批判性思维和问题解决能力，以及教师本身的创新意识和教学方法，也为学生的创造性思维能力的培育提供了全方位的支持和指导。

（五）统筹整合学校与社会的美育资源

1. 采取有力措施配齐美育教师

各级教育部门和各级各类学校要把美育师资队伍建设作为美育工作的重

中之重，努力建设一支师德高尚、业务精湛、结构合理、充满活力的高素质美育教师队伍。普通高校要根据美育课程开设需要，加快公共艺术教师队伍建设。各地要制定时间表、采取有效措施破解中小学美育教师紧缺问题。一是根据实行城乡统一的中小学教职工编制标准的要求，通过农村学校艺术教育实验县综合改革实践，建立农村中小学美育教师补充机制，重点补充农村、边远和民族地区乡（镇）中小学的美育教师。二是实行美育教师交流轮岗制度，采取对口联系、下乡巡教、挂牌授课等多种形式，鼓励城市美育教师到农村学校任教。

2. 通过多种途径提高美育师资整体素质

各地要建立高校与地方政府、行业企业、中小学校协同培养美育教师的新机制，促进美育教师培养、培训、研究和服务一体化，切实提高各级各类学校美育师资水平；鼓励成立校际美育协作区，发挥艺术学科名师工作室的辐射带动作用，促进美育师资队伍均衡发展；鼓励教师参与美育课程建设和教学改革，支持教师合作开发开设美育课程，倡导跨学科合作；健全老中青教师"传帮带"和新老教师互帮互助机制；搭建美育课堂教学交流和教学技能培训平台，加强经验交流与培训，在实行中小学教师国家级培训计划中加大对中小学教师特别是乡村美育教师培训力度，带动各地开展城乡美育教师培训。

3. 整合各方资源充实美育教学力量

教育部门要联合和依托文化部门及相关单位，组织选派优秀文化艺术工作者积极参与文艺支教志愿服务项目，鼓励和引导高校艺术专业教师、艺术院团专家和社会艺术教育专业人士到中小学担任兼职艺术教师，开展"结对子、种文化"活动；积极探索组建美育教学联盟、文艺工作者援教联盟，依托联盟搭建农村美育支教平台；继续鼓励和支持专业文艺团体、非专业的高水平文艺社团有计划地赴高校开展"高雅艺术进校园"活动，组织专家讲学团开设美育专题讲座；聘请艺术家和民间艺人进校园，因地制宜成立相关工作室。专业艺术院校要积极在中小学建立对口支持的基地。

4. 探索构建美育协同育人机制

应以立德树人、崇德向善、以美育人为导向，加强对家庭美育的引导，强化社会文化环境治理，宣传正确的美育理念，充分发挥家庭和社会的育人作用，转变艺术学习的技术化和功利化倾向，营造有利于青少年成长的健康向上的社会文化环境。建立学校、家庭、社会多位一体的美育协同育人机制，推进美育协同创新，探索建立教育与宣传、文化等部门及文艺团体的长效合作机制，建立推进学校美育工作的部门间协调机制。

(六)保障学校美育健康发展

1. 加强组织领导

各地要将美育作为实现教育现代化的一项重要任务摆在突出位置，认真履行发展美育的职责，将美育发展纳入政府重要议事日程，结合实际制定具体实施方案，明确工作部署，切实抓紧抓好；建立健全教育部门牵头、有关部门分工负责、全社会广泛参与的美育工作机制，且明确责任，按照职能分工落实好推进学校美育改革发展的各项任务。

2. 加强美育制度建设

坚持依法治教，运用法治思维和法治方式，深化美育综合改革。研究完善学校美育工作有关规章制度，使美育制度规则体系能够及时适应实践发展需要，为推进学校美育改革发展提供制度保障。

3. 加大美育投入力度

地方政府要通过多种形式筹措资金，满足美育发展基本需求，建立学校教育器材补充机制。各地要加快推进义务教育阶段学校美育设施标准化建设，加强高校艺术教育场馆建设，将更多的文化建设项目布点在学校，促进学校资源与社会资源互动互联，推动校内外资源设施共建共享；鼓励各地筹措和利用社会资金对农村中小学美育走教教师给予专项补贴；中央财政通过全面改善偏远地区义务教育薄弱学校基本办学条件等工作，加大投入力度，支持地方尽快补齐学校美育的短板。

4. 探索建立学校美育评价制度

各地要开展中小学生艺术素质测评，抓好一批试点地区和试点学校，及时总结推广，使其发挥示范带动作用；实施中小学校美育工作自评制度，学校每学年要进行一次美育工作自评，自评工作实行校长负责制，纳入校长考核内容，并通过当地教育部门官方网站信息公开专栏向社会公示自评结果；制定符合高校艺术专业特点的教育教学评价标准；建立学校美育发展年度报告制度，各级教育部门每年要全面总结本地区各级各类学校美育工作，编制年度报告。

5. 建立美育质量监测和督导制度

中小学校美育课程开课率已列入教育现代化进程监测评价指标体系之中，各地要将其作为对学校评价、考核的重要指标。要在国家基础教育质量监测中，每三年组织一次学校美育质量监测；鼓励各地运用现代化手段对美育质量进行监测；各级教育督导部门要将美育纳入督导内容，定期开展专项督导工作。

二、教学观

（一）从以学为本的目标叙写，让音乐学习课课"应纲顺人"

学习目标是学生课堂学习所要达到的主观目的和预期结果。对课堂教学实践来说，以学为本的课堂学习目标具有方向可见和挑战适切的基本特征。一般而言，学习目标的定位越清晰、明确、合理，就越有引领学生在课堂学习深入的方向牵引力，越能促进课堂教学目标的有效达成。

在音乐学习过程中，基于不同学生的音乐感知能力的差异，坚持音乐教学目标的叙写的"学本"理念需要做到以学习过程为本，"让每一个学生、每一个环节的音乐学习都扎实有效，有体验、有提升"。在"教—学—评"一致性的理念下，音乐学习目标的"学本"叙写，一是要坚持素养为目标导向，要完整"应纲"；二是要有利于学生之学深入，要助学"顺人"。

第一，目标叙写要完整"应纲"。对于音乐教学而言，教学之中最核心的"纲"，就是音乐的课程标准。以课程标准作为"应纲"依据，建构核心素养导向下的音乐教学，已成为核心素养时代音乐教学价值取向的必要选择。教师以核心素养为准绳，设置音乐的学习目标，需要坚持音乐学科核心素养的内容完整性和实践渐进性的和谐统一。

素养完整性：与所有学科一样，音乐学科"审美感知、艺术表现、创意实践、文化理解"的核心素养内容是一个整体性目标体系，不同内容之间呈现的是一种层次性和结构性的逻辑关系，这是对三维目标内容的并列与平行关系的重要突破。因此，核心素养下的教学，在学习目标的设置过程中，教师需要结合课标要求和具体教学内容，理清彼此间的层次与结构关系，把音乐核心素养的内容融通成实践性整体；在确立叙写目标的逻辑时，要从整体到阶段，明确音乐教学的综合目标是什么和具体目标有哪些、单元目标是什么、课时目标有哪些，并在这些目标内容之间建立起层次递进的方向性逻辑。

实践渐进性：学习目标的实现不可能一步到位，必然有一个渐进的实践过程。所以，在设置音乐学习目标时，清晰预见这个目标达成的过程，才能保证目标不是镜中花、水中月。音乐学习目标叙写时要兼顾两个意识。一是目标实践意识。音乐教学中每一层、每一项目标的实现，需要明确以具体的课程内容和学习活动形式作为素养达成载体和路径，所以在目标叙写时完整的句式同"通过……达到……"呈现。"通过"描述的是实现目标的载体内容和形式，"达到"描述的是目标的内容。二是目标次序意识。教师在理清素养目标的层次结构与递进逻辑的基础上，要确立课堂学习实践的入口和出口。教学目标是教学实践的方向，所以在教学目标叙写时，要以目标的次序呈现引领音乐学习的理解深入。

第二，目标叙写要完整"顺人"。教育的目标和对象是学生，从课程观与学生观的角度看，学生是音乐课程的本质和核心，音乐课程的根本目的就是促进学生的音乐素养全面、健康发展。所以，音乐课程教学的目标定位理应切合学生的实际成长。"教—学—评"一致性的实质是"教—学—评"在课堂学习中的融创运用，促进教学的提质增效。基于"教—学—评"一致性的音乐学习目标叙写的"顺人"要求的适切方向为以下两个方面。

一是教学目标转向学习目标。"教学目标"体现的是以教师为中心，而"学习目标"体现的是以学生为中心。从"以教师为中心"转向"以学生为中心"，才能真正体现教学中学生的主体性地位。在教学过程中，实现"以学生为中心"的关键保障是课堂教学做到"以学习为本"，即要关注每一个学习过程和学习环节的学生学习状态与学习收获，以学的过程保障学的结果。叙写"以学习为本"的学习目标，需要站在学习者的发展视角，形成基于学习者立场的句式表达逻辑。

二是关注整体转向关注个体。班级之中的学生发展状况千差万别，基于学生立场的音乐学习目标的叙写，要从重学生整体关注，转向重学生个体关注。重整体，容易忽视学生的个体差异，目标叙写容易远离和偏离学生实际，不利于个体成长。学习目标对学生个体成长的关注，主要体现在目标叙写的达成高度的分层分类处理上。任何一个目标背后，都可以基于学生差异设置不同层级的隐性目标，让不同层次学生在音乐学习和音乐体验过程中，都能获得积极的自我预期满足和成长体验。目标叙写关注个体的做法有两种：一是目标分级分层；二是将实现目标的学习任务分级分层，以满足不同学生的学习预期。尊重学生实际的能力与水平，教学目标设置切合不同层次学生，让学生都能产生"跳一跳，摘桃子"的学习体验，才能整体满足学生发展需求。

（二）以目标为导向组织教学，让音乐课堂事事"有的放矢"

1. 分解目标设置学习任务单，让音乐学习清晰可见

学习目标是课堂教学所要达成的目的，而学习任务则是实现这些目标的具体步骤。教师以学习目标为导向来组织教学，就要将课堂学习目标转化为具体的学习任务，使学生的音乐学习路径清晰可见。这样的转化使得学生能够理解和解决相应的学习任务，从而促进核心素养培养目标的达成。学习目标转化为学习任务的关键操作包括以下两个方面。一是在大单元理念的统整下进行学习目标的适切分阶。首先从音乐的单元教学出发，根据课程标准，确立单元的教学目标；然后，依据课时内容的特点，设置相应的音乐课时学习目标。二是根据学生的能力差异，细化课时目标的可达程度及评估依据，形成能力进阶的目标框架。核心目标引领学习目标的任务分解，让音乐学习有的放矢。结合教材内容，将具体的学习目标转化为以具体教材内容为依托的、层级式的学习任务单，让学生的课堂音乐学习路径清晰可见。这样的任务分解不仅使学生更容易理解学习内容，也使教师能更有效地组织教学，确保学习过程高效、顺畅。

这种以目标为导向的教学方法，让音乐课堂中的每个环节都能够与学习目标相一致，从而使学生的学习过程更加明确、高效，有助于培养他们全面发展的音乐素养。

2. 音乐共感丰富学生的感知，让音乐理解深入浅出

完成音乐学习任务单是达成音乐学习目标的重要路径。在教学中，教师需要为音乐任务单中的具体任务创设适切情境，激发学生的音乐实践能力和思维能力，以保障学生更好地完成学习的任务。音乐是一门以听觉为基础的学科，丰富的感知体验是音乐知识联觉转化为悟觉，促进学生素养发展的关键方式。因此，教师需要了解和把握学生的心理世界，从其内心期盼和美育意义出发，创造生活化的主题情境，以激发学生的音乐学习兴趣，提升其思考和完成音乐学习任务的主动意识。通过设计具有情境性的学习任务，教师

可以引导学生在情境中感知音乐，从而更加深入地理解音乐的内涵和意义。教师运用可以共感体验的方式丰富学生的音乐感知，强化学生的音乐理解和音乐思维。教师通过创设多样化的感知体验，如聆听、赏析、模仿、表演等，可以帮助学生更好地理解音乐作品的情感表达和艺术特点，培养其音乐欣赏能力和表现能力。

举例来说，在七年级下册第七单元"梨园百花（一）"第二课《唱脸谱》的教学中，教师可以通过多种方式引导学生进行音乐学习的感知体验。教师可以精心设计"导入""衔接""结尾"环节，结合学习任务单，引领学生深度参与课堂教学的全过程，通过欣赏、模仿、体验、创编、合作等方式，带领学生学习京剧的相关知识、身段步伐、演唱方法等，拓展学生的视野、巩固学生的知识、发展学生的思维，激发学生对国粹京剧的兴趣。

3. 回扣目标作音乐学习追评，让音乐实践深入浅出

"实践是提升音乐素养的必经途径。"在完成基于目标的学习任务单的学习后，回扣目标评价音乐课堂的学习结果与学习效果，是一种非常重要的学习的实践升华，有助于巩固学生的音乐技能，增强学生的音乐感知，培养学生的音乐素养。回扣目标评价学习并不是作简单的任务完成轨迹的重复，而是需要教师将学习任务单中的学习要求，包括知识、理解与能力等融通形成一个音乐实践的鲜活载体，以学习过程中搭建的新的音乐实践来检测和评估学生音乐知识学习效果与知识活用能力，进一步促进学生音乐思维和音乐素养的发展，实现音乐学习的深入浅出。例如，在《皇帝的新装》一课的教学中，《皇帝的新装》作为综合性艺术表演单元，学生对这个内容是很感兴趣的。教师应通过各种形式让学生尽情地参与艺术实践，锻炼其编、说、演、唱的实践能力，促进其对音乐的理解能力和音乐思维能力。为此，有教师设计了音乐菜单，把学生分成 6 个工作组：导演组、演唱组、主持人组、剧本角色组、道具组、服装组。教师带领导演组的同学，根据剧本进行整体安排与统筹，提前布置每个组的任务及完成节点。每个人都各司其职，分头准备。完成各项准备工作后，综合艺术表演《皇帝的新装》便可拉开序幕。这时候，教室变成了舞台，学生是导演、是演员、是歌者、是观众，伴随着剧情的发展，教室里有快乐、有惊讶、有欢呼，还有深思。在这个过程中，学生的组织能力、团结协作能力、表演能力、演唱能力、创作能力都得到了提高。

"知行合一"和"学以致用"是学科知识转化为以解决问题能力为核心的

学科核心素养的重要方式和路径。在知识运用中追评学习效果，需要在教学中坚持两点原则。一是知识运用的综合性原则。音乐实践的学习评价促进学习深入的效果，需要教师在音乐实践活动中，尽可能全面而综合地植入课时学习中的音乐知识与能力要求。二是音乐实践的兴趣性原则。设计的音乐实践方式尽可能鲜活而新颖，能较好地激发学生的学习意志，提升知识运用和思维创造的效果，从而让学生的音乐思维发展在评价实践中实现深入浅出。

（三）以目标为导向开展评价，让音乐课堂生生"拔节成长"

"浸养美育"的教学观注重以学习目标为导向开展评价，通过多样化的评价方式激发学生的学习热情，提高学生的音乐素养。传统的教学评价往往忽略了学习过程中学生的成长和发展，缺乏针对性的激励，而"教—学—评"一体化理念则强调评价与教学目标的一致性，使评价成为促进学生学习的积极因素。

自生性发展型评价注重学生的自我反省和自我成长。学生在学习过程中通过自我评析与总结，及时发现和纠正学习中的不足，从而更好地掌握音乐学习的重点和方向。教师在这一过程中扮演引导者的角色，通过项目探究实践等方式，帮助学生完成任务并获得自我肯定，激发学生的学习主动性和毅力。

互生性发展型评价侧重于同伴之间的互动和互助。通过同伴之间的交流与讨论，学生能够更好地理解和应用音乐知识，促进学习氛围的形成。教师可以设计生生互动环节，加强学生之间的互助评价，培养学生的自我反思能力和整体认识能力。

共生性发展型评价注重团队的合作和成长。学生通过小组合作学习完成音乐任务，发挥各自优势、互补不足，共同实现学习目标。教师应创新合作形式，让学生在团队中相互学习、激励，并借此优化学习方法，提高音乐素养。

在实践中，教师应摒弃陈旧的教育思想和僵化的教学模式，勇于改革创新，提高音乐教学质量，使其与素质教育相适应。教师还应确立科学的学习目标，关注学生的差异化和学习成长，通过教学过程的组织和过程评价的激励相结合的方式引领教学实践的深入，促进全体学生在充满生命热情的音乐学习过程中实现音乐素养的整体性发展。

第二节　课程观和教材观

一、课程观

（一）融合多样化的音乐形式

"浸养美育"音乐教育的课程观旨在通过多样化的音乐形式培养学生的音乐素养和审美能力。多样化的音乐形式不仅包括不同的音乐风格和流派，还涵盖了各种音乐活动和实践方式。通过丰富的音乐体验，学生可以全面发展音乐兴趣，提高音乐鉴赏能力，培养创造性思维。

传统音乐教育的内容往往集中在西方古典音乐，而"浸养美育"音乐教育则主张引入更多元的音乐风格，如民族音乐、流行音乐、爵士乐、世界音乐等。每种音乐风格都有其独特的魅力和文化背景，通过接触和学习不同的音乐风格，学生可以开阔视野，了解和欣赏不同文化的音乐作品。例如，学习中国传统音乐可以让学生感受到东方音乐的韵味和精神；学习非洲鼓乐可以让学生体验到非洲音乐的节奏和活力。通过多样化的音乐学习，学生更容旨在广阔的音乐世界中找到自己的兴趣点，培养多元的音乐鉴赏能力。

音乐学习不仅仅是聆听和演奏，还可以通过创作、表演、合作等多种方式来体验和表达。"浸养美育"音乐教育鼓励学生积极参与各种音乐活动，如音乐创作、合唱团、乐队演奏、舞台表演等。通过这些实践活动，学生不仅可以提高音乐技能，还可以培养团队合作精神和表达能力。例如，参与合唱团可以让学生体验集体合作的乐趣；参与乐队演奏可以让学生感受不同乐器之间的和谐。通过多样化的音乐实践，学生可以在音乐中找到自信和成就感，增强学习动力。

"浸养美育"音乐教育主张采用多种教学方法，如互动式教学、项目式学习、探究式学习等。通过丰富的教学方法，教师可以更好地激发学生的兴趣，提高学生的参与度。例如，互动式教学可以通过师生互动和同伴交流，增强学生的学习兴趣和动手能力；项目式学习可以通过实际项目的开展，让学生在实践中学习和应用音乐知识；探究式学习可以通过问题探究和自主学习，培养学生的独立思考和创新能力。通过多样化的教学方法，学生可以在轻松愉快的学习氛围中，充分发挥自己的潜能和创造力。

"浸养美育"音乐教育主张为学生提供丰富的音乐资源，如音乐书籍、乐器、音响设备、音乐软件等。学校应积极为学生创造良好的学习环境，提供多样化的音乐资源，满足学生的学习需求。例如，音乐图书馆可以为学生提供丰富的音乐书籍和音像资料；乐器室可以为学生提供学习和练习各种乐器的机会；音响设备可以为学生提供高质量的音乐播放和录音体验；音乐软件可以为学生提供创作和编辑音乐的工具。通过丰富的教学资源，学生可以更方便地获取和运用音乐知识，提高学习效果。

教师不仅是知识的传授者，也是学生音乐探索的引导者和支持者。教师应具备扎实的音乐专业知识和教学能力，不断提升自己的专业素养和教学水平。学校应为教师提供专业发展机会，如培训、研讨会和交流活动，帮助教师不断进步。教师在教学中应注重引导学生进行深度思考和创造性实践，鼓励学生大胆尝试和创新。例如，教师可以通过启发式提问，引导学生思考音乐作品的内涵和情感表达；通过示范和指导，帮助学生掌握音乐技能和创作技巧；通过反馈和鼓励，激发学生的学习兴趣和自信心。教师通过引导和支持，帮助学生在音乐学习中不断成长和进步。

（二）注重感性体验与情感共鸣

"浸养美育"音乐教育的课程观是一种崭新的教育理念，其核心在于通过音乐教育来培养学生的感性体验与情感共鸣。与传统的音乐教育模式不同，这种课程观强调学生在音乐学习过程中的感性体验，注重情感的表达和共鸣，而不仅仅是技巧和理论的掌握。通过这样的教育模式，学生能够在音乐中找到自我、感受到音乐的魅力，从而培养更深层次的音乐素养和审美能力。

在传统的音乐教育中，教师往往过于注重音乐技巧的传授和音乐理论的讲解，而忽视了学生的感性体验。这种教育方式虽然能够让学生掌握一定的音乐知识和技能，但却容易让学生对音乐产生畏惧和厌倦。而"浸养美育"则强调学生在音乐学习过程中的感性体验，认为只有通过真实的感性体验，学生才能真正理解音乐、感受到音乐的魅力。因此，在这种课程观下，教师会更加注重创设各种情境，让学生在具体的音乐情境中去感受、体验音乐。例如，通过欣赏不同风格的音乐作品，体验不同音乐元素带来的感受；通过参与音乐演出，体验音乐表现的乐趣；通过音乐创作，体验音乐创作的过程和成就感。通过这些感性体验，学生不仅能够提高音乐学习的兴趣和动力，还能够培养对音乐的敏感度和鉴赏力。

音乐本身是一种情感的艺术，具有表达和传递情感的功能。在音乐学习过程中，学生不仅要理解音乐的技巧和理论，还要能够通过音乐表达自己的情感，并与他人的情感产生共鸣。"浸养美育"音乐教育的课程观认为，只有在情感共鸣中，学生才能真正理解音乐，感受到音乐的深层次意义。因此，这种课程观特别注重学生情感的培养和表达，鼓励学生通过音乐表达自己的情感，并与他人的情感产生共鸣。例如，在音乐欣赏课上，教师会引导学生通过音乐感受作曲家的情感，通过讨论和交流分享自己的感受；在音乐表演课上，教师会鼓励学生通过肢体语言、表情等多种方式表达音乐中的情感，与观众产生共鸣；在音乐创作课上，教师会引导学生通过创作表达自己的情感，并通过作品与他人产生情感的交流。通过这些方式，学生不仅能够提高音乐表现力和创造力，还能够培养情感的表达和共鸣能力。

音乐不仅是一种艺术形式，还是一种生活方式。在"浸养美育"音乐教育的课程观下，音乐教育不再局限于课堂教学，而是融入学生的日常生活中。教师会通过各种方式引导学生在生活中发现音乐、体验音乐。例如，通过组织音乐会、音乐社团等活动，让学生在生活中体验音乐；通过开展音乐与其他学科的跨学科活动，让学生在不同的学科中体验音乐的魅力；通过鼓励学生在家庭、社区中参与音乐活动，让音乐成为学生生活的一部分。通过这些方式，学生不仅能够在生活中体验音乐，还能够将音乐与生活紧密结合，从而培养全面的音乐素养和审美能力。

（三）构建科学的美育课程体系

1. 科学定位美育课程目标

学校美育课程建设要以艺术课程为主体，各学科相互渗透融合，重视美育基础知识学习，增强课程综合性，加强实践活动环节。要以审美和人文素养的培养为核心，以创新能力的培育为重点，科学定位各级各类学校美育课程目标。

2. 开设丰富优质的美育课程

学校美育课程主要包括音乐、美术、舞蹈、戏剧、戏曲、影视等。各级各类学校要按照课程设置方案、课程标准和教学指导纲要，逐步开齐、开足、上好美育课。义务教育阶段学校在开设音乐、美术课程的基础上，要有条件地增设舞蹈、戏剧、戏曲等地方课程；普通高中在开设音乐、美术课程的基础上，要创造条件开设舞蹈、戏剧、戏曲、影视等教学模块；职业院校要在开好与基础教育相衔接的美育课程的同时，积极探索增设体现职业教育专业和学生特点的拓展课程；普通高校要在开设以艺术鉴赏为主的限定性选修课程基础上，开设艺术实践类、艺术史论类、艺术批评类等方面的任意性选修课程；各级各类学校要重视和加强艺术经典教育，根据自身优势和特点，开发具有民族、地域特色的地方和校本美育课程。

3. 实施美育实践活动的课程化管理

美育实践活动是学校美育课程的重要组成部分，要纳入教学计划，实施课程化管理。建立学生课外活动记录制度，学生参与社区乡村文化艺术活动、学习优秀民族民间艺术、欣赏高雅文艺演出、参观美术展览等情况与表现要作为中小学生艺术素质测评内容。各级各类学校要贴近校园生活，根据学生认知水平和心理特点，积极探索创造具有时代特征、校园特色和学生特点的美育活动形式；要以戏曲、书法、篆刻、剪纸等中华优秀传统文化艺术为重点，形成本地本校的特色和传统。中小学应以班级为基础，开展合唱、校园集体舞、儿童歌舞剧等群体性活动。任何学校和教师不得组织学生参加以营利为目的的艺术竞赛活动，严禁任何部门和中小学组织学生参与商业性艺术活动或商业性庆典活动。

4. 创新艺术人才培养模式

专业艺术院校要注重内涵建设，突出办学特色，专业设置应与学科建设、产业发展、社会需求、艺术前沿有机衔接。加强社会服务意识，强化实践育人，进一步完善协同育人的人才培养模式，增强人才培养与经济社会发展的契合度，为经济发展、文化繁荣培养高素质、多样化的专门艺术人才。遵循艺术人才成长规律，促进艺术教育与思想政治教育有机融合、专业课程教学与文化课程教学相辅相成，着力提升学生综合素养，培养造就具有丰厚文化底蕴、素质全面、专业扎实的专门艺术人才。

5. 建立美育网络资源共享平台

建立美育网络资源共享平台要充分利用信息化手段，扩大优质美育教育资源覆盖面。以国家实施"宽带中国"战略为契机，加强美育网络资源建设，加快推进边远贫困地区小学教学点数字教育资源全覆盖；支持和辅导教师用好多媒体远程教学设备，将优质美育资源输送到偏远农村学校；充分调动社会各方面积极性，联合建设美育资源的网络平台，大力开发与课程教材配套的高校和中小学美育课程优质数字教育资源，鼓励各级各类学校结合"互联网＋"发展新形势，创新学校美育教育教学方式，加强基于移动互联网的学习平台建设。

6. 注重校园文化环境的育人作用

各级各类学校要充分利用广播、电视、网络、教室、走廊、宣传栏等，营造格调高雅、富有美感、充满朝气的校园文化环境，以美感人、以景育人。要让社会主义核心价值观、中华优秀传统文化基因通过校园文化环境浸润学生心田，引导学生发现自然之美、生活之美、心灵之美。进一步办好大中小学生艺术展演活动，抓好中华优秀传统文化艺术传承学校与基地建设，各地要因地制宜探索建设一批体现正确育人导向、具有丰富文化内涵的校园文化美育环境示范学校。

7. 加强美育教研科研工作

在全国教育科学规划课题和教育部人文社会科学研究项目中设立美育专项课题。以服务决策为导向，整合资源、协同创新，深入研究学校美育改革发展中的重大理论和现实问题，打造高校美育综合研究的高地和决策咨询的重地；研究制定高校和中小学校美育课程学业质量标准，深入开展美育教学研究和教材研究，形成教材更新机制；加强基础教育阶段艺术类学科教研队伍建设，建立教研员准入制度，严格考核要求；探索建立县（市、区）美育中心教研协作机制，发挥学科带头人在美育教学研究上的引领作用，促进美育教学质量稳步提升。

二、教材观

（一）强调教材内容的丰富性

音乐教育不仅仅要教授学生如何演奏乐器或如何唱歌，更要通过音乐这一媒介，全面提升学生的审美能力、情感表达能力和文化素养。基于这一理念，我们对音乐教育教材的观念应当从单纯的技能训练转向对内容的丰富性与多样性的深刻理解与应用。

在传统的音乐教育中，教材往往侧重于技术层面的训练，如音符的识别、节奏的掌握、曲目的演奏等。这样的教学内容虽然能够提高学生的音乐技能，但往往忽视了音乐教育的深层目标——即通过音乐的学习促进学生整体素质的提升。所谓"浸养美育"，就是在音乐教育过程中引导学生在音乐的海洋中尽情遨游，通过音乐的学习来培养其审美情趣和综合素养。因此，音乐教育的教材不仅仅要关注技术的传授，还应注重内容的丰富性、深度和广度，以便在教学过程中真正实现这一教育理念。

音乐教育不仅仅是对乐理知识的讲授，还应该包括音乐的历史背景、文化内涵、风格流派等多方面的内容。内容丰富的音乐教材应该包含各种音乐类型和风格，从古典音乐到现代音乐，从民族音乐到世界音乐，都应有所涉及。这种多元化的内容能够帮助学生了解音乐的多样性，培养他们对不同音乐文化的包容性和欣赏能力。例如，教材可以介绍贝多芬的交响曲和莫扎特的歌剧，同时也应讲述中国传统音乐中的古筝、二胡等乐器的历史与特色，以及世界各地的民间音乐和现代流行音乐。通过这种多元化的内容，学生不仅能够掌握不同类型的音乐技能，还能够拓宽音乐视野，增强对音乐艺术的全面理解。

传统的音乐教材往往将音乐视为一个孤立的学科，而忽视了音乐与其他学科之间的关系。事实上，音乐教材的内容以及音乐教学，可以与历史、文学等多个领域相结合，从而形成一种跨学科的教学模式。教材可以通过介绍音乐在不同历史时期的变迁来帮助学生了解历史的发展，通过音乐作品中的文学元素来引导学生探索文学的魅力，通过音乐中的美学原则来让学生体验艺术的美感。这样的跨学科整合不仅丰富了教材内容，也让学生在学习音乐的过程中能够获得更多元的知识和体验，增强他们对音乐艺术的综合认识。

在音乐教育中，教材不仅是传授技巧和知识的工具，还是传递情感与价值观的重要载体。音乐本身是一种情感表达的艺术，优秀的音乐作品往往能够触动人的心灵，引发深层次的情感共鸣。教材应当选取那些能够引发学生情感反应的音乐作品，并通过分析这些作品的背景、主题、情感等方面，引导学生在音乐的学习中体会和表达情感。同时，教材还可以融入一些音乐教育的经典理念，如音乐的伦理教育、音乐对人格发展的影响等内容，从而帮助学生形成积极向上的人生观和价值观。

（二）强调教材内容的前瞻性

音乐教育不仅要对学生进行音乐技能训练，也是要培养他们的审美能力、情感表达能力及对文化的深层理解。在这一理念的指导下，音乐教材应注重内容的丰富性，以及明确的前瞻性。前瞻性的教材内容不仅能引领学生了解当下音乐的多样性和深度，更能够帮助他们展望音乐未来的发展趋势，培养他们的创造力和创新能力，从而实现全面提升学生音乐素养的教育目标。

音乐作为一种不断发展的艺术形式，其表现手法、表现内容及传播方式都在不断演进。具有前瞻性的音乐教材不应局限于教授传统的音乐知识和技能，而应引导学生关注和探索音乐领域的新方向和新发展。例如，当前数字音乐技术的发展已经深刻改变了音乐创作、制作和传播的方式。音乐教材可以包含电子音乐、数字音乐制作软件、在线音乐平台等方面的内容，使学生不仅能够学习传统的音乐理论和技能，还能够接触到现代音乐创作和传播的新技术、新手段。这种内容的前瞻性能够帮助学生站在时代的前沿，了解音乐艺术的最新动态，激发他们对未来音乐发展方向的思考和探索。

随着教育理念的不断更新，音乐教育也在逐步向更加多元化和个性化的方向发展。前瞻性的音乐教材不仅应当满足当前的教学需求，还应当考虑到未来音乐教育的发展方向。这可以通过引入音乐教育的前沿理念和创新实践来实现。例如，教材可以探讨音乐教育中的项目式学习、探究式学习等新兴教学模式，以及如何在教学中融入创客教育、跨学科合作等现代教育理念。这样的内容不仅能够提升学生的音乐技能，还能够培养他们在未来音乐学习或职业发展中所需的各种能力，如自主学习能力、团队合作能力及解决问题的能力。

在音乐教育中，创新是对已有音乐形式和风格的再现，更是对音乐创作和表现形式的探索和创新。前瞻性的音乐教材应当鼓励学生进行音乐创作、编曲、演出等实践活动，激发他们的创造力。教材内容可以包括一些音乐创作的基本理论和方法，如音乐即兴创作的技巧、音乐编排的基本原理等，同时也可以设置一些开放性的问题和任务，鼓励学生进行自主的音乐探索和创新实践。通过这些活动，学生能够掌握音乐创作的基本技能，培养创新意识和实践能力，为他们未来在音乐领域的发展打下坚实的基础。

随着全球化进程的加快，音乐艺术的交流与融合也变得愈加频繁和重要。前瞻性的音乐教材应当关注本国音乐的传统和发展，引导学生了解世界各地的音乐文化。教材还可以介绍不同国家和地区的音乐风格、流派、历史背景等内容，通过对比和分析，让学生理解音乐的多样性和全球化背景下的文化交流。这样的内容不仅能够拓宽学生的音乐视野，还能够帮助他们形成全球化的音乐观念，培养他们对不同音乐文化的包容和尊重。

音乐教育不应仅关注知识和技能的传授，也应当关注社会对音乐人才的需求和期望。前瞻性的音乐教材应当关注音乐行业的发展动态，如音乐产业的市场需求、音乐职业发展的机会等。教材可以包括关于音乐职业发展的介绍，如音乐制作、音乐教育、音乐治疗等职业领域的现状与前景，以及如何为从事这些职业作好准备的建议。通过这些内容，学生不仅能够了解音乐行业的现状与挑战，还能够为未来的职业生涯做好合理的规划和准备。

（三）强调教材的包容性

"浸养美育"是对学生进行音乐技能教育的过程，更是通过音乐教育来培养他们的审美能力、情感表达能力及对文化的深层理解。这一理念强调音乐教育不仅是技能的训练，也是学生全面素养培养的关键环节。

音乐教材的包容性指教材内容和教学方法应当具备广泛的接受性和多样性，以适应不同学生的需求和背景，同时也应当涵盖丰富的音乐文化内容，以促进学生音乐素养的全面发展。具有包容性的音乐教材应当涵盖不同的音乐风格和文化背景信息。音乐作为一种全球性的艺术形式，其丰富多样的风格和文化背景是音乐教育的重要资源。具有包容性的音乐教材应当包括西方古典音乐、民族音乐、流行音乐等多种音乐风格，还应当涉及音乐的不同历史阶段、地域背景和文化传统。这种多样化的教材内容，能够让学生接触到不同的音乐形式，从中感受到音乐的多元性与丰富性，从而培养他们对不同音乐风格的欣赏能力与审美情趣。例如，音乐教材可以在内容上安排贝多芬、莫扎特等古典音乐大师的作品，还可以引入来自不同国家和地区的音乐作品，如中国的古筝演奏、日本的和风音乐、印度的传统音乐等。通过对这些音乐作品的介绍与分析，使学生能够在不同的音乐风格中找到共鸣，理解各类音乐背后的文化意义，进而培养他们的文化包容性和跨文化交流的能力。这种具有包容性的教材不仅能使学生在技能层面获得训练，更能使他们在情感与文化层面上获得全面发展。

在实际的音乐教学过程中，学生的音乐兴趣、学习能力、背景知识等往往存在差异。具有包容性的音乐教材应当设计多样化的教学内容与活动，以满足不同学生的需求。教材可以通过设置不同层次的练习题、提供不同难度的音乐作品、设计灵活的学习任务来适应学生的个体差异。同时，教材中应当包括一些能够激发学生自主学习与探索的活动，如音乐创作、音乐评析、音乐讨论等，鼓励学生在自主学习中发现自己的兴趣和特长。这种具有包容性的教材使每个学生都能在音乐学习的过程中找到适合自己的学习方式，从而实现更有效的音乐素养培养。

传统的音乐教材往往采用单一的教学方法，强调演奏技巧的传授和理论知识的记忆。具有包容性的音乐教材应当在教学方法上进行创新，采用多元化的教学策略来满足不同学生的学习需求。例如，除了传统的讲授式教学，教材中可以引入项目式学习、合作学习、探究式学习等现代教育理念。项目式学习可以让学生在完成音乐创作或演出的项目中综合运用所学的音乐知识；合作学习则能够帮助学生在团队合作中提高沟通与协作能力；探究式学习可以引导学生自主探究音乐的不同方面，从而培养他们的自主学习能力。这些多样化的教学方法不仅能激发学生的学习兴趣，还能提高他们在音乐实践活动中的综合能力。

音乐作为一种生活艺术，应该渗透到学生的日常生活中。具有包容性的音乐教材可以通过引导学生将音乐学习与日常生活结合起来，来增强他们对音乐的实际体验和应用。例如，教材中可以设计一些与学生日常生活相关的音乐任务，如音乐欣赏日记、音乐分享活动、家庭音乐会等。通过这些活动，促使学生在生活中实践音乐知识与技能，将课堂学习转化为实际体验，从而提升他们对音乐学习的兴趣，提高他们在音乐课堂中的参与度。

三、不断完善课程和教材体系

（一）树立学科融合理念

加强美育与德育、智育、体育、劳动教育相融合，充分挖掘和运用各学科所蕴含的体现中华美育精神与民族审美特质的心灵美、礼乐美、语言美、行为美、科学美、秩序美、健康美、勤劳美、艺术美等丰富美育资源；有机整合相关学科的美育内容，推进课程教学、社会实践和校园文化建设深度融合，大力开展以美育为主题的跨学科教育教学和课外校外实践活动。

（二）完善课程设置

学校美育课程以艺术课程为主体，主要包括音乐、美术、书法、舞蹈、戏剧、戏曲、影视等课程。学前教育阶段开展适合幼儿身心特点的艺术游戏活动；义务教育阶段丰富艺术课程内容，在开设好音乐、美术、书法课程的基础上，逐步开设舞蹈、戏剧、影视等艺术课程；高中阶段开设多样化艺术课程，增加艺术课程的可选择性。

（三）科学定位课程目标

科学定位课程目标体现在构建大学、中学、小学、幼儿园相衔接的美育课程体系，明确各级各类学校美育课程目标上。学前教育阶段培养幼儿具备美好、善良心灵和懂得珍惜美好事物；义务教育阶段注重激发学生艺术兴趣和创新意识，培养学生健康向上的审美趣味、审美格调，帮助学生掌握1～2项艺术特长；高中阶段丰富审美体验，开阔人文视野，引导学生树立正确的审美观、文化观。

四、全面深化教学改革

（一）开齐、开足、上好美育课

开齐、开足、上好美育课体现在严格落实学校美育课程开设刚性要求，不断拓宽课程领域，逐步增加课时，丰富课程内容等方面。义务教育阶段和高中阶段学校严格按照国家课程方案和课程标准开齐、开足、上好美育课。

（二）深化教学改革

深化教学改革要逐步完善"艺术基础知识基本技能＋艺术审美体验＋艺术专项特长"的教学模式。在使学生掌握必要基础知识和基本技能的基础上，着力提升其文化理解、审美感知、艺术表现、创意实践等核心素养，帮助学生形成艺术专项特长。

（三）丰富艺术实践活动

面向人人，建立常态化学生全员参与艺术展演机制，大力推广惠及全体学生的合唱、合奏、集体舞、课本剧、艺术实践工作坊和博物馆、非遗展示传习场所体验学习等实践活动，广泛开展班级、年级、院系、校级等群体性展示交流。

第三节　教师观和学生观

一、教师观

（一）教师角色的转变

"浸养美育"的教师观注重教师角色的转变，主张教师应从传统的知识传授者转变为学生的导师和引路人，以及学习环境的创建者和组织者。这一转变是教育实践中的一项重大变革，旨在适应当代教育的需求。

教师是学生的导师和引路人。在"浸养美育"的教师观中，教师应该了解每个学生的学习需求和特点，根据学生的个性和能力制定个性化的学习计划，引导他们发现自己的兴趣和潜能，并帮助他们树立积极的学习态度和自信心。

教师是学习环境的创建者和组织者。在"浸养美育"的理念下，教师应该为学生创造积极、丰富的学习环境，为学生提供多样化的学习资源和体验机会。教师应该设计丰富多彩的教学活动，培养学生的综合素养和创新能力；同时，教师还应该组织学生之间的合作和交流，促进学生相互学习和共同成长。

教师在"浸养美育"中扮演着更多的是指导和辅导的角色。教师应该注重引导学生自主学习和解决问题，帮助他们形成正确的学习方法和思维方式。教师应该不断与学生互动，及时给予反馈和指导，帮助他们克服困难，实现个人的成长和发展。

（二）个性化教学

"浸养美育"的教师观强调个性化教学，认识到每个学生都是独特的个体，有着不同的学习风格、兴趣爱好和学习需求。因此，教师应该根据学生的个性和特点，为其量身定制个性化的教学方案，以满足每个学生的学习需求，激发他们的学习潜能。

个性化教学注重了解学生的特点和需求。教师应该通过观察和交流，了解每个学生的学习风格、兴趣爱好、学习习惯及学习能力等方面的特点。只有深入了解学生，才能有针对性地制定个性化的教学计划，帮助他们实现个人潜能的最大化。

个性化教学强调灵活性和差异化。教师应该根据学生的个性和需求，灵活调整教学内容、教学方法和教学节奏，使每个学生都能在适合自己的学习环境中取得最佳的学习效果。教师可以采用不同的教学策略和教学资源，满足不同学生的学习需求，帮助他们充分发挥自己的潜力。

个性化教学注重学生的参与和反馈。教师应该与学生保持密切的沟通和互动，及时了解他们的学习情况和学习需求，并给予及时的反馈和指导，帮助他们克服学习中的困难，实现个人的学习目标。此外，教师还可以鼓励学生参与教学过程的设计和评价，激发他们的学习热情，锻炼他们的自主学习能力。

个性化教学注重终身学习和发展。教师应该不断反思和改进自己的教学方法和教学理念，不断提升自己的教学水平和专业能力，以更好地适应学生的个性化需求，促进他们全面发展。同时，教师还应该鼓励学生树立终身学习的意识，培养他们自主学习和自我发展的能力，为他们未来的学习和生活打下坚实的基础。

（三）持续专业发展

持续的专业发展是保证教师不断提升教育水平和适应教育变革的关键。因此，"浸养美育"强调教师应积极持续地参与专业发展活动，不断提升自己的教育水平和教学技能，以更好地服务于学生的全面发展和成长。

持续专业发展是适应教育变革的需要。随着社会的不断发展和变革，教育领域也在不断发生变化，教学方法、教育理念和课程设置等都在不断更新和改进。教师需要不断学习新的教育理论和方法，更新自己的教学知识和技能，以适应教育变革的需求，更好地开展教育教学工作。

持续专业发展是提升教师教育水平的重要途径。教师是教育的中坚力量，其教育水平和专业素养直接影响着教学质量和学生的学习效果。通过参加各种专业发展活动，如教育研讨会、教学培训、教学观摩等，教师可以学习到新的教学理念和方法，提升自己的教学水平和专业能力，为学生提供更加优质的教育服务。

持续专业发展是激发教师教学热情和创新能力的重要途径。教师是教育教学的主体，其教学热情和创新能力直接影响着学生的学习积极性和学习效果。教师可以与同行进行交流和分享，学习优秀的教学经验和教学方法，激发创新能力，为学生提供更加富有活力和创意的教育教学活动。

持续专业发展是提升教师职业素养和专业形象的重要途径。教师的职业素养和专业形象直接关系到教育事业的发展和社会的进步。通过持续专业发展，教师可以不断提升自己的专业知识和能力，树立良好的教育教学形象，为学生树立良好的榜样，为社会培养更多更优秀的人才。

"浸养美育"的教师观强调持续的专业发展对于提升教师教育水平、教学质量和专业形象具有重要意义。教师应积极参与各种专业发展活动，不断提升自己的教育水平和专业能力，为学生的全面发展和成长贡献自己的力量。

二、学生观

（一）学生被视为具有独特个性和创造力的个体

"浸养美育"是一种教育理念，强调通过沉浸式的学习和体验，培养学生对美的感知能力和审美情趣。在这一理念下，学生被视为具有独特个性和创造力的个体，而不仅仅是知识传授的对象。这意味着教师需要以个性化的方式对待每个学生，尊重他们的差异，并为他们提供相应的学习机会和资源。

将学生视为具有独特个性的个体还意味着教师要理解每个学生的背景、经历和兴趣。教师需要创造和谐、包容的课堂氛围，鼓励学生分享他们的观点和经验。通过了解学生的个人特点，教师可以更好地调整教学方法和内容，使之更符合学生的需求和学习风格。

学生被视为具有创造力的个体意味着教师要激发他们的想象力和创造力。传统的教育往往注重对知识的传授和应试技巧的培养，而忽视了学生的创造性思维能力。"浸养美育"的学生观强调培养学生的审美情趣和艺术表达能力，这需要给予学生更多的自由和创造的空间。教师可以通过开展艺术、音乐、文学等方面的活动，培养学生独立思考和解决问题的能力。

将学生视为具有独特个性和创造力的个体也意味着教师要重视个性化的评价和反馈。传统的考试评价往往只关注学生对知识的掌握程度，而忽视了学生的个性差异和创造力。在"浸养美育"的教育理念下，评价应该更加全面和多样化，不仅要考虑学生的考试成绩，还要关注他们的艺术表现、创造性思维和审美情趣。教师可以通过组织展示、演出、作品集等方式，为学生提供展示自己才华的机会，并给予学生积极的反馈和鼓励。

"浸养美育"的学生观将学生视为具有独特个性和创造力的个体，强调个性化的教育，培养学生的审美情趣和艺术表达能力。这一观点为教师提供了更广阔的发挥空间，可以更好地满足学生的需求和发展潜力。因此，教师应该重视和倡导"浸养美育"的理念，为学生提供更丰富、更有意义的学习体验。

（二）学生积极参与和主动学习

学生被视为积极参与和主动学习的个体，这意味着他们不仅仅是知识的接收者，更是知识的创造者和应用者。

"浸养美育"的学生观强调学生应该积极参与教学过程，成为教学的主体。这意味着学生不仅要在课堂上积极思考和提问，还要在课外探索和实践，将所学知识应用到实际生活中。

让学生积极参与和主动学习意味着教师要激发他们的学习兴趣和动力。传统的教育往往忽视了学生的兴趣和需求。教师应该注重培养学生的好奇心和探索欲望，激发他们对知识和艺术的热爱。教师应通过设计生动、有趣的课程和活动，吸引学生的注意力，找到学生的学习兴趣，使之成为学生自主学习的动力源泉。

让学生积极参与和主动学习意味着要提倡探究式学习和实践性教育。学生应该通过实践和体验，深入理解知识，培养解决问题的能力。教师可以通过开展实验、参观、实习等活动，让学生亲身感受和探索知识，培养他们的实践能力和创新精神。

在传统的教育中，学生往往是独立的个体，缺乏与同伴合作和交流的机会。教师应该鼓励学生之间的交流与合作，使他们通过分享和讨论，促进彼此之间的学习和成长。教师可以通过小组项目、班级讨论、学生社团等方式，营造积极互动的学习氛围，促进学生的合作、交流和共同成长。

（三）学生被视为终身学习者

学生被视为终身学习者，这意味着他们的学习过程不局限于学校教育阶段，而是贯穿整个人生。传统教育往往将学习视为一种阶段性的任务，学生在离开学校走向社会后就被认为已经完成了学习使命。"浸养美育"强调学生应该成为终身学习者，持续不断地探索、学习和成长。这意味着学生应该具备自主学习的能力，能够在不同的环境和人生阶段不断地适应和学习。

学生被视为终身学习者意味着教师要注意培养学生的自主学习能力和自我管理能力。在信息爆炸的时代，学生需要具备主动获取和筛选信息的能力，能够独立思考和解决问题。因此，教师应该注重培养学生的自主学习技能，教会他们如何设立学习目标、制定学习计划、利用资源、评估成果等。教师通过培养学生的自主学习能力，可以使学生在学校教育结束后依然能够持续学习和成长。

学生被视为终身学习者意味着教师要注重跨学科和跨领域的教学。学科教学划分明确，往往会使学生局限于某一领域的学习。教师应该鼓励学生跨越学科界限，探索不同领域的知识和技能。通过开展跨学科的课程和项目，教师可以帮助学生建立全面、融合的知识体系，培养他们的综合能力和创新思维，为他们的终身学习奠定坚实的基础。

学生被视为终身学习者还意味着教师要注重社会和情感方面的教学。传统教育往往只注重培养学生的知识和技能，而忽视了社会责任感和情感素养的培养。教师应该注重培养学生的社会情感能力，使他们成为具有同理心、责任感和团队合作精神的公民。通过开展社会实践、志愿服务、团队合作等活动，教师可以帮助学生树立正确的社会价值观和人生观，培养他们成为具有社会责任感的终身学习者。

第四章　"浸养美育"的理论依据

第一节　心理学理论

一、感知与感觉心理学理论

在音乐教育视域下，"浸养美育"的心理学理论依据之一是感知与感觉心理学理论。感知与感觉心理学关注个体对外界刺激的过程，包括如何感知和理解音乐中的声音、旋律、节奏等元素。这一理论为音乐教育提供了重要的指导，可以帮助教师更好地理解学生的感知机制，制定有效的教学策略，以促进学生的音乐理解和艺术鉴赏能力的提升。

感知与感觉心理学理论强调个体对音乐刺激的感知是一个动态、综合的过程。该理论认为，个体的感知不是被动地接收外界刺激，而是一个主动的、动态的过程，受到个体的认知、情感和文化背景等多种因素的影响。因此，教师需要理解学生的个体差异和感知特点，通过提供丰富多样的音乐体验和活动，激发学生的感知兴趣和潜能。例如，教师可以通过播放不同类型的音乐、进行声音游戏、组织音乐实验等方式，让学生从多个角度感知音乐，丰富他们的音乐体验，提高他们的音乐感知能力。

感知与感觉心理学理论强调个体对音乐刺激的主观构建过程。个体的感知不仅受到外界刺激的影响，还受到个体自身的经验和期待等因素的影响，因此，同样的音乐刺激在不同的个体身上可能引发不同的感受和反应。教师应该尊重学生的个体差异和感知特点，鼓励他们通过主观的、个性化的方式感知和理解音乐。例如，教师可以引导学生分享自己对音乐的感受和体验，鼓励他们表达自己的情感和想法，从而促进他们感知和情感的交流与共鸣。

感知与感觉心理学理论还强调个体对音乐刺激的动态调整过程。个体的感知不是一成不变的，而是随着时间的推移和经验的积累而不断发生变化的，个体可以根据自身的需要和目标动态地调整自己的感知策略和感知过程。教师可以通过提供连续、渐进的音乐体验和活动，促进学生对音乐的深入理解和探索。例如，教师可以引导学生从简单到复杂、从易懂到深奥地感知音乐，逐步提高他们的音乐感知能力和艺术鉴赏水平。

感知与感觉心理学理论为"浸养美育"提供了重要的心理学理论基础。它强调个体对音乐刺激的感知是一个动态、综合的过程，且个体的感知是主观构建的，受到个体自身的经验和期待等因素的影响。通过应用感知与感觉心理学理论，教师可以更好地理解学生的感知特点和需求，从而设计有效的音乐教育活动，促进学生音乐感知能力和艺术鉴赏水平的提升。因此，教师应该重视和倡导感知与感觉心理学理论在"浸养美育"中的应用，为学生提供更丰富、更有效的音乐学习体验。

二、认知心理学理论

在音乐教育视域下，认知心理学也是"浸养美育"的心理学理论依据之一。认知心理学关注个体的思维、学习和记忆等认知过程，为理解音乐教育对学生认知发展的影响提供了重要理论基础。

认知心理学理论强调学习者的主动参与和建构意义的过程，强调学习并不是被动地接收信息，而是一个主动的、参与式的过程。学习者通过与环境互动，建构自己的知识结构和认知模式。"浸养美育"强调学生通过参与各种音乐活动和体验，如学习乐器演奏、参与合唱团或管弦乐团、创作音乐等活动，不断地构建和调整自己对音乐的认知和理解。学生不是被动地学习音乐知识，而是通过亲身体验和实践，主动地建构对音乐的认知结构，培养自己的音乐素养和提升审美水平。

认知心理学理论强调学习者的学习策略和元认知能力的重要性。元认知能力指对自己的认知过程的认识和控制能力，包括控制注意力、记忆、解决问题等方面的技能。教师可以通过引导学生掌握各种学习策略和元认知技能，帮助他们更有效地学习和理解音乐知识。例如，教师可以教授学生如何有效地分析乐曲结构、如何运用不同的演奏技巧表达音乐情感，以及如何运用创造性思维创作音乐等。教师通过培养学生的学习策略和元认知能力，可以帮助他们提高音乐学习效果和音乐创造能力。

认知心理学理论还提供理解学习过程中的错误和困难的重要线索。学习并不是一帆风顺的过程，学习者常常会遇到错误和困难，这是学习和认知发展的重要部分。教师应该鼓励学生从错误和困难中学习，培养他们坚韧不拔的个性和解决问题的能力。例如，当学生在演奏乐曲中遇到困难时，教师可以引导他们通过反思和调整来解决问题，从而帮助他们提高演奏技巧和音乐表达能力。通过理解学生学习过程中的错误和困难，教师可以更好地指导他们，促进他们的音乐认知发展和音乐素养的提高。

认知心理学理论为"浸养美育"理念在音乐教育领域的应用提供了重要的理论基础。它强调学习者的主动参与、学习策略和元认知能力的重要性，以及理解学习过程中的错误和困难的重要性。通过应用认知心理学理论，教师可以更好地指导学生，促进他们的音乐认知发展和音乐素养的提高，从而实现"浸养美育"的目标。

三、情感心理学理论

在音乐教育视域下，情感心理学理论也为"浸养美育"提供了心理学理论依据。情感心理学探讨了情感、情绪和情感体验对个体认知和行为的影响，为理解音乐对情感和心理状态的调节作用提供了重要理论基础。

情感心理学理论强调音乐对情感体验和情绪调节的重要作用，认为音乐作为一种表达情感和情绪的艺术形式，能够深刻地触动人的内心世界，引发各种情感体验。在"浸养美育"的音乐教育中，教师可以通过音乐作品的选取和演奏，引导学生体验不同的情感和情绪，从而丰富他们的情感体验，提升他们的情绪表达能力。例如，通过演奏悲伤的音乐作品，学生可以体验到悲伤、忧郁等情感，从而更加深入地理解情感的多样性和丰富性。

情感心理学理论强调情感体验对学习和记忆的促进作用。情感学习理论认为，情感体验能够加强学生学习过程中的注意力、记忆和认知，从而促进知识的消化和吸收。教师可以通过设计丰富多样的音乐活动和体验，丰富学生的情感体验，促进他们对音乐知识及技能的学习和记忆。例如，通过演唱、合唱、音乐游戏等活动，学生不仅可以享受音乐带来的情感体验，还能够更深入地理解和记忆音乐的节奏、旋律和和声等要素。

情感心理学理论还强调音乐对心理健康和情感调节的积极作用。研究表明，音乐能够帮助人们缓解压力、调节情绪、减轻焦虑和抑郁等负面情绪，促进身心健康发展。教师可以通过多样化的音乐活动，帮助学生抒发情感、舒缓压力、提升情绪状态，从而促进他们的心理健康，培养他们的情感调节能力。例如，通过音乐疗法、音乐放松等活动，学生可以借助音乐的力量，调节自己的情绪状态，提升心理健康水平。

情感心理学理论为"浸养美育"提供了重要的心理学理论基础。它强调音乐对情感体验和情绪调节的重要作用，以及音乐对学习、记忆和心理健康的促进作用。通过应用情感心理学理论，教师可以更好地实施音乐教育实践，促进学生的情感体验，提升其音乐素养和心理健康水平。因此，教师应该重视和倡导情感心理学理论在"浸养美育"中的应用，为学生提供更有意义的音乐学习体验。

四、发展心理学理论

在音乐教育视域下，"浸养美育"的心理学理论依据也包括发展心理学。发展心理学关注个体从出生到成年的心理和行为发展过程，为理解音乐教育对学生成长和发展的影响提供了重要理论基础。

发展心理学理论强调个体发展的多样性和阶段性。发展心理学认为，个体的发展是一个连续的、渐进的过程，从婴幼儿期到青少年期，再到中老年期，每个阶段都有着特定的发展任务和特征。教师应该根据学生的年龄和发展阶段，设计不同的音乐教育活动和课程内容，以促进他们的音乐素养和审美能力的发展。例如，对于幼儿期的孩子，教师可以通过音乐游戏和唱歌等活动，培养他们的音乐感知能力和表达能力；对于青少年期的学生，教师可以引导他们学习音乐理论和乐器演奏技能，培养他们的音乐创造力和表演能力。通过理解个体发展的多样性和阶段性，教师可以更好地满足学生的需求，促进他们的音乐发展和美育水平的提高。

发展心理学理论强调社会环境对个体发展的重要影响，认为个体的发展不仅受到遗传因素的影响，还受到社会环境的塑造和教育的影响。因此，教师应该重视社会环境对学生音乐发展的影响，营造积极、支持和充满鼓励的音乐学习环境。例如，学校音乐课程应该注重培养学生的合作精神和团队意识，让他们通过合唱、合奏等集体音乐活动，感受音乐的力量和美好；社区音乐项目应该为学生提供丰富多样的音乐体验和表演机会，让他们参与到音乐创作和表演中，体验音乐带来的快乐和成就感。通过创造良好的学习环境，教师可以更好地促进学生的音乐发展和美育水平的提高。

发展心理学理论强调个体发展中的重要转折点和关键时期。个体的发展在某些特定的时期会出现重要的转折点和关键时期，这些时期对个体的发展具有决定性的影响，教师应该重视学生发展中的关键时期，为他们提供适时的教育和支持。例如，青少年期是个体音乐兴趣和审美情趣形成的重要时期，教师应该通过多样化的音乐教育活动，引导学生发展对音乐的兴趣和热爱；成年期是个体音乐技能和创造力发展的关键时期，教师应该提供专业化的音乐培训和指导，帮助学生发展音乐才华和潜力。通过重视关键时期的教育和支持，教师可以更好地促进学生的音乐发展和美育水平的提高。

发展心理学理论为"浸养美育"的音乐教育提供了重要的理论基础，它强调个体发展的多样性和阶段性、社会环境对个体发展的重要影响，以及个体发展中的重要转折点和关键时期。因此，教师应该重视和倡导发展心理学理论在"浸养美育"的音乐教育中的应用，为学生提供更丰富、更有效的音乐教育。

五、多元智能理论

在音乐教育视域下，多元智能理论也是"浸养美育"的心理学理论依据之一。多元智能理论是由著名教育心理学家霍华德·加德纳提出的，他认为人类具有多种不同的智能类型，每种智能都是相互独立、相互补充的，而不是单一的智力因素。多元智能理论为理解学生在音乐领域的表现和发展提供了重要的理论基础。

多元智能理论强调个体的多样性和独特性，认为每个人都具有多种智能类型，包括语言智能、逻辑数学智能、空间智能、音乐智能等。教师应该意识到学生在音乐方面的智能类型可能各不相同，如有些学生擅长演奏乐器，有些学生擅长音乐创作，还有些学生擅长欣赏和理解音乐。因此，在设计音乐教育课程和活动时，教师应该考虑到学生的多元智能特点，采用多样化的教学方法和资源，以满足不同学生的需求和发展。

多元智能理论为音乐教育的多元化和个性化提供了理论依据。教师应该在音乐教育中提供多种学习途径和活动，以满足不同智能类型学生的发展需求。例如，对于擅长音乐表演的学生，教师可以组织音乐会、演出或合唱团活动，让他们有机会展示自己的才华和表演技能；对于擅长音乐创作的学生，教师可以开展作曲比赛、音乐创作工作坊等活动，鼓励他们发挥创造性思维，创作属于自己的音乐作品。通过提供多样化和个性化的音乐教育活动，教师可以更有效地激发学生的学习兴趣。

多元智能理论强调学生的多元评价和反馈。传统的智力测试往往只能评估学生的部分智力类型，而忽视了其他智力类型的发展。教师应该采用多元化的评价方法，综合考虑学生的音乐表演、音乐创作、音乐理解等方面的表现，为他们提供全面和个性化的反馈和指导。例如，教师可以组织音乐评比、个人音乐作品展示等活动，让学生有机会展示自己在音乐方面的才华和能力，从而获得积极的反馈和鼓励。通过多元化的评价和反馈，教师可以更好地了解学生的音乐发展情况，促进他们的进步和成长。多元智能理论为"浸养美育"的音乐教育提供了重要的理论基础，强调个体的多样性和独特性、音乐教育的多元化和个性化，以及学生的多元评价和反馈。

六、美学经验理论

将"浸养美育"理念与美学经验理论联系起来，是一次很有意义的尝试。美学经验理论强调通过直接体验美的过程来培养个体的审美能力和美学情趣。

美学经验理论认为，美的体验并非仅仅对外部作品的观察和欣赏，而是通过个体的感知、情感和体验，与艺术作品产生联系，从而产生审美体验。这一理论为"浸养美育"提供了深刻的指导，其强调了通过直接参与音乐创作、表演和欣赏活动，培养学生的审美能力和美学情趣的重要性。

美学经验理论强调音乐体验的重要性。学生不应该被动地聆听音乐，而应该通过亲身体验感受音乐、与音乐产生互动，从而产生更加深入和丰富的美学体验。例如，学生可以参与音乐创作活动，创作自己的音乐作品；可以参与音乐表演活动，展示自己的音乐才华；可以参与音乐欣赏活动，探索不同类型和风格的音乐作品。通过积极参与音乐活动，学生可以深入理解音乐的内涵和意义，培养自己的审美能力和美学情趣。

美学经验理论强调音乐创作的重要性。教师应鼓励学生发挥自己的创造力和想象力，参与音乐创作的过程。在音乐创作过程中，学生不仅可以表达自己的情感和思想，还可以深入探索音乐的艺术特点和创作技巧，从而提高自己的音乐素养和审美能力。例如，学生可以通过作曲、编曲等方式创作自己的音乐作品，体验音乐创作的乐趣和挑战，培养自己的创造性思维和表达能力。通过参与音乐创作，学生可以深入理解音乐的创作过程和美学原理，提升自己的审美水平。

美学经验理论强调音乐欣赏的重要性。教师应鼓励学生通过欣赏不同类型和风格的音乐作品，拓展音乐视野和培养审美观念。通过欣赏音乐，学生可以感受音乐的美妙和魅力，领略不同文化背景和时代风貌下的音乐艺术。例如，学生可以参与音乐欣赏课程，学习不同音乐作品的历史背景和艺术特点，通过对比分析和评价，提升自己的音乐鉴赏能力和审美水平。通过积极参与音乐欣赏，学生可以拓展自己的审美视野，培养自己的美学情趣和品位。

第二节　脑科学理论

一、神经可塑性理论

在音乐教育视域下，将"浸养美育"的理念与神经可塑性理论联系起来，可以为音乐教育提供深入的理解和指导。神经可塑性理论表明大脑的神经网络可以根据学习和经验发生变化，这对于音乐学习和音乐体验至关重要。

神经可塑性理论强调音乐学习对大脑的积极影响。学生通过不断学习和练习音乐，可以促进大脑神经网络的发展和重塑。例如，学习乐器演奏需要练习掌握复杂的音乐技巧和技能，这可以促进大脑皮层区域的发展和功能的改善；参与音乐理论学习需要理解音乐的结构和规律，这可以促进大脑的认知功能和记忆能力。通过音乐学习和练习，学生可以促进大脑神经网络的发育和成熟，进而提高自己的音乐能力和艺术素养。

神经可塑性理论强调音乐体验对大脑的影响。学生通过积极参与音乐表演和音乐欣赏等活动，可以激发大脑的多个区域，并促进神经网络的连接和重塑。例如，音乐表演活动可以激活大脑的感觉运动区域和情感调节区域，增强大脑的感知和情感处理能力；音乐欣赏活动可以激活大脑的听觉区域和认知控制区域，增强大脑的听觉认知和思维能力。通过积极参与音乐体验，学生可以促进大脑神经网络的活跃和发展，提高自己的音乐感知能力和审美水平。

神经可塑性理论还强调环境对大脑可塑性的影响。教师可以通过创造丰富多样的音乐学习环境，促进学生大脑神经网络的发育和重塑。例如，教师可以设计多样化的音乐教育课程，包括乐器演奏、音乐理论、音乐创作等方面的内容，为学生提供全面的音乐学习体验；可以引导学生参与音乐社团、音乐比赛等活动，拓展学生的音乐视野并提高其社会交往能力。教师通过创造丰富多样的音乐学习环境，可以最大限度地激发学生大脑的可塑性。

二、情感和记忆的神经机制理论

情感和记忆的神经机制理论也可以为"浸养美育"理念提供理论基础。情感和记忆在音乐体验中扮演着至关重要的角色，而神经科学的研究为深入理解这些过程背后的神经机制提供了依据。

情感在音乐教育中的重要性不言而喻。神经科学的研究表明，大脑中的情感处理区域与音乐处理区域存在密切的联系。学生通过参与音乐创作、表演和欣赏等活动，能够激发大脑的情感区域，产生丰富多彩的情感体验。例如，音乐的旋律、节奏和和声等元素可以直接影响大脑的情感中枢，引发愉悦、悲伤、激动等情感反应；音乐表演和演奏则可以通过表情、动作和声音等方式传达情感，触动听众的心灵。通过音乐方面的情感体验，学生可以深刻地感受到音乐的魅力，培养自己的情感表达能力和情感认知能力。

记忆在音乐教育中的重要性也是不可忽视的。音乐可以激活大脑中的记忆区域，促进记忆的形成和存储。学生通过学习音乐理论知识、乐器演奏技巧和音乐作品等内容，能够激活大脑的记忆系统，加强对学习内容的记忆和回忆。例如，学生通过学习音乐理论知识，可以加强对音乐结构和规律的记忆；通过学习乐器演奏技巧，可以加强对音乐技能和技巧的记忆；通过学习音乐作品，可以加强对音乐作品的理解和记忆。可见，在音乐学习中，学生不仅可以提高自己的音乐水平，还可以锻炼自己的记忆能力和认知能力。

情感和记忆在音乐教育中的相互作用也是十分重要的。情感体验可以增强记忆的形成和存储，而记忆的激活也可以加强情感的体验和表达。教师可以通过设计情感丰富、内容有趣的音乐教育活动，加强学生对学习内容的记忆。例如，教师可以通过演奏具有情感张力和表现力的音乐作品，引发学生的情感共鸣，增强学生对音乐的理解和记忆；可以通过分享音乐故事和音乐人物的经历，激发学生的情感投入，加深学生对音乐的情感体验。

情感和记忆的神经机制理论为"浸养美育"的音乐教育提供了重要的理论基础，强调了音乐对大脑情感区域和记忆区域的激活作用，以及情感和记忆在音乐教育中的相互影响。因此，教师应该重视、倡导情感和记忆的神经机制理论在"浸养美育"的音乐教育中的应用。

三、视觉与空间处理理论

视觉与空间处理理论关注大脑如何处理和理解视觉信息，以及空间感知对认知和行为的影响。这一理论为"浸养美育"提供了重要的指导，使其关注音乐体验对视觉与空间处理的影响，以及如何通过视觉与空间处理理论来优化音乐教育。

视觉与空间处理理论强调音乐对大脑视觉和空间感知的影响。音乐往往伴随着视觉元素，如音符的排列、乐谱的布局等。此外，音乐还能够唤起听者的空间想象和空间记忆，如通过音乐的旋律、节奏和和声，听者能够在头脑中构建出具体的空间场景。教师可以利用视觉与音乐的空间特性，设计丰富多样的音乐教学活动，帮助学生理解音乐的结构和内涵。例如，带领学生观看音乐视频或演出，使他们通过视觉感受音乐的节奏、情感和表现力，从而更加深入地理解音乐的美学意义。通过利用音乐的视觉与空间特性，教师可以丰富音乐教学的内容和形式，提升学生的学习效果。

视觉与空间处理理论强调音乐与大脑空间感知的紧密联系。音乐作为一门时间艺术，往往通过时间序列的排列和组织，引导听者产生空间感知。例如，音乐的节奏和速度可以让听者感受到时间的流逝和空间的延伸，而音乐的和声和乐器的定位可以让听者感受到音乐在空间中的分布和立体感。据此，教师可以通过教学活动，引导学生理解音乐的空间结构和空间感知。例如，教师引导学生分析音乐的节奏、速度和动态，让学生感受时间和空间的关联，从而更好地理解音乐的结构和表现方式。通过理解音乐与空间的关系，学生可以更深入地欣赏音乐之美，提升自己的审美能力。

视觉与空间处理理论还强调视觉与空间信息对音乐记忆和情感处理的重要影响。视觉和空间信息可以帮助听者加强音乐记忆，提高听者对音乐的情感理解和体验。教师可以利用视觉与空间处理理论，设计有效的音乐学习策略，帮助学生提高音乐记忆和情感处理能力。例如，教师通过结合音乐作品的视觉展示和空间呈现，可以帮助学生更加深刻地理解音乐的情感内涵和情感表达方式，从而更好地体验音乐的美学魅力。通过利用视觉与空间处理理论，教师可以优化音乐教育的方式和效果，提升学生的学习体验。视觉与空间处理理论为"浸养美育"的音乐教育提供了重要的理论基础，强调了音乐对大脑视觉和空间感知的影响，以及音乐与大脑空间感知的紧密联系。

四、注意力与专注力理论

将"浸养美育"与脑科学的注意力与专注力理论联系起来，可以深入探讨音乐教育如何通过引导学生培养注意力和专注力，从而提高其音乐学习效果和音乐素养。注意力与专注力是学习和创造的关键要素，而音乐作为一种复杂的艺术形式，要求学生集中精力去理解和表达其内涵。

注意力与专注力理论认为，注意力是对外界刺激的选择性处理，而专注力则是持续集中在某个任务上的能力。学生需要在学习、练习和表演音乐时保持良好的注意力和专注力。例如，在学习乐器演奏时，学生需要专注于练习技巧和理解乐谱；在学习音乐理论时，学生需要集中注意力理解音乐结构和规律；在音乐表演时，学生需要全神贯注地表达音乐情感和意境。通过培养学生的注意力和专注力，教师可以帮助他们更好地理解和表达音乐，提高音乐学习效果。

系统的训练和练习可以提高个体的注意力和专注力水平。教师可以通过设计合适的音乐学习活动和训练方法，帮助学生提高他们的注意力和专注力。例如，通过音乐游戏、音乐表演等活动，教师可以提高学生的学习兴趣和教学参与度，激发他们的学习动力；通过设置音乐学习目标和任务，教师可以引导学生集中精力完成学习任务，提高他们的学习效率和成就感。在这些音乐学习和训练中，学生可以逐渐提高自己的注意力和专注力水平，从而更好地应对音乐学习和表演的挑战。

注意力与专注力理论还强调环境对注意和专注力的影响。环境因素如噪声、干扰和压力等，都会影响个体的注意力和专注力水平。教师应该创造安静、有序、富有刺激性的音乐学习环境，帮助学生集中注意力和专注力。例如，教师可以选择在安静的音乐教室或音乐工作室中进行教学，减少外界干扰和噪声的影响；可以通过设计富有趣味性和挑战性的音乐学习任务，激发学生的学习兴趣和动力，增强他们的专注力和学习效果。通过创造良好的音乐学习环境，教师可以最大限度地促进学生的注意力和专注力的发展，提高其音乐学习效果。注意力与专注力理论为"浸养美育"的音乐教育提供了重要的理论基础，强调了注意力和专注力在音乐学习中的重要性和可训练性，以及环境对注意力和专注力的影响。

五、跨感知加工理论

将"浸养美育"与脑科学的跨感知加工理论联系起来，可以深入探讨音乐教育如何通过跨感知加工促进学生音乐素养的发展。跨感知加工理论指出，人类大脑不仅能够分别处理不同感官输入的信息，还能够将来自不同感官的信息进行整合和交互，从而产生更加综合和丰富的感知体验。跨感知加工理论为"浸养美育"提供了重要的理论基础，强调了通过整合音乐与其他感官的信息，可以促进学生的美学体验和情感发展。

跨感知加工理论强调音乐对多感官的刺激作用。音乐是一种复合的艺术形式，不仅包含声音信息，还常常伴随着视觉、触觉、情感等体验。例如，音乐演出通常伴随着舞台布景、灯光效果等视觉元素，以及演奏者的动作和姿态，这些都会影响听者对音乐的理解和情感体验。教师可以通过设计多感官的音乐学习活动，帮助学生全面地理解和体验音乐的美学意义。例如，通过带领学生观看音乐视频、音乐剧或音乐舞台剧，使学生不仅能够听到音乐，还能够看到音乐的视觉表现，从而更加深入地感受音乐的情感和意义。通过整合多感官的音乐体验，学生可以获得更加综合和丰富的美学体验，提高其美学素养。

通过整合来自不同感官的信息，大脑能够产生更加丰富和深入的感知体验，从而促进美学情感的产生和发展。教师可以通过引导学生跨感知地体验音乐，促进其美学情感的培养和发展。例如，教师可以通过音乐与视觉、触觉、情感等的整合，帮助学生更好地理解和表达音乐的情感内涵和意义；通过音乐与其他艺术形式的跨界融合，如音乐与舞蹈、戏剧等的结合，拓展学生的艺术视野，丰富他们的美学体验。通过跨感知加工的音乐体验，学生可以获得更加深刻和丰富的美学体验。

不同个体对于跨感知加工的能力存在着差异，这与其感知、认知和情感特点密切相关。教师应该根据学生的个体差异，设计差异化的音乐学习活动，满足不同学生的学习需求。例如，对于视觉感知能力较强的学生，教师可以通过视觉表现和视觉元素的整合，引导他们更深入地理解和表达音乐的情感和意义；对于听觉感知能力较强的学生，教师可以通过声音和音乐的整合，激发他们更丰富的美学想象和体验。总之，个体化的音乐学习活动，可以使学生最大程度地发挥出跨感知加工能力。

第三节　教育学理论

一、建构主义理论

建构主义理论为音乐教育提供了丰富的指导。该理论认为，学习是个体与环境互动的结果；个体通过主动参与建构知识，会不断适应和调整自己的认知结构。根据建构主义理论，教师在音乐教学中应注重提高学生的主动性、参与性和合作性，促使学生通过音乐实践和体验来建构自己的音乐知识和技能。

建构主义理论强调学生的主动参与和实践体验。学生通过参与音乐演奏、创作、欣赏等活动，积极地构建自己的音乐知识和技能。例如，学生通过亲身体验和实践，探索音乐的节奏、旋律、和声等要素，逐步理解音乐的结构和表达方式；通过演奏乐器、参加合唱等形式，培养音乐技能和表现能力。通过参与音乐实践，学生能够获得更全面、更丰富的音乐体验，从而更加深入地理解音乐的本质和意义，提高音乐素养。

建构主义理论强调学生的社会互动和合作学习。学生通过与他人合作，共同探索、创造和表达音乐，促进彼此之间的交流和合作。例如，学生在合唱团或乐队中共同演奏音乐作品时需要相互协调和配合，这能培养其团队合作精神和社交技能；通过与同伴分享音乐作品、交流音乐体验，学生可以扩展音乐视野，提高美育意识。通过社会互动和合作学习，学生能够积极参与音乐活动，增强学习动力和情感认同，从而提高音乐学习效果。

建构主义理论还强调学生的自主学习和自我评价。教师应该为学生提供自主选择和自我管理的机会，激发他们的学习兴趣和创造力。例如，学生可以根据个人兴趣和需求，选择自己喜爱的音乐曲目、乐器类型或音乐风格进行学习和表达；可以通过反思和自我评价，不断调整和改进自己的音乐表现和学习方法。通过自主学习和自我评价，学生能够发展自己的学习策略和解决问题的能力，提高音乐素养和自主学习能力。

二、体验学习理论

体验学习理论强调通过亲身体验和实践来获得知识和技能，以及理解情感和价值。这一理论为音乐教学提供了丰富的理论基础，支持学生通过积极参与音乐活动来提高美育水平。

体验学习理论强调学生在音乐教育中的主动参与和亲身体验。学生应从被动接受知识和技能转向通过亲身参与音乐活动来深入体验音乐的美学魅力。例如，学生可以参加乐器演奏、声乐训练、音乐创作等活动。通过亲身体验，学生可以获得更加深入和个性化的音乐理解，增强对音乐的情感认知和情感表达能力。

体验学习理论强调情感体验在音乐学习中的重要性。音乐是一种富有情感和表达力的艺术形式，需要通过情感体验来理解和表达。教师应该注重培养学生的情感体验能力，帮助他们更好地理解和表达音乐的情感内涵和意义。例如，教师可以通过音乐欣赏、音乐表演等活动，引导学生深入感受音乐所表达的情感，从而增强其对音乐的情感认知和情感表达能力。

体验学习理论强调学生在音乐学习中的自主性和探索性。音乐教育应该为学生提供自由和开放的学习环境，鼓励他们通过探索和实践来提高自己的音乐素养。例如，教师可以设计开放式的音乐学习任务，让学生根据自己的兴趣和能力自主选择学习内容和学习方式，从而激发他们的学习动力和创造力。

体验学习理论为"浸养美育"的音乐教育提供了重要的理论基础，强调了学生通过亲身体验和情感体验来提高自身的音乐素养，以及通过自主探索和实践来提高自身的音乐能力。因此，教师应该重视和倡导体验学习理论在"浸养美育"的音乐教育中的应用。

三、整体教育理论

"浸养美育"作为一种教育理念，拥有广泛的教育学理论基础，其中整体教育理论是一个重要的支撑。整体教育理论强调个体的综合发展，注重培养学生的身体、心灵整体性，并将教育视作培养整个人的过程，而不仅仅是传授知识和技能。整体教育理论为音乐教育提供了深刻的指导，强调教育者应关注音乐对学生全面发展的重要性。

整体教育理论强调音乐对学生身心综合发展的重要性。音乐作为一种综合性的艺术形式，不仅仅涉及听觉的感知和表达，还涉及视觉、触觉、情感、认知等多个层面。教师应该通过音乐活动来促进学生身心的和谐发展，帮助他们形成健康的身心和情感。例如，音乐活动可以帮助学生发展音乐技能和音乐知识，同时也可以促进学生提高情感表达和社交能力，提升综合素养。

整体教育理论强调音乐对学生个体差异的尊重和关注。例如，对于对音乐表演感兴趣的学生，教师可以提供更多的表演机会和舞台经验，帮助他们展示自己的才华；对于对音乐创作感兴趣的学生，教师可以提供更多的创作机会和创意发挥空间，激发他们的创造力和想象力。尊重和关注学生的个体差异，教师才能更好地挖掘学生的潜能。

四、终身学习理论

终身学习理论强调学习不仅发生在教育机构内部，而且贯穿学生的生命周期，且涵盖多种学习方式和场景。这一理论不仅支持在学校教育中进行音乐教学，还强调了音乐作为一种生活方式和文化表达的重要性。

终身学习理论强调音乐教育应该超越传统学校教育，成为学生生命周期中的一部分。音乐教育不应局限于在学校教室内传授音乐知识和技能，还应该将音乐融入学生的生活和社会活动中。例如，教师可以引导学生通过参加音乐社群、音乐表演、音乐活动等方式来持续地学习和体验音乐，不断地提高音乐素养。通过将音乐融入终身学习，学生可以持续地丰富自己的音乐经验和知识，提高美学素养。

终身学习理论强调音乐教育的多样性和灵活性。学生在不同的生命阶段可能具有不同的学习需求和学习方式，音乐教育应该根据学生的特点和需求来设计多样化的学习活动和教学策略。音乐教育可以通过多种方式和场景来进行，如学校教育、社区教育、家庭教育等。学生可以在不同的学习场景中持续地学习和体验音乐。多样化和灵活性的音乐教育可以满足学生不同的学习需求。

终身学习理论还强调学生在学习过程中的自主性和主动性。学生应该积极主动地参与学习活动，探索和发展自己的学习兴趣和潜能。音乐教育应该激发学生的学习动力和创造力，培养其自主学习和自我发展的能力。例如，应鼓励和支持学生通过选择自己感兴趣的音乐学习内容和学习方式来实现个性化学习，从而更好地提高自己的音乐素养。总之，音乐教育可以促进学生各方面能力的持续发展。

终身学习理论为"浸养美育"的音乐教育提供了重要的理论基础，强调了音乐教育应该超越传统学校教育，贯穿学生终身，以及音乐教育的多样性、灵活性和学生的自主性、主动性。通过应用终身学习理论，音乐教育可以更好地促进学生的音乐能力和素养的提高。因此，教师应该重视和倡导终身学习理论在"浸养美育"的音乐教育中的应用。

五、文化教育理论

文化教育理论强调文化对于个体认知、情感和创造力发展的重要性，以及音乐作为文化传承和表达的载体在教育中的作用。文化教育理论为"浸养美育"理念提供了重要的理论支持，该理论要求音乐教育应引导学生深入理解音乐的文化内涵和历史背景，从而提升美育水平以及学生的美学素养。

文化教育理论强调音乐是文化传承和表达的重要角色。音乐是一种文化现象，蕴含着丰富的文化内涵和历史意义。教师应该重视音乐的文化背景和历史渊源，帮助学生深入理解和体验音乐的文化价值和情感内涵。例如，教师可以通过音乐史、音乐文化等课程内容，向学生介绍不同地域、不同历史时期的音乐风格和音乐家，让学生了解音乐的多样性和丰富性；通过音乐民俗、音乐仪式等文化活动，引导学生体验不同文化背景下音乐的生活化和实践化，从而增强学生对音乐文化的认知和情感体验。通过深入理解和体验音乐的文化内涵，学生可以更加全面地理解和表达音乐的美学意义。

文化教育理论强调音乐是文化交流和融合的桥梁。音乐是一种跨文化的语言，能够促进不同文化之间的交流和理解。教师应该倡导多元文化的艺术思维，引导学生尊重和欣赏不同文化背景下的音乐表达和艺术风格。例如，教师可以通过世界音乐、民族音乐等课程内容，向学生介绍不同国家、不同民族的音乐特色和音乐传统，让学生了解并尊重不同文化背景下的音乐表达方式和美学价值；通过音乐交流、音乐合作等文化活动，促进学生之间的文化交流和合作，增强其对音乐多样性和丰富性的认知及体验。跨文化的音乐体验和交流，有助于拓宽学生的艺术视野，提高其综合素养。

文化教育理论还强调音乐是文化创造和创新的源泉。音乐不仅是对历史和传统的传承，也是对现实和未来的创造和表达。教师应该鼓励学生发挥创造力，探索和表达自己的音乐想法及情感体验。例如，教师可以通过音乐创作、音乐表演等活动，引导学生发挥自己的音乐才华和创造力，创作具有个性和文化特色的音乐作品；通过音乐研究、音乐评论等文化活动，引导学生思考和探讨音乐对文化发展和社会变迁的影响，从而提高其对音乐创造和创新的理解和认识。学生只有具备了音乐创造和创新的能力，才能不断丰富和完善自己的音乐语言和表达方式。文化教育理论为"浸养美育"的音乐教育提供了重要的理论基础，强调音乐教育应引领学生深入理解和体验音乐的文化内涵及历史背景，促进学生的文化交流和融合，发挥他们在音乐领域的文化创造和创新作用。

中篇　范式特点与路径

第五章　课堂风格：浸心润美

第一节　乐学特征

一、课堂风格：浸心润美的乐学内涵

（一）学生积极的学习情绪萌生的主要因素

1. 满足学习的心理预期

学生是否具有积极的学习情绪在很大程度上取决于学习的心理预期是否满足。学习的心理预期涵盖了学生对学习内容、学习过程和学习结果的期待。当这些期待得到满足时，学生会感到更加积极和愉悦，从而产生乐学情绪。

学生对学习内容的认同和兴趣是促进积极学习情绪产生的重要因素。当学生对所学内容感兴趣、认同并且能够理解其实际意义时，他们会更加积极地投入学习中，并且更容易产生愉悦和满足的情绪。例如，当学生对学习的乐曲或音乐理论产生浓厚的兴趣，他们就会更加积极地投入学习，享受学习过程中的乐趣。

学生对学习过程的掌控感和自主性也是影响学习情绪的重要因素。当学生感到他们能够掌控学习过程，自主选择学习方法和学习策略时，他们会感到更加满足和愉悦。因此，为了培养学生的乐学情绪，教师应该设计具有一定灵活性和选择性的学习任务，并给予学生一定的自主权，让他们能够根据自己的特点和需求进行学习，从而增强他们的学习积极性和情绪体验。

学生对学习结果的期待和自我认知水平也会影响他们的学习情绪。当学生对学习的结果有积极、理性的期待，并且具有一定的自我认知能力时，他们会更加乐观和积极地面对学习过程中的挑战和困难，从而保持良好的学习情绪。因此，教师应该及时给予学生鼓励和肯定，引导他们建立正确的学习目标和期待，帮助他们树立自信心，增强学习的积极性和愉悦感。

学生积极学习情绪的形成受到多种因素的影响。其中，学生对学习内容的兴趣和认同、对学习过程的掌控感和自主性，以及对学习结果的期待和自我认知水平是比较重要的因素。教师应该根据学生的特点和需求，采取有效的教学策略，营造积极的学习氛围，激发学生的学习热情和兴趣，促进他们的乐学情绪的形成和发展。

2. 学习发生的心境适切

学生积极的学习情绪的萌生与课堂环境的心境适切性密切相关。创设适宜的学习环境对于学生的学习体验和学习心境有着重要的影响。因此，学生积极的学习情绪的萌生主要受到以下因素的影响。

课堂氛围的营造是影响学生学习情绪的重要因素之一。积极、活跃的课堂氛围能够激发学生的学习兴趣，使其在学习过程中保持良好的情绪状态。营造轻松愉悦的氛围，能够促进学生的参与和合作，让学生在学习中感受到快乐与满足。例如，教师可以通过音乐欣赏、音乐游戏等方式营造轻松愉悦的课堂氛围，让学生在轻松的氛围中感受音乐的魅力，从而激发学生的学习兴趣和情绪体验。

教学内容的设置和教学方法的选择对于学生学习情绪的形成具有重要影响。合适的教学内容能够引发学生的兴趣和好奇心，激发学生的学习热情。同时，灵活多样的教学方法能够让学生在学习过程中保持新鲜感和活力，增强学习的乐趣和吸引力。例如，教师可以结合音乐欣赏、音乐创作、音乐游戏等多种教学方法，设计丰富多彩的教学内容，让学生在多样化的学习活动中体验到学习的乐趣，从而激发学生的学习情绪。

教师的教学态度和情感投入也对学生的学习情绪具有重要影响。教师的热情、耐心和关怀能够为学生营造良好的学习氛围，增强学生对学习的信心和兴趣。教师与学生建立良好的师生关系，给予学生鼓励和支持，有助于激发学生的学习动力，促进学生的积极学习情绪的萌生。例如，教师注重与学生亲近交流、关心学生的学习和生活情况，从而建立起师生之间的信任和情感联系，让学生感受到教师的关爱和支持，增强学生的学习积极性。教师通过营造积极、轻松、愉悦的课堂氛围，设计丰富多彩的教学内容和灵活多样的教学方法，可以有效地激发学生的学习兴趣，促进学生的积极学习情绪的萌生和发展。

（二）感觉投入

1. 创造适度的需要，让学生产生相应的学习期待

感觉投入在音乐学习中扮演着至关重要的角色。音乐作为一门艺术，能够通过声音的振动作用于听觉，触动人们的情感和想象，引发情感共鸣，从而深刻影响人们的内心世界。为了促进学生的感觉投入，教师在音乐教学中需要创造适度的需求，并借助适当的教学方法和策略，引导学生达到"乐学"的状态。

教师应创造适度的需要，让学生产生相应的学习期待。这意味着教师要设计充满吸引力的教学内容和活动，从而激发学生的兴趣和好奇心。例如，教师可以选择多样化的音乐作品，包括不同风格、不同时期和不同文化背景的音乐，让学生在欣赏和体验中感受到音乐的多样性和魅力；可以设计富有趣味性和挑战性的学习任务，激发学生的学习动力和探索欲望，引导他们主动参与音乐学习。

教师应运用适当的教学方法和策略，包括提供多样化的学习体验和学习环境，以满足学生不同的学习需求。例如，教师可以通过音乐欣赏、音乐表演、音乐创作等多种方式，让学生从不同角度和层次去感受音乐，拓展其音乐视野和音乐体验；可以运用情感引导和情感分享的方式，与学生建立情感联系，共同探索音乐中蕴含的情感和意义，激发学生的情感共鸣和情感投入。

创造适度的需要和运用适当的教学方法及策略是促进学生感觉投入的关键。吸引人的教学内容和活动，可以激发学生的兴趣和好奇心；多样化的学习体验和学习环境，可以让学生达到"乐学"的状态，从而促进学生的感觉投入，帮助他们建立起对音乐的深刻理解和情感联系。

2. 创造适切的环境，以环境与学习主题之间的意义连接，为学生营造积极向上的学习心境

创造适切的环境是促进学生感觉投入的重要手段。通过营造与学习主题相契合的环境，教师可以帮助学生更好地理解和体验学习内容，激发学生的

学习兴趣和情感投入。创造适切的环境可以通过以下四个方面实现。

第一，教师可以通过创造丰富多彩的情境，使学生置身于与学习主题相关的场景中。例如，在学习古典音乐作品时，教师可以将教室布置成古典音乐厅的模样，配以适合的灯光和装饰，让学生仿佛置身于古典音乐会场中，从而更加投入地体验音乐的魅力。

第二，教师可以利用营造音乐环境的手段，为学生创造有利于感受音乐的氛围。例如，可以播放与学习主题相关的背景音乐，或者通过音响设备营造适合学习的音乐环境，让学生在愉悦的音乐氛围中进行学习，从而提高其学习的投入度。

第三，教师可以利用环境与学习主题之间的意义连接，引发学生的情感共鸣。例如，在学习抒情乐曲时，教师可以借助环境的布置，让学生感受到音乐中蕴含的情感和意义，从而更加深入地理解和体验音乐的内涵。

第四，教师可以通过积极向上的教学态度和言行举止，为学生营造充满希望和正能量的学习环境。例如，可以在教室内张贴积极向上的学习口号，鼓励学生积极面对学习挑战，勇于探索和创新，激发学生的学习动力和情感投入。

通过创造适切的环境，教师可以有效地引导学生感受音乐的魅力，促进其感觉投入和情感共鸣。这不仅有助于学生更好地理解和体验学习内容，也能够激发学生的学习兴趣和主动性，提高其学习效果。

二、课堂风格：浸心润美的乐学特征

（一）注重通过音乐来沟通和表达情感

浸心润美的乐学特征之一是注重通过音乐来沟通和表达情感。音乐不仅是一种听觉艺术，还是一种情感的表达和交流的媒介。教师注重通过音乐来沟通和表达情感，不仅能够丰富学生的情感体验，还能够培养其情感表达能力和社会交往能力，从而实现全面的美育目标。

音乐是一种直接而深刻的情感表达方式。音乐的旋律、节奏、和声等元素能够触动人的情感，引发内心的共鸣。学生可以借助音乐作品中蕴含的情感和意义，表达或释放自己的情感和情绪。例如，学生可以通过演奏抒情乐曲表达内心的悲伤或欢乐，通过合唱表达团队的凝聚力和情感交流，从而实现情感的沟通和表达。

音乐是一种跨越语言和文化的情感交流方式。音乐的语言是普遍的、无国界的，不受语言、文化和地域的限制，能够跨越时空和文化的界限，实现情感的共享和交流。通过学习不同风格、不同时期和不同文化背景的音乐作品，学生可以感受到不同文化背景下的情感表达方式和情感体验，增强其对多元文化的理解和尊重。

音乐是一种社会化的情感交往方式。学生通过合唱、合奏等形式的音乐活动，能够与他人建立情感联系和合作关系，共同追求音乐的美好。通过共同创造音乐作品、共同演奏音乐曲目等活动，学生能够培养团队合作精神、情感交往能力和社交技能，增强与他人的情感联系和情感认同，从而实现情感的交流和互动。

注重通过音乐来沟通和表达情感是浸心润美的乐学特征之一。学生能够借助音乐的语言和情感，实现情感的沟通和表达；通过感受不同文化背景下的音乐作品，学生能够增强对多元文化的理解和尊重，促进跨文化交流和合作；通过参与音乐活动，学生能够与他人建立情感联系和合作关系，共同追求音乐的美好，培养团队合作精神和社交能力。

（二）鼓励学生展现个性化的音乐表达和创造性的演绎

在浸心润美的音乐课堂中，鼓励学生展现个性化的音乐表达和创造性的演绎是至关重要的。音乐是一种充满个性和创造性的艺术形式，学生可以在音乐学习中展现出自己独特的魅力和才华，实现个性化的学习体验和情感表达。

鼓励学生展现个性化的音乐表达能够激发学生的学习兴趣和创造力。每个学生都有自己独特的音乐感知和情感体验，通过鼓励学生展现个性化的音乐表达，可以激发学生的学习热情，增强其对音乐学习的积极性和投入度。例如，教师可以通过引导学生进行音乐创作、即兴演奏和音乐解读等方式，激发学生的学习动力和创造潜能，鼓励学生表达情感和想法，展现个人音乐风格和特点。

鼓励学生展现创造性的演绎能够培养学生的音乐表现力和演奏技巧。音乐演奏是学生学习音乐的重要形式之一，通过演奏音乐作品，学生可以锻炼自己的音乐技能和表现力，提高演奏的艺术水平。教师可以鼓励学生在演奏中展现自己的个性和风格，尝试新的演奏方法和技巧，从而丰富演奏的表现形式，提高演奏的艺术效果。例如，教师可以鼓励学生通过个性化的音色、节奏和演绎方式，为音乐作品赋予新的生命和情感，展现自己独特的音乐魅力和风格。

鼓励学生展现个性化的音乐表达和创造性的演奏，还可以促进学生的自我发展和个性成长。音乐是一种具有情感表达和情感沟通功能的艺术形式，通过音乐表达和演奏，学生可以表达自己的情感和情绪，倾诉内心的感受和想法，从而增强自我认知和情感抒发能力。教师则可以通过音乐教学引导学生深入体验音乐的情感内涵，理解音乐的表达方式和技巧，从而促进学生的情感智慧积累和个性成长。

鼓励学生展现个性化的音乐表达和进行创造性的演奏是浸心润美的乐学特征之一。通过个性化的音乐表达和创造性的演奏，学生可以展现自己独特的音乐魅力和才华，实现个性化的学习体验和情感表达，促进自我发展和个性成长。因此，教师应该积极鼓励学生进行个性化的音乐表达和创造性的演奏，为学生提供展示才华和实现自我价值的机会，从而实现音乐教育的目标。

（三）注重培养学生对音乐的情感共鸣和人文关怀

浸心润美的乐学特征，旨在注重培养学生对音乐的情感共鸣和人文关怀。音乐不仅是一种艺术形式，还是人类情感和文化的载体。通过音乐学习和体验，学生可以深刻感受到音乐所蕴含的情感与人文内涵，进而提升情感表达能力和人文素养。

注重培养学生对音乐的情感共鸣意味着让学生从内心深处产生与音乐作品共鸣的情感体验。教师可以通过音乐欣赏、表演和创作等活动，引导学生深入感受音乐所传达的情感，让他们从音乐中找到自己的共鸣点，感受音乐所蕴含的喜怒哀乐，从而增强他们的情感体验，培养其对音乐的理解和感悟能力。

注重培养学生的人文关怀意味着让学生从音乐作品中领悟人类情感和价值观。音乐作为一种文化符号，承载着丰富的人文内涵和历史积淀。教师可以通过介绍音乐作品的背景和历史，让学生了解音乐与人类文化、社会习俗的紧密关系，引导他们关注音乐所反映的人类情感和价值观，培养其对人文精神的认同和尊重。

注重培养学生对音乐的情感共鸣和人文关怀还意味着让学生关注社会现实和人类命运，通过音乐表达对生活的思考和关怀。教师可以选取反映社会现实和人类命运的音乐作品，引发学生对社会问题和人类命运的思考，激发其社会责任感和同情心，培养其关爱他人、关注社会的价值观念和情感体验。

注重培养学生对音乐的情感共鸣和人文关怀是创造浸心润美的乐学特征的重要方面。教师通过培养学生对音乐的情感体验能力，可以提升其对音乐的理解能力和欣赏水平，增强其情感表达能力和社会责任感，从而实现乐学与人文的有机结合，促进学生成为具有高情商和人文素养的综合型人才。

第二节 深思特征

一、课堂风格：浸心润美的深思内涵

在浸心润美的音乐教学中，深思的内涵至关重要。深度学习强调以高级思维的发展和实际问题的解决为目标。因此，让思维照亮课堂学习过程，引导学生在思维沉浸的状态下深度体悟，是浸润式音乐教学的核心任务。

深思在音乐教学中的体现，主要是描述学生在学习过程中的思维活跃程度和思维深入程度。为了在浸润式音乐教学中促进学生真正达到"深思"，教师需要从以下三个方面着手。

第一，科学、合理地设计问题。合适的问题能够引导学生深入思考，促进其对音乐知识的理解和应用。在设计问题时，教师需要从课程深处出发，基于学习目标和内容核心有的放矢，同时考虑学生心智发展特点，设计具有层次性的问题链，逐步引导学生思维的渐进深入。

第二，合情、合理地搭建学习的问题支架。根据音乐课程目标和教材内容，教师可以围绕学生的音乐学习兴趣点、困惑点、生成点及内容理解的关键点提出问题。这些问题应该具有启发性，能够引发学生的思考和探索，促使他们在问题解决的过程中发展音乐学科素养。

第三，通过问题引导促进学生产生质疑和思考，并激发其自主学习的动力。在解决问题的过程中，学生将不断探索、实践，从而加深对音乐的理解和体验，提高学习的深度和广度。

深思特征在浸润式音乐教学中具有重要意义。通过问题的设计和引导，教师可以促进学生思维的深度发展，引导他们在音乐学习中实现认知和情感的双重提升，从而实现音乐教学的深度和广度的统一。

二、课堂风格：浸心润美的深思特征

（一）强调学生对音乐的深入探索和思考

强调学生对音乐的深入探索和思考意味着教师需要通过教学活动和任务，激发学生对音乐作品的兴趣和好奇心，引导他们深入探索音乐作品的内涵和背后的故事。教师可以通过音乐欣赏、音乐分析、音乐创作等活动，让学生从不同角度和层次去理解和探索音乐，发现其中的美感、情感和意义，从而激发其对音乐的深层次理解。

强调学生对音乐的深入探索和思考需要教师注重培养学生的批判性思维和创造性思维。教师可以引导学生审视音乐作品的内涵和表现形式，分析其音乐结构、和声特点、节奏节拍等方面的特点，培养学生的批判性思维能力；可以鼓励学生进行音乐创作和表演，培养其想象力、创造力，以及创造性思维能力，使其成为善于独立思考、富有创造力的音乐人才。

强调学生对音乐的深入探索和思考需要教师提供良好的学习环境和学习支持。教师应当为学生提供丰富多样的音乐资源和学习工具，如音乐图书、音乐网站、音乐软件等，帮助他们更方便地进行音乐学习和探索；积极组织音乐研讨会、音乐比赛等活动，为学生提供展示和交流的机会，激发其学习的热情和动力，促进其音乐思维的深入发展。

强调学生对音乐的深入探索和思考是浸心润美的音乐教学的重要特征之一。教师引导学生深入探索音乐的内涵和背后的故事，培养其批判性思维和创造性思维，可以促进他们对音乐的深层次理解和体验，培养其音乐素养和创新能力，从而实现音乐教育的深度和广度的统一。

（二）鼓励学生与音乐建立情感联系

鼓励学生与音乐建立情感联系，不仅是引导学生学习音乐技能和知识的有效途径，更是带领学生在音乐的世界中进行充分的思辨、深度探索和情感体验的过程。在教学中，教师应重视学生对音乐的深入探索和思考，鼓励他们与音乐建立情感联系。

强调学生对音乐的深入探索和思考意味着教师需要注重培养学生对音乐背后深层次含义和内涵的认识。这需要教师设计富有启发性和挑战性的学习任务，引导学生对音乐作品进行深度解读和分析，探究其中蕴含的音乐结构、表现手法、历史背景及文化意义，从而提高学生对音乐的理解和领悟水平。

鼓励学生与音乐建立情感联系是培养学生音乐素养和情感表达能力的重要途径。音乐中通常蕴含着强烈的情感，能够唤起人们内心深处的情感共鸣。因此，教师应该引导学生倾听、感受和体验音乐，并鼓励他们通过音乐表达自己的情感和情绪，培养其情感表达能力和情感智慧；应该引导学生探究音乐作品背后所蕴含的情感和情感表达方式，帮助他们更加深入地理解音乐作品的情感内涵和意义。

教师可以通过多种方式加强学生对音乐的深入探索和思考，鼓励他们与音乐建立情感联系。例如，可以组织学生参与音乐分析和评价活动，让他们从不同角度审视和解读音乐作品；可以引导学生参与音乐表演和创作，让他们通过表演和创作活动将自己的情感与音乐相融合，实现情感共鸣和情感表达。这些特征的培养可以帮助学生更好地理解和感受音乐，提升其音乐素养和情感表达能力，实现音乐教育的深度和广度的统一。

（三）注重培养学生的批判性思维和反思能力

批判性思维和反思能力的培养不仅有助于学生深入理解和探索音乐的内涵，还能够帮助他们在日常生活中更加理性地分析问题、做出判断。

培养学生的批判性思维意味着教师需要引导学生对音乐作品进行全面和客观的分析，而不是简单地接受其表面的信息。这就需要学生学会提出问题、分析问题、解决问题，从而形成独立思考的能力。教师可以通过引导学生深入分析音乐作品的音乐结构、表现手法、文化背景等方面，培养他们的批判性思维能力，使其能够理性地评价和解读音乐作品，并形成独立见解。

通过反思，学生可以对自己的学习和行为进行深入思考，发现问题并加以解决，从而不断提高自己的学习效果和综合素质。教师可以通过课堂讨论、作业反馈等方式，引导学生反思自己的音乐表现和学习过程，帮助他们发现不足之处并加以改进，从而不断提高音乐水平和学习能力。

培养学生的批判性思维和反思能力还可以通过开展批判性思维训练和反思性学习活动来实现。例如，教师可以组织学生进行辩论赛、论文写作等活动，让他们从不同角度思考和探讨音乐相关的问题；可以鼓励学生定期撰写学习日志，记录自己的学习感悟和体会，反思学习中的困难和挑战，以及克服和改进的办法。

注重培养学生的批判性思维和反思能力是浸心润美的深思特征的重要体现，可以帮助学生更加全面和深入地理解及探索音乐的内涵，提升其独立思考和解决问题的能力。

（四）鼓励学生进行跨文化思考和跨学科融合

鼓励学生进行跨文化思考和跨学科融合不仅可以拓展学生的视野，丰富他们的文化知识，还能够促进学生的创造性思维和对多学科知识的综合运用，从而促使其达到更高层次的学习效果。

音乐是一种具有普遍性的艺术形式，但不同文化背景下的音乐却有着各自的特点和风格。教师通过引导学生研究不同文化背景下的音乐作品、比较不同文化的音乐表现形式和内涵，可以帮助他们拓展文化视野，增强跨文化交流和理解能力。

音乐作为一门综合性的艺术学科，与其他学科如历史、文学、社会学等密切相关。教师通过引导学生将音乐与其他学科进行交叉融合，如探讨音乐与历史、文学、社会学的关系，可以帮助他们理解音乐在不同文化和社会背景下的地位和作用，拓宽其知识面，提升其综合素养。

教师可以通过多种方式鼓励学生进行跨文化思考和跨学科融合。例如，教师可以组织学生进行跨文化音乐比较和研究，引导他们发现具有不同文化背景的音乐作品的共同点和差异，深入探讨音乐背后的文化内涵；可以开展跨学科的音乐教学活动，将音乐与历史、文学、社会学等学科相结合，促进学生跨学科思维和创新能力的培养。

鼓励学生进行跨文化思考和跨学科融合是浸心润美的深思特征的重要组成部分，可以帮助学生更好地理解和欣赏音乐的多样性和复杂性，提升其综合素养和创造性思维能力。

第三节　善行特征

一、课堂风格：浸心润美的善行内涵

善行特征不仅体现了学生在学科实践中的积极态度和有效行动，还是音乐教育中知识实践和创新能力形成的关键。深度学习理念强调将所学知识融入原有认知结构并能迁移到新情境中，这需要教学中合理的"脚手架"和积极的学习行动。"善行"是学生在深度学习过程中的必然行动特征，它不仅包含着积极乐观的态度，还强调行动方式的准确高效。

音乐实践是培养学生音乐想象力和创造力的重要途径，而学生的实践行动必须在善行的"浸润"状态下进行。这需要教师引导学生充分认识音乐实践的重要性，让他们意识到音乐实践对于个人成长的意义，从而激发其学科实践的主动意识和积极情绪。

教师需要重视适当的方法助力和条件指导，以提高学生学习实践的针对性和有效性。在音乐教学中，教师可以通过组织音乐演奏、创作、即兴表达等活动，让学生有机会展现自己的音乐才华和创意；可以提供必要的技术帮助和指导，让学生的音乐实践行动更加准确、到位。

教师可以借助课堂讨论、作品解读、音乐创作等方式，引导学生深入理解音乐作品的内涵，并鼓励他们将所学知识运用到实践中。通过积极实践，学生可以有效提升自己的音乐技能和表现能力，锻炼创新能力和解决问题的能力，从而实现音乐学习的深度和广度的统一。

二、课堂风格：浸心润美的善行特征

（一）注重尊重和包容

教师对学生个体差异的尊重和包容，以及对学生在音乐学习中的个性化需求的关注和支持，是促进学生"善行"的重要力量。尊重和包容不仅能够营造积极的学习氛围，还能够促进学生的自信心和学习动力。

　　注重尊重和包容意味着教师应该尊重学生的个体差异，包括其音乐背景、兴趣爱好、学习能力等方面。每个学生都具有独特的音乐体验和理解方式，因此教师应该充分尊重学生的个性特点，给予他们足够的空间和机会发展自己的音乐潜能；应该包容学生的不足和错误，鼓励他们勇于尝试和改进，实现个人在音乐方面的成长和发展。

　　注重尊重和包容还意味着教师应该关注和支持学生在音乐学习中的个性化需求和兴趣。教师开展音乐教学应该以学生为中心，根据其不同的学习特点和需求，设计灵活多样的教学活动和内容，满足学生的个性化学习需求；应该鼓励学生发挥自己的创造力和想象力，引导他们探索和发现音乐的美好，激发其对音乐学习的热情和动力。

　　教师可以通过多种方式营造尊重和包容的教学氛围。例如，教师可以组织学生分享自己的音乐体验和见解，鼓励他们相互倾听和尊重彼此的观点；可以设计个性化的音乐学习任务和项目，满足学生不同的学习需求和兴趣爱好。此外，教师还可以定期组织学生对教学进行反馈和评价，了解学生的学习情况和需求，及时调整教学策略和方法，以便更好地满足学生的学习需求。注重尊重和包容是浸心润美的善行特征的重要体现，其有助于营造积极的学习氛围，促进学生的个人成长和发展。

　　（二）鼓励展现合作与团队精神

　　鼓励展现合作与团队精神是一种重要的善行特征。这种特征不仅体现了教师对学生之间互助合作和团队精神的重视，还能够培养学生的团队意识、沟通能力和协作能力，促进他们在音乐学习中的共同进步和成长。

　　鼓励展现合作与团队精神意味着教师应该通过合作性学习活动和项目，促进学生之间的互助合作和团队协作。学生可以在合唱团演唱和乐队演奏、合奏等活动中展现合作与团队精神，共同呈现和创造美妙的音乐作品。教师可以组织学生进行团队合作练习，培养其团队意识和协作能力，让他们学会倾听和尊重他人的意见，共同解决问题，以实现共同的学习目标。

　　鼓励展现合作与团队精神还意味着教师应该重视学生之间的情感交流和团队凝聚力的培养。音乐教学不仅是一项技术性的训练，还是一个情感表达和共鸣的过程。通过合作与团队精神的培养，学生可以与教师、同学在音乐学习中建立起深厚的情感联系，增强团队凝聚力，共同感受音乐带来的美好。

教师可以通过设计合作性的学习任务和项目，激发学生展现合作与团队精神的热情和动力。例如，教师可以组织学生分组进行乐器合奏或音乐创作活动，让他们共同完成一件音乐作品；可以组织学生参加音乐比赛或演出活动，培养其团队合作和竞争意识，提升团队凝聚力。

通过以上方式，教师可以积极引导学生展现合作与团队精神，培养其团队意识、沟通能力和协作能力，促进他们在音乐学习中的共同成长和进步。这不仅有助于提高学生的音乐水平和表现能力，而且能够培养其团队合作精神和社会责任感。

（三）培养社会责任感

浸心润美的善行特征之一就是培养学生的社会责任感。这种责任感不仅体现在学生对音乐学科的学习和实践上，还要求学生能够将自己的所学所得用于推动社会的进步和发展。培养学生的社会责任感，可以激发学生的社会意识和公民责任感，促使他们在音乐学习和实践中发挥积极作用，为社会的发展和进步贡献力量。

培养学生的社会责任感意味着教师应该通过音乐教育引导学生关注社会问题和社会发展。音乐作为一种表达情感和传递信息的艺术形式，可以用来反映社会现实和传达社会价值观念。教师可以通过选取具有社会意义和价值的音乐作品，引导学生思考和探讨社会问题，激发他们的社会责任感和社会意识。

培养学生的社会责任感还意味着教师应该通过音乐实践活动和社区服务项目，促使学生将音乐技能和知识运用于社会实践中。例如，教师可以组织学生参加音乐义演活动，为社区或慈善机构筹款；可以组织学生参与音乐教育项目、为偏远地区或特殊群体提供音乐教育服务。通过这些实践活动，学生不仅可以提升自己的音乐技能和表现能力，还可以感受音乐的价值，培养社会责任感和公民意识。

教师可以通过多种方式培养学生的社会责任感。例如，教师可以通过课堂讨论、作品解读、实践活动等方式，引导学生思考和探讨音乐与社会的关系，激发其社会责任感和公民意识；可以组织学生参与社会实践项目，引导他们亲身感受音乐的社会价值和影响。

第六章　操作路径:"情""思""行"融生

第一节　入境：联觉引情绪浸入

一、联觉引导

联觉引导是实现"浸养美育"入境的关键。联觉指不同感官之间的相互影响和相互关联，如听觉、视觉、触觉等感观在感知和体验上相互交织，共同构建丰富的感知体验。通过联觉引导，教师可以促使学生在音乐学习中实现深度沉浸。

音乐教育中的联觉引导体现在教学活动的设计与实施上。教师可以通过多种感观刺激，如音乐的听觉体验、视觉呈现、触觉互动等，来激发学生的多个感官，使学生在感知上得到全面的体验。例如，在音乐欣赏活动中，教师可以选择具有鲜明视觉效果的音乐视频，配合着音乐的听觉体验，让学生通过视听的双重感受来感知音乐的情感表达和内涵。这样的设计能够有效地引导学生在音乐学习中联结听觉和视觉，使其情感更加深入、丰富。

联觉引导也体现在音乐教学中的情感表达与体验上。音乐是一种情感表达的艺术形式，而情感的表达往往是通过多种感官的综合体验来实现的。教师可以通过音乐的演奏、歌唱等方式，激发学生内心深处的情感体验，引导学生通过音乐来表达自己的情感和情绪；还可以引导学生通过绘画、舞蹈等形式，将自己对音乐的情感体验转化为具体的艺术表达，从而丰富音乐学习的体验和表达形式。

联觉引导还体现在音乐创作和演奏中。音乐创作是一种多感官的体验和表达过程，学生可以通过联觉引导，将自己对生活、情感的感知和体验转化为音乐作品。在音乐演奏中，学生也可以通过联觉引导，将自己对音乐的理解和情感表达融入演奏中，使得音乐更具感染力和表现力。

联觉引导在音乐教育中具有重要意义。通过多感官的综合体验和情感表达，可以促使学生在音乐学习中深度沉浸。教师在教学中应该注重联觉引导，设计丰富多彩的教学活动，调动学生的多种感官，培养其对音乐的深入体验和理解能力。

二、情绪的引发

情绪的引发是实现"浸养美育"的重要方法。它通过多个感官的联合作用，引发学生内心深处的情感共鸣，使其实现音乐学习的深入与丰富。情绪的引发在音乐教育中扮演着关键的角色，它不仅能够增强学生对音乐的体验和理解，还能够激发他们的学习热情和动力，促进其音乐素养的全面提升。

在音乐教育中，可以通过音乐作品的选择和演奏方式的呈现来实现情绪的引发。音乐作品具有丰富的情感内涵，教师可以通过选取具有情感张力的音乐作品，引发学生内心深处的情感共鸣；可以根据学生的年龄、兴趣和学习需求，选择具有吸引力和感染力的音乐作品，引发学生的情绪共鸣，激发其对音乐的热爱和热情。

还可以通过音乐表演和演奏技巧的运用来实现情绪的引发。教师可以通过合适的演奏方式和表现手法，将音乐作品的情感表达得淋漓尽致，引发学生内心深处的情感共鸣。例如，通过情感饱满的演奏、动人的音色和富有表现力的演奏技巧，教师可以唤起学生内心深处的情感，让他们沉浸在音乐的情感之中。

还可以通过音乐教学中的情景模拟和情感体验来实现情绪的引发。教师可以通过情景模拟和情感体验的方式，让学生身临其境地感受音乐所描绘的情景，以及其中蕴含的情感，从而引发其内心深处的情感共鸣。例如，通过音乐欣赏和情感表达活动，教师可以引导学生用心体验音乐所表达的情感，激发他们对音乐的情感共鸣和体验。通过选择合适的音乐作品、呈现演奏方式、情景模拟和情感体验等手段，教师可以有效地引发学生内心深处的情感共鸣，实现音乐教育的深入与丰富。

三、情感的浸入

音乐是情感的表达和传递的媒介。通过音乐，学生可以体验丰富多彩的情感，从而感受音乐的魅力。因此，如何引导学生将情感融入音乐学习中成为音乐教学至关重要的任务之一。教师在音乐教学中可以通过精心选择音乐作品和活动来引发学生的情感。音乐作品中的旋律、节奏、和声等元素都能够直接触动人们的情感，引发他们内心深处的共鸣。通过选择富有表现力和情感的音乐作品，教师可以激发学生的情感，让他们沉浸在音乐的海洋中，感受音乐所传递的情感和情绪。

教师还可以通过音乐活动和表演来引发学生的情感。例如，教师可组织学生参加音乐表演或音乐会，让他们通过演唱、演奏或舞蹈等形式表达自己的情感和情绪。在这样的音乐活动中，学生不仅能够展示自己的音乐才华，还能够体验与他人共同创造美妙音乐的快乐和满足感，从而激发出更深层次的情感。

通过分析音乐作品的音乐元素、情感表达和背景故事等，教师可以帮助学生更深入地理解音乐的内涵和情感表达，从而引发他们对音乐的情感共鸣和情感体验。而通过欣赏不同风格和时期的音乐作品，学生可以丰富自己的情感世界，增强情感表达能力。

教师可以通过以情感为导向的教学方法和策略来引导学生将情感融入音乐学习中。例如，教师可以通过以情感为导向的课堂讨论、写作、绘画等活动，引导学生表达自己的情感体验和情感反应，使他们更加深入地理解和体验音乐的情感内涵。

情感的浸入是"浸养美育""入境"过程中的重要环节。通过精心选择音乐作品和活动、音乐表演和欣赏，以及情感导向的教学方法和策略，教师可以有效地引导学生将情感融入音乐学习。

四、审美情趣的培养

审美情趣的培养是"浸养美育""入境"过程中至关重要的一环。音乐不仅是情感表达和传递的媒介，还是审美体验的载体。通过对音乐的欣赏和理解，学生可以提高自己的审美水平和审美情趣，充分感受音乐的独特魅力。

教师可以通过精心选择音乐作品和设计音乐活动来培养学生的审美情趣。教师可选择富有表现力和情感的音乐作品，引导学生深入欣赏音乐的美妙之处，感受音乐所传递的情感和情绪。通过音乐作品的欣赏和分析，教师可以帮助学生理解音乐的艺术特点和内涵，从而提高他们的审美水平。

教师可以通过音乐活动和音乐表演来培养学生的审美情趣，如组织学生参加音乐演出、音乐会或音乐节等活动，让他们亲身体验音乐的魅力和美妙，从而激发他们对音乐的热爱和兴趣。通过参与音乐表演和演出，可以使学生感受到与他人共同创造音乐的快乐和满足感，从而培养他们对音乐的热情和情感。

教师还可以通过音乐欣赏和分析来培养学生的审美情趣。通过分析音乐作品的音乐元素、结构和表现手法，教师可以帮助学生更深入地理解音乐的艺术特点和内涵，从而提高他们的音乐鉴赏能力和审美水平。教师还可以通过以情感为导向的教学方法和策略来培养学生的审美情趣，例如，通过以情感为导向的课堂讨论、情感写作、情感绘画等活动，引导学生表达自己的审美体验和情感反应，从而加深他们对音乐的理解和欣赏，提高他们的审美水平。

五、深度沉浸的体验

深度沉浸的体验是"浸养美育""入境"过程中不可或缺的部分。通过深度沉浸的体验，学生可以全身心地投入音乐学习，体验音乐带来的美妙感受和情感体验，从而实现心智和情感的陶冶。

深度沉浸的体验要求教师在音乐教学中营造充满吸引力和挑战性的学习环境。教师可以通过精心设计的音乐活动和任务，激发学生的学习兴趣和求知欲，引导他们主动探索和发现音乐的奥秘。例如，教师可以组织学生进行音乐创作、合奏、音乐剧排演等活动，让他们亲身参与音乐创作和表演的过程，从而深度沉浸于音乐的世界中。

音乐不仅是一种感官体验，还是一种思维活动和创造性表达的方式。教师可以引导学生进行音乐分析、解读和创作，促进学生的思维深度和创新能力的发展，让他们在音乐学习中体验思维的乐趣和挑战，实现认知和情感水平的双重提高。音乐是一门情感表达的艺术，教师可以通过对音乐作品的欣赏和分析，引导学生深入理解音乐的情感内涵和表达方式，激发其情感体验和情感表达能力，从而实现情感的深度沉浸。

不同的学生具有不同的学习风格和兴趣爱好，教师应该设计灵活多样的教学活动和任务，满足学生个性化的学习需求，让每个学生都能够在音乐学习中找到自己的位置，实现个性化和全面发展。

第二节　融境：联觉引思维浸入

一、多感官联觉的体验

多感官联觉是一种独特的体验，其通过同时激活多个感官，如眼、手、鼻和口，使人们更深入地感知和理解所体验的事物。从音乐教育的角度来看，多感官联觉不仅可以丰富学习者的音乐体验，还能够促进他们对音乐的全面理解和表现。以下将从不同的感官角度探讨多感官联觉在音乐教育中的重要性和影响。

学生通过聆听，可以接触到不同类型和风格的音乐，从而培养对音乐的欣赏能力。教师可以通过播放不同乐曲、参与音乐会演奏现场和参与合唱团等形式，让学生在听觉上感受音乐的美妙和多样性；可以通过让学生尝试演奏乐器或参与音乐创作，进一步加深他们对音乐的理解和表达能力。

视觉在音乐教育中也起着重要作用。学生可以通过观察乐器演奏者的动作和表情，更好地理解音乐的技巧要求和情感表达。此外，视觉还可以与听觉结合，如通过舞蹈与音乐的配合或音乐视频的欣赏，使学生在视觉上得到更加丰富和深刻的感受。

触觉是在音乐教育中常被忽视但非常重要的感观。学生可以通过亲自触摸和演奏乐器，感受到音乐的振动和节奏，从而更直观地理解音乐的结构和节拍。还可以通过触摸不同材质的乐器或参与打击乐演奏等方式，丰富学生的触觉体验，提高他们对音乐的感知和表现能力。

虽然嗅觉和味觉在音乐教育中不常被运用，但也可以通过一些创新的方式将其与音乐相结合，创造更加丰富和独特的体验。例如，教师可以提供一些与音乐的节奏或情感相呼应的气味棒或小吃，从而在嗅觉和味觉上丰富学生的感官体验，使他们更加全面地感受和理解音乐作品的内涵和情感表达。

二、情感投入与情感表达

通过情感投入和表达，学生可以更深入地理解音乐作品的内涵和情感，同时也可以更好地表达自己的情感和思想。以下将从音乐教育的角度探讨情感投入与情感表达的重要性和影响。

情感投入是音乐学习中的关键环节。学生需要通过对音乐作品的理解和感受，将自己的情感投入音乐中。这种情感投入不仅可以使学生更加全神贯注地投入音乐学习和表演，还可以激发他们对音乐的热爱和热情。教师应该通过引导学生倾听、感受和理解音乐作品的方式，培养他们的情感投入能力，使他们能够在音乐学习和表演中达到更高的境界。

情感表达是音乐学习中的重要目标之一。学生需要通过音乐来表达自己的情感和思想。教师可通过培养学生的音乐表达能力和技巧，帮助他们更好地表达自己的情感和情绪，从而达到心灵沟通和情感交流的目的。

情感投入和情感表达在音乐教育中是相辅相成的。只有当学生能够真正投入音乐中，才能够更好地表达自己的情感和情绪；只有当学生能够有效地表达自己的情感和情绪时，才能够真正体会到音乐的美妙和魅力。因此，教师应该注重培养学生的情感投入和情感表达能力，使他们能够在音乐学习和表演中实现情感与思想的完美融合。

情感投入与情感表达不仅对学生的音乐素养和表现能力有着重要的影响，而且对整个音乐教育的发展具有深远的意义。只有当学生投入音乐中，并通过音乐来表达自己的情感和思想时，才能够真正感受音乐的魅力，从而实现音乐教育的最终目标——培养全面发展的音乐人才，促进音乐事业的繁荣和发展。

三、思维深入与思维探索

音乐教育是一项综合性的教育活动，不仅要传授音乐知识和技能，也要培养学生的思维能力和创造力。思维的深入和探索是至关重要的，它不仅能够帮助学生更好地理解音乐的内涵和结构，还可以激发他们的想象力和创造力，从而达到全面发展的目标。以下将从不同的角度来论述思维深入与思维探索在音乐教育中的重要性和影响。

音乐背后蕴含着丰富的情感和思想。学生不仅可以感受音乐所表达的情感，还可以通过思维的深入来理解音乐作品背后的意义和内涵。例如，学生可以通过分析音乐的调性、节奏、和声等元素，探索音乐家想要表达的情感和思想，从而更加深入地理解音乐作品的内涵和艺术价值。

音乐教育可以通过启发学生的想象力和创造力来促进学生思维的深入和探索。音乐是一种富有想象力的艺术形式，可以通过声音的组合和变化来创造出各种各样的音乐形象和情境。教师可以通过鼓励学生进行音乐创作、编曲和即兴演奏等活动，帮助他们发挥想象力、探索音乐的无限可能性，从而培养他们的创造力和创新精神。

音乐教育也可以通过思维的深入和探索来促进学生综合能力的发展。音乐是一门综合性的艺术，它涉及音乐理论、乐器演奏、合唱指挥、音乐创作等多个方面的知识和技能。学生不仅需要掌握这些知识和技能，还需要能够将它们有机地结合起来，进行创造性的应用和表现。因此，思维的深入和探索可以使学生更好地理解音乐的综合性和复杂性，从而提高他们的综合能力和应变能力。

音乐教育还可以通过思维的深入和探索来促进学生批判性思维和问题解决能力的发展。音乐作品往往具有多重意义和解读方式，学生需要通过深入思考和分析，准确把握音乐作品的内涵和艺术价值。教师可以通过提出问题、引导讨论和组织研究等方式，激发学生的批判性思维，培养他们对音乐作品的理解和评价能力，从而提高他们的问题解决能力和判断力。

思维的深入和探索在音乐教育中具有重要的意义和影响。通过深入思考和探索，学生可以更好地理解音乐的内涵和结构，激发想象力和创造力，提高综合能力和问题解决能力，从而实现音乐学习目标。因此，教师应该重视学生思维的深入和探索，为他们创造丰富、多样的学习环境和活动，激发他们的思维潜能，开拓他们的艺术视野，培养他们的综合素养和创新精神。

四、情感与思维的交融

音乐不仅是一种艺术形式，也是情感与思想的载体，人们可以通过音乐表达内心的情感，还可以通过思考和理解音乐的内涵来深化对世界的认识。

音乐可以表达各种各样的情感，包括喜悦、悲伤、愤怒等。教师可以通过引导学生去感受和理解音乐所表达的情感，从而激发他们的情感投入和思维探索。例如，在音乐教学中，教师可以为学生播放多种风格的音乐作品，并通过适当的介绍和启发，引导他们体会其中所蕴含的情感，进而思考不同风格的作品在情感表达方面的异同，使学生在音乐学习中实现情感与思维的交融。

音乐教育还可以通过音乐作品的分析和解读，促进学生的思维深入和探索。音乐作为一种抽象的艺术形式，往往蕴含着丰富的思想和内涵。教师可以引导学生通过深入、细致地分析音乐的结构、形式、和声等要素，理解音乐作品所表达的思想和意义，从而培养他们的思维能力和批判性思维。例如，通过学习音乐史、音乐理论等课程，学生可以更深入地了解不同音乐风格和流派的发展历程，以及背后所蕴含的文化、社会和历史背景，从而拓展他们的视野，提高他们的思维水平。

情感与思维的交融还体现在音乐表演和创作中。音乐表演是一种情感的释放和表达，需要运用思维来理解和掌握音乐作品的内涵和技巧。在音乐创作中，创作者往往会受到内在情感的驱动，也需要运用理性思维来构思和编排音乐作品。因此，教师可以通过音乐表演和创作的实践活动，促进学生情感与思维的交融。

情感与思维的交融是音乐教育中的重要课题。其通过引导学生去感受和理解音乐所表达的情感，又通过分析和解读音乐作品的内涵和结构，促进学生情感与思维的统一，从而达到音乐教育的最终目标。

第三节　出境：联觉引行动浸入

一、音乐实践与表演

音乐实践与表演在音乐教育中扮演着至关重要的角色。这不仅是因为它们是学生将理论知识转化为实际能力的桥梁，还因为它们能够促进学生的全面发展，培养他们的表现力、合作精神和创造力。音乐实践与表演是锻炼技能的必要方式，更是丰富情感的体验和思维的有效途径。

音乐实践与表演是学生将所学习的音乐理论知识付诸实践的重要方式。

通过实践，学生可以将抽象的音乐概念转化为具体的声音和表现，从而更加深入地理解音乐的本质和内涵。例如，在学习乐理知识时，学生可以通过演奏乐器或合唱等方式将所学的音乐理论知识付诸实践，从而加深对音乐的理解和掌握。

音乐实践与表演是培养学生音乐表现力和艺术修养的重要途径。通过表演，学生可以锻炼自己的音乐表现力，学会如何将内心的情感与音乐作品相融合，从而使表演更加生动和具有感染力。此外，表演还可以培养学生的舞台表现能力和自信心，使他们在公开场合能够从容地展现自己的才华和魅力。

音乐实践与表演是促进学生形成合作精神和团队意识的重要方式。在音乐表演过程中，学生往往需要与其他人合作，共同完成音乐作品的演出。在合作过程中，学生不仅可以培养自己的团队意识和合作精神，还可以学会如何与他人和谐相处，从而为未来的社会生活打下良好的基础。

音乐实践与表演是激发学生创造力和想象力的重要途径。在音乐表演中，学生不仅可以演奏已有的音乐作品，还可以通过创作和即兴演奏等方式，展现自己的音乐才华和创造力。学生可以发挥自己的想象力，创造新颖的音乐形式和风格，从而丰富音乐的艺术表达方式，为音乐的发展和创新做出贡献。

音乐实践与表演在音乐教育中具有重要的地位和作用。通过实践和表演，学生不仅可以将理论知识付诸实践，培养音乐表现力和艺术修养，还可以促进合作精神和团队意识的培养，激发创造力和想象力，从而实现音乐素养的全面提高。因此，教师应该重视音乐实践与表演的教学，为学生提供更多的实践机会和表演平台，促进其全面发展和成长。

二、音乐创作与编曲

音乐创作与编曲不仅能够培养学生的创造力和表达能力，还可以促进他们对音乐的深入理解和探索。通过音乐创作与编曲，学生可以将自己的想法和情感转化为音乐作品，实现对音乐的主动参与和创造。

音乐创作与编曲是培养学生创造力和表达能力的重要途径。在音乐创作的过程中，学生需要先思考和构思音乐的各个要素，如旋律、和声、节奏等，然后将它们组合在一起，创作具有个性和特色的音乐作品。这个过程不仅需要学生具备一定的音乐知识和技能，还需要他们发挥自己的想象力和创造力，去探索和发现音乐的无限可能性。学生通过音乐创作，可以不断拓展自己的思维和想象，从而提高创造力和表达能力，为未来在音乐领域的发展打下坚实的基础。

音乐创作与编曲可以促进学生对音乐的深入理解和探索。学生需要对音乐的结构、形式、和声等方面进行深入分析和思考，以确保音乐作品的完整性和质量。通过对音乐的深入理解和探索，学生可以更加全面地认识和把握音乐的内涵和规律，从而提高对音乐的感知和理解能力。同时，音乐创作还可以帮助学生探索和发现自己喜欢或擅长的音乐风格，进而形成自己的音乐个性和独特性，为他们的音乐生涯奠定良好的基础。

音乐创作与编曲还可以激发学生对音乐的兴趣和热情，从而增强他们的学习动力和积极性。学生可以充分发挥自己的想象力和创造力，探索和尝试各种不同的音乐元素和技巧，从而激发对音乐的兴趣和热情。通过对音乐的深入探索和实践，学生可以不断提高自己的音乐水平和技能，增强自信心，为自己的音乐学习注入新的活力和动力。

三、音乐活动与社会参与

"浸养美育"是一种全面的教育理念，旨在通过多种形式的体验，培养学生的审美情感、创造力和社会责任感。音乐活动与社会参与是"浸养美育"的重要内容。通过参与各种音乐活动，学生不仅可以展现自己的音乐才华，还可以积极融入社会，为社会发展做出贡献。以下将从音乐教育的角度论述音乐活动与社会参与的重要性和影响。

音乐活动是学生展现音乐才华的重要平台。通过参与音乐演出、比赛、音乐会等各种音乐活动，学生可以充分展示自己的音乐技能和艺术表现力，获得舞台表演的经验，提高自信心和自我认知。这些音乐活动不仅可以激发学生对音乐的热爱和兴趣，还可以培养他们的表现力和团队合作精神，为他们未来的发展奠定良好的基础。

音乐活动是促进学生社会参与和交流的重要途径。在音乐活动中，学生不仅可以与同学、老师和家长等密切合作，还可以与社区、学校及其他音乐团体进行交流与合作。例如，学生可以组织音乐义演活动，为社区服务，通过音乐为社会做出一份贡献；参加音乐文化交流活动，与来自不同地区或国家的音乐团体进行交流，增进文化理解和友谊。这些活动不仅可以丰富学生的社会经验，还可以培养他们的社会责任感和团队协作能力，使他们成为具有正确社会价值观的公民。

音乐活动为学生提供了实践音乐理论知识的机会。在课堂教学中，学生学习了丰富的音乐理论知识，但只有在实践中才能真正理解和掌握这些知识。学生可以将课堂上学到的知识应用到实际中，不断提高自己的音乐表演和创作水平。同时，通过与其他音乐团体或专业人士的交流和合作，学生还可以不断拓展自己的音乐视野，开阔音乐思维，提高音乐创作和编曲的能力。

音乐活动与社会参与是音乐教育中不可或缺的一部分。学生不仅可以展现自己的音乐才华和表现力，还可以培养社会责任感和团队合作精神，提高音乐创作和表演的水平，为个人成长和社会发展做出积极的贡献。因此，音乐教育应该重视音乐活动与社会参与的重要性，为学生提供更丰富多彩的音乐活动体验，促进其全面发展和融入社会。

四、音乐传承与社团活动

音乐传承与社团活动是"浸养美育"的重要组成部分之一。例如，民乐团、京剧社、合唱团、舞蹈队等社团的组建及训练，都是音乐传承与社团活动相结合的有效途径。学生在参与过程中，可以积极传承音乐文化、推动音乐发展，为社会文化建设做出贡献。以下将从音乐教育的角度论述音乐传承与社团活动的重要性和影响。

音乐传承是弘扬民族文化和传统的重要途径之一。作为一种具有深厚历史和文化底蕴的艺术形式，音乐承载着民族的情感和记忆，反映了特定社会和时代的精神风貌。通过参与传统音乐的学习和演奏，学生可以深入了解民族音乐的起源、发展和演变过程，感受其独特的魅力和价值；通过参与民族音乐的传承和创新，学生也可以为传统音乐的发展注入新的活力和生机，促进其在当代社会的传播和弘扬。

音乐社团活动是学生实践音乐理论知识的重要平台。在音乐社团中，学生可以与志同道合的伙伴共同学习、探索和实践音乐知识。无论是合唱团、民乐团，还是交响乐团，每个音乐社团都为学生提供了展示自己才华的舞台。通过参与音乐社团活动，学生不仅可以提高自己的音乐表演和创作水平，还可以培养团队合作精神和领导能力，促进个人能力和素质的全面提升。

音乐社团活动也是促进学生参与社会和交流的重要途径。学生可以与来自不同背景和文化的同学进行交流与合作，增进彼此之间的理解和友谊。同时，音乐社团还可以通过组织音乐演出、义演活动等形式，为社区和社会提供文化服务，促进社会文化建设和社会和谐。通过积极参与这些活动，学生不仅可以提高自己的社会责任感和公民意识，还可以更好地融入社会发展，为建设和谐社会贡献自己的力量。

音乐传承与社团活动是音乐教育中不可或缺的一部分。通过参与传统音乐的传承和创新，学生可以深入了解民族音乐的历史和文化，为传统音乐的弘扬和发展做出贡献。此外，学生还可以提高音乐表演和创作的水平，培养团队合作精神和社会责任感，为社会和谐与进步贡献力量。因此，音乐教育应该重视音乐传承与社团活动的重要性。

第七章　教学策略："脚手架"策略

第一节　学生立场的原则

一、个体化学习原则

个体化学习原则强调将学生作为独特的个体来对待，根据他们各自的能力水平满足其学习需求、兴趣。这一原则体现了对学生个体差异的尊重和关注，旨在通过个性化的教学设计和指导，激发学生的学习热情、提高学习效果，促进学生全面发展。个体化学习原则对学生的音乐学习和成长具有重要意义，以下将就此展开论述。

音乐教育是一项涉及感知、表达和技能培养的综合性教育活动。学生在音乐学习中所展现出的兴趣、才能和学习方式不尽相同。个体化学习原则的应用，能够更好地满足学生的个性化需求，使他们在音乐学习中获得更深入、更有意义的体验。例如，教师可以为对声乐感兴趣的学生提供更多的声乐训练和演唱机会；为对器乐表演感兴趣的学生提供更多的乐器演奏机会。通过针对学生个体差异进行教学设计，教师可以更好地帮助学生在音乐学习中找到自己的定位，更好地发展音乐才能和兴趣。

学生的音乐学习和实践往往受到内在兴趣的驱动。个性化的教学设计能够激发学生的学习热情，使他们更加主动地参与到音乐学习中来。例如，教师可以根据学生的兴趣爱好和学习目标，为他们提供不同类型的音乐作品、活动和项目，让他们能够在学习中获得充分的乐趣和动力。教师通过激发学生的学习热情，能够提高他们的学习积极性和主动性，培养其自主学习和创造性思维能力。

个体化学习原则有助于提高学生的学习效果和发展水平。音乐教育旨在培养学生的音乐素养和综合能力，而个体化的教学设计可以更有效地促进学生的学习和发展。教师根据学生的个性特点和学习需求进行差异化的教学指导，能够更好地满足他们的学习需求，提高他们的学习效果和发展水平。例如，对于学习能力较强的学生，教师可以提供更高难度的音乐任务和挑战，以促进其在音乐技能和表现力方面的进步；对于学习能力较弱的学生，教师则可以采取更为温和、细致的教学方法，逐步引导其提高音乐水平。个体化的学习指导能够更有效地促进学生的学习和发展，使他们在音乐学习中取得更好的成绩和表现。

个体化学习原则在音乐教育中具有重要的意义和影响。个性化的教学设计和指导，能够更好地满足学生的学习需求和兴趣，激发其学习热情和自主性，提高其学习效果和发展水平。

二、学生参与原则

学生参与原则强调在教学过程中应保证学生的主体地位，以及促进学生积极参与教学过程。学生参与原则要求教师不仅要让学生成为教学的主体，而且要让他们在学习过程中发挥主动性、创造性和合作精神，从而提高学生的音乐学习效果，培养他们的综合能力和社会责任感。

在音乐教学中坚持学生参与原则能够激发学生的学习兴趣和热情。音乐教育是一种感性和情感性的教育活动，以学生参与原则为指导实施音乐教学能够使学生更加投入地学习，从而提高学习的积极性和主动性。通过参与音乐演奏、合唱、创作等各种音乐活动，学生能够体验到音乐带来的快乐和成就感，从而激发对音乐的兴趣和热情。例如，在合唱团中，学生不仅能够享受与他人合作、共同演绎美妙音乐的乐趣，还能够感受团队合作的重要性和价值，从而更加热爱音乐，更加主动地参与到音乐学习中来。

通过参与音乐演奏、创作和表演等活动，学生不仅能够提高自己的音乐技能和表现力，还能够培养自己的团队合作精神、创造性思维和解决问题的能力。例如，在音乐创作活动中，学生可以结合自己的音乐知识、技能及喜好，创作富有个性和创意的音乐作品，从而提高自己的音乐表现力和创作水平。通过参与音乐演奏、创作和表演等活动，学生不仅能够展现自己的才华和能力，还能够不断拓展自己的音乐视野，培养综合能力和创造力，为未来的发展打下坚实的基础。

音乐教育不仅要培养学生的音乐素养，还要培养学生的社会责任感和公民意识。通过参与音乐义演、公益演出等社会活动，学生不仅能够为社会做贡献，还能够感受到音乐的力量和社会责任的重要性。例如，在音乐义演活动中，学生可以通过演奏音乐为社区、学校或其他群体带来欢乐和温暖，同时也能够体会到团队合作的重要性和价值，从而培养自己的社会责任感和团队合作精神。通过参与社会活动，学生不仅能够提高自己的音乐水平，还能够培养社会责任感和团队合作精神，成为具有正确社会价值观的公民。

学生参与不仅是音乐教学的原则，也是一种重要的教学策略。它能够提高学生的音乐学习效果，使学生能够更好地体验音乐带来的快乐和成就感，提高自己的音乐水平和表现力，培养自己的综合能力和创造力，成为具有社会责任感和团队合作精神的公民。

三、启发式教学原则

启发式教学原则强调通过激发学生的好奇心、探究精神和创造力，引导他们主动参与学习过程，从而实现更深层次的学习和发展。启发式教学不仅可以激发学生对音乐的兴趣和热爱，还可以培养他们的音乐素养和创造性思维能力。例如，教师可以通过提出引人入胜的问题、展示生动有趣的音乐作品或者安排富有创意的音乐活动，引发学生的兴趣和注意力，激发他们对音乐的探索欲望。通过启发式的教学方式，可以使学生在轻松愉快的氛围中感受音乐的魅力，主动参与到音乐学习中来。

启发式教学有助于培养学生的音乐素养和创造性思维能力。音乐教育的重要任务之一是培养学生的音乐素养和创造力。启发式教学强调通过激发学生的思维和想象力，引导他们主动探索音乐的内涵和表现形式，从而培养其音乐审美能力和创造性思维能力。例如，教师可以通过提出开放性的问题、组织富有创意的音乐活动或者鼓励学生进行音乐创作，激发学生的创造力和想象力，促使他们从不同角度去理解和表达音乐。通过启发式的教学方法，可以使学生自由地探索和表达自己的音乐想法，培养独立思考和创新能力，从而提高音乐素养和综合能力。

音乐教育旨在培养学生的审美情感、创造力和社会责任感，而启发式教学则为实现这一目标提供了有效途径。遵循启发式教学原则不仅可以提高学生的音乐技能和表演水平，还可以培养其独立思考、团队合作和创新等能力。

在音乐教学中坚持启发式教学原则，可以有效激发学生对音乐的兴趣和热爱、培养其音乐素养和创造性思维能力，促进其全面发展和个性成长。

四、重视反馈原则

重视反馈原则强调为学生提供及时、有效的反馈，以促进他们的学习和发展。及时、准确的反馈不仅可以帮助学生提高音乐表演和技能水平，还可以促进其自我认知和艺术成长。

音乐表演是音乐教育中的重要组成部分，而及时、有效的反馈对于学生表演技能的提高至关重要。例如，在音乐排练或表演过程中，教师可以通过观察和评估学生的表演，为学生提供针对性的建议和指导，帮助他们发现并纠正演奏中存在的问题，提高演奏的准确性、表现力和感染力。此外，教师还可以通过录音、录像等方式记录学生的表演过程，让学生能够直观地感受自己的表现，并从中认识到自己的不足。根据教师及时、有效的反馈，学生可以不断调整和改进自己的表演技能，实现音乐水平的提高和艺术成就的增长。

在音乐教学中，教师重视并有效实施反馈有助于促进学生的自我认知和艺术成长。音乐教育的重要目标是培养学生的审美情感、表达能力和艺术品质，而及时、有效的反馈可以帮助学生更全面地认识自己的音乐能力和表现水平，从而促进其自我认知和艺术成长。例如，通过教师的反馈，学生可以了解自己在音乐表演中的优势和不足，认识到自己的潜力和发展方向，从而更加自信地面对挑战和困难。同时，学生还可以从中感受到教师对自己的关注和支持，从而增强学习动力和信心。通过不断地接受反馈和完善自己的音乐知识与技能，学生可以逐步提高自己的音乐水平，实现艺术自我实现和个性成长。

音乐教育是一种互动性强、合作性强的教育活动，而及时、有效的反馈可以为教师和学生之间建立起良好的沟通和合作关系提供保障。例如，教师可以通过与学生的反馈交流，了解学生的学习需求和困难，及时调整教学方法和内容，更好地满足学生的学习需求；学生也可以通过与教师的反馈交流，了解自己的学习情况和音乐水平，从而更好地调整自己的学习策略和方法。通过建立有效的反馈机制，教师和学生可以共同努力、共同成长，实现教学相长。

重视反馈在音乐教育中具有重要的意义和影响。教师通过为学生提供及时、有效的反馈，可以帮助他们提高音乐表演和技能水平，促进自我认知和艺术成长，促进教师和学生之间的有效沟通和合作。

五、自主学习原则

自主学习原则体现了对学生自主性、独立性和创造性的重视。这一原则强调学生在学习过程中的主动参与和自主探究，以满足其个性化的学习需求和兴趣，从而实现更加深入和有意义的学习。自主学习不仅可以激发学生对音乐的热爱和兴趣，还可以培养其自主学习和创造性思维能力。

通过自主学习，学生可以根据自己的兴趣和学习目标，选择适合自己的学习内容和学习方式，从而更加深入地探索音乐世界。例如，学生可以通过自主选择音乐作品、参与音乐活动、进行音乐创作等方式，深入理解音乐或表达对音乐的独特见解。通过自主学习，学生不仅可以更加全面地了解音乐的内涵和表现形式，还可以深入体验音乐的魅力，从而更加深爱音乐。

自主学习有助于培养学生的自主学习能力和创造性思维能力。通过自主选择学习内容、制定学习计划、进行学习反思等方式，学生可以提高自己的自主学习能力，提高学习兴趣和学习动力。同时，通过自主参与音乐创作、演奏表演和音乐分享等活动，学生可以发挥自己的想象力和创造力，表达自己对音乐的理解和感受，从而培养创造性思维能力和创新能力。

第二节　生成性教学策略

一、鼓励学生进行音乐创作

在"浸养美育"教学中，生成性教学策略的一项重要内容是鼓励学生进行音乐创作。音乐创作是培养学生创造力、表达能力和审美情感的重要途径之一。在音乐创作中，学生能够发挥想象力，表达个人情感和思想，体验音乐的魅力，并且深入理解音乐的构成和表现形式。

音乐创作是一个开放的过程，学生可以在其中自由发挥想象力和创造力，创作具有个性特点和创新意识的音乐作品。通过参与音乐创作活动，学生能够锻炼自己的思维能力和创造力，培养对音乐的独特见解和表达能力。例如，学生可以通过编曲、作曲、歌词创作等方式，创作音乐作品，表达自己的情感和思想，展示自己的音乐才华和个性风格。在音乐创作中，学生可以不断开拓音乐的创新领域，提高音乐表达能力和创造力。

音乐创作是一项富有创造力和想象力的活动，能够激发学生对音乐的兴趣和热爱，促使他们更加主动地参与到音乐学习中来。通过音乐创作，学生能够深入体验音乐的魅力，感受音乐创作的乐趣和成就感，从而增强对音乐的认同感。例如，学生可以通过创作自己喜爱的音乐作品，发现和培养自己对音乐的独特感受和理解，从而加深对音乐的喜爱和兴趣。在音乐创作中，学生可以逐渐建立起对音乐的深厚情感和浓厚兴趣，为长期的音乐学习和发展奠定坚实的基础。

音乐创作是一个综合性的过程，学生不仅要具备音乐理论知识和技能，还要具备创造力、表达能力和合作精神等多方面的能力。通过音乐创作，学生能够全面发展自己的音乐素养和综合能力，提高音乐表达能力和综合运用能力。例如，学生在音乐创作过程中不仅需要运用所学的音乐理论知识和技能，还需要发挥自己的创造力和想象力，以探索和实践不同的音乐表现形式和技巧。由此，学生可以全面锻炼与提升自己的音乐素养和综合能力，为未来的音乐学习和发展打下坚实的基础。

二、组织学生进行音乐表演

生成性教学策略的一个关键方面是组织学生进行音乐表演。音乐表演是音乐教育的重要组成部分，通过音乐表演，学生能够展示自己的音乐才华、培养自信心、提高音乐技能，并与观众分享音乐的美妙。

音乐表演是学生将所学的音乐理论知识和技能应用到实践中的重要途径之一。通过音乐表演，学生能够锻炼演奏、歌唱、指挥等方面的技能，提高音乐水平和表现能力。例如，学生可以通过参与音乐会、音乐剧、合唱团等音乐表演活动，展示自己的演奏技巧、声乐功底和指挥才华，提高自己在音乐领域的专业水平和表现能力。通过参与音乐表演，学生可以不断完善自己的音乐技能，提高音乐表现力和舞台魅力，为未来的音乐事业打下坚实的基础。

音乐表演往往需要学生之间的密切合作和紧密配合，团队成员只有齐心协力、谐同合作，才能实现音乐作品的最佳演绎效果。通过音乐表演，学生能够学会与他人合作、分享经验、相互支持，培养自己的合作精神和团队意识。例如，学生可以通过参与合唱团、交响乐团、乐队等音乐表演团体，学会与他人合作，共同实现音乐作品的完美演绎，提高自己的团队协作能力和团队精神，为未来的社会交往和职业发展打下坚实的基础。

音乐表演是一个展示个人才华和魅力的过程，通过音乐表演，学生能够增强自信心和舞台表现力。例如，学生可以通过参与音乐会、音乐比赛、音乐节等音乐表演活动，展示自己的音乐技能和表演风采，获得观众的认可和赞赏，提高自信心和舞台表现力。学生还可以在音乐表演中不断挑战自己，克服表演恐惧和紧张情绪，提高自信心和表现能力，为未来的个人发展和职业成功打下坚实的基础。

组织学生进行音乐表演在音乐教育中具有重要的意义和影响。通过音乐表演，学生能够提高音乐技能和表现能力，培养合作精神和团队意识，提升自信心和舞台表现力，为未来的音乐事业和个人发展打下坚实的基础。

三、引导学生自主探索不同类型和风格的音乐

引导学生自主探索不同类型和风格的音乐，旨在激发学生的好奇心和探索欲望，培养其音乐欣赏能力和审美情感，促使他们在自主探索中发现、理解和欣赏不同类型和风格的音乐。

引导学生自主探索不同类型和风格的音乐有助于丰富他们的音乐知识和拓展他们的视野。音乐的类型和风格丰富多样，如古典音乐、流行音乐、民族音乐、爵士音乐等。

引导学生自主探索不同类型和风格的音乐，可以让他们了解和欣赏更广泛、更丰富的音乐作品，拓展他们的音乐知识和视野。例如，学生可以通过自主探索古典音乐、流行音乐、民族音乐等不同类型和风格的音乐作品，了解其特点和表现形式，领略不同音乐文化的魅力，从而丰富自己的音乐知识和审美经验。

引导学生自主探索不同类型和风格的音乐有助于培养他们的审美情感和

表达能力。音乐是一种富有情感和表现力的艺术形式，不同类型和风格的音乐反映了不同的文化、历史和社会背景，具有各自独特的情感表达和审美特点。引导学生感受和理解音乐所蕴含的丰富情感和深刻内涵，可以培养他们的音乐欣赏能力和审美情感。例如，学生可以通过自主探索不同类型和风格的音乐作品，感受其中所蕴含的情感和艺术魅力，从而提高自己的音乐情感和表达能力。

引导学生自主探索不同类型和风格的音乐在音乐教育中具有重要的意义和影响。学生通过自主探索，可以丰富自己的音乐知识和视野，培养自己的音乐欣赏能力和审美情感，激发自己的创造力和想象力，为未来的音乐学习和发展打下坚实的基础。因此，音乐教育应该重视引导学生自主探索不同类型和风格的音乐。

四、鼓励学生对音乐作品进行评价和批判性思考

鼓励学生对音乐作品进行评价和批判性思考，旨在培养学生对音乐作品的审美能力、批判性思维和创造性表达能力，使他们能够从多个角度去理解、评价和欣赏音乐作品，并提出自己的见解和观点。

鼓励学生对音乐作品进行评价和批判性思考有助于提高他们的音乐欣赏能力和审美水平。音乐作品是艺术家对生活、情感和思想的表达，其内涵和表现形式多种多样，学生需要具备丰富的音乐知识和敏锐的审美观点，才能够对音乐作品进行深入理解、欣赏和评价。通过鼓励学生对音乐作品进行评价和批判性思考，可以让他们从多个角度去分析、解读和评价音乐作品，提高他们的音乐欣赏能力和审美水平。例如，学生可以与老师、同学深入探讨音乐作品的结构、表现形式、情感表达等方面的特点，从而提高自己对音乐作品的理解和欣赏水平。

鼓励学生对音乐作品进行评价和批判性思考有助于培养他们的批判性思维和创造性表达能力。音乐作品的内涵和表现形式往往具有多重含义和层次，学生需要具备批判性思维和创造性表达能力，才能够对音乐作品进行深入挖掘、理解和评价。通过鼓励学生对音乐作品进行评价和批判性思考，可以让他们从不同的角度去思考、分析和解释音乐作品，提高他们的批判性思维和分析能力。例如，学生可以在音乐课堂的讨论交流环节中，发表自己的见解和观点，提出自己的分析和评价，展示自己的批判性思维和创造性表达能力。

通过对音乐作品进行评价和批判性思考，学生可以提高音乐欣赏能力和审美水平，培养批判性思维和创造性表达能力，促进个性发展和成长。

五、创设跨学科的学习情境

创设跨学科的学习情境旨在将不同学科的知识与音乐教学相结合，创造具有跨学科特色的学习情境，促进学生的综合学习和跨学科思维能力的培养。

创设跨学科的学习情境，可以将音乐与语言、文学、科学、历史、美术、思政等多个学科相结合，拓展音乐教育的内容和形式，丰富学生的学习体验和知识积累。例如，教师可以通过对音乐作品的演奏和分析，结合语言学习歌词的意义和表达方式，加深学生对音乐作品的理解和欣赏；可以结合数学学习节奏的规律和节拍的变化，培养学生的数学思维和逻辑推理能力；可以引导学生绘制音乐作品中的"京剧脸谱"等，培养学生的音、画创作能力。

跨学科学习是一种综合性的学习方式，要求学生能够将不同学科的知识相互联系和综合运用，拓展自己的思维和视野。创设适当的学习情境可以激发学生的学习兴趣和动力，培养他们的综合学习和跨学科思维能力。例如，结合历史学习音乐的发展历程和社会背景，学生可以了解音乐与历史的关系和影响；通过音乐的创作和表演，结合科学学习声音的传播和共鸣原理，学生可以探索音乐与科学的奥秘和联系。教师可以通过创设适宜的学习情境，促进学生的综合学习和跨学科思维能力的培养，提高他们的综合应用能力和创新能力。

创设跨学科的学习情境在音乐教育中具有重要的意义和影响。跨学科学习能够促进学生的综合学习和跨学科思维能力的培养，培养学生的综合素养和人文精神，提高他们的学习兴趣和参与度。

第三节　替代性教学策略

一、引导学生探索音乐技术的应用

引导学生探索音乐技术的应用旨在引导学生利用现代科技手段，探索音乐创作、表演、录制等，丰富他们的音乐体验和技能。

随着科技的不断发展，音乐技术已经成为音乐创作和表演的重要工具之一。引导学生探索音乐技术的应用，可以让他们了解和掌握现代音乐软件、音频设备、录音设备等技术工具，拓展他们的音乐创作和表现方式。例如，学生可以通过学习和使用音乐制作软件，探索电子音乐的创作和制作过程；可以通过学习和使用录音设备，实现音乐作品的录制和编辑；可以通过学习和使用舞台音响设备，提高音乐表演的效果和质量。

引导学生探索音乐技术的应用在音乐教育中具有重要的意义和影响。通过探索音乐技术的应用，学生可以拓展音乐创作和表现方式，提高音乐技能和专业水平，激发创新意识和创造力。因此，在音乐教学中，教师应该重视引导学生探索音乐技术的应用，为他们提供更加丰富多彩的音乐学习体验。

二、鼓励学生研究不同地域和文化背景下的音乐表达形式和传统

鼓励学生研究不同地域及文化背景下的音乐表达形式和传统，旨在帮助学生了解和欣赏不同地域和文化背景下的音乐形式和传统，拓展他们的音乐视野，增强他们的跨文化意识和理解能力。

世界各地都有着丰富多样的音乐形式和传统，每种音乐都反映了当地人民的生活、文化和情感，具有独特的艺术特点和审美价值。鼓励学生研究不同地域和文化背景下的音乐表达形式和传统，可以让他们了解和欣赏不同地区和民族的音乐艺术，丰富他们的音乐知识和经验。例如，学生可以通过研究非洲的部落音乐、亚洲的民族音乐、欧洲的古典音乐等不同地域及文化背景下的音乐形式和传统，了解不同民族和地区的音乐特色、风格，感受不同文化背景下的音乐魅力，丰富自己的音乐视野和审美观点。

音乐作为一种独特的语言，能够跨越国界和文化，传递人类共同的情感和价值观。例如，学生可以通过研究不同地域及文化背景下的音乐形式和传统，探讨不同文化之间的音乐相似性和差异性，了解不同文化之间的音乐交流和互动，促进跨文化的交流和理解，拓展国际视野。

鼓励学生研究不同地域和文化背景下的音乐形式和传统，可以丰富他们的音乐知识和经验，增强他们的跨文化意识和理解能力，培养他们的审美情趣和文化素养。

三、鼓励学生关注音乐与社会问题的关联

鼓励学生关注音乐与社会问题的关联旨在通过音乐教育，引导学生深入探讨音乐与社会问题之间的联系，提高他们的社会责任感和公民意识，促进他们积极参与社会实践和社会改革。

音乐作为一种文化形式，不仅是艺术的表达，更是社会的反映。许多音乐作品都蕴含着对社会现实和社会问题的关注和反思，通过音乐可以传递社会价值观念、表达社会情感，激励人们积极参与社会实践和社会改革。鼓励学生关注音乐与社会问题的关联，可以让他们了解音乐与社会问题之间的联系，激发他们积极参与社会实践和社会改革的热情。例如，学生可以通过分析音乐作品的歌词、旋律和节奏，探讨其中所蕴含的社会主题和社会价值观念，了解音乐与社会问题之间的联系，思考自己作为公民应该承担的社会责任和义务。

鼓励学生关注音乐与社会问题的关联有助于提高他们的社会意识和思考能力。有些音乐作品不仅反映社会现实和社会问题，还会对社会现象和社会矛盾进行批判和反思，唤起人们对社会问题的关注和思考，促进社会和谐。鼓励学生关注音乐与社会问题的关联，可以让他们学会分析和思考音乐作品的社会意义及社会价值，提高他们的社会批判意识和思考能力，培养他们的辩证思维和批判性思维能力。例如，学生可以通过分析音乐作品的内容和形式，探讨其中所反映的社会问题和社会矛盾，思考自己对这些问题的看法和态度，提出自己的观点和建议，为社会和谐与进步贡献自己的力量。

音乐作品不仅可以反映社会问题，也可以激励人们积极参与社会实践和社会改革。很多音乐作品具有传递社会正能量的作用，能够唤起人们的社会责任感和社会使命感。鼓励学生关注音乐与社会问题的关联，可以激发他们参与社会实践和社会改革的热情，引导他们通过音乐表达自己的社会意识和社会情感，参与社会实践和社会改革。例如，学生可以通过音乐创作、音乐表演、音乐活动等方式，表达自己对社会问题的关注和反思，呼吁人们关注社会问题。

鼓励学生关注音乐与社会问题的关联，可以提高学生的社会责任感和公民意识，促进他们积极参与社会实践和社会改革，为社会的和谐与进步做出积极的贡献。

第四节　启导性教学策略

一、鼓励学生通过探索和发现来学习音乐知识和技能

启导性教学策略的核心理念是鼓励学生通过探索和发现来学习音乐知识和技能。这一策略旨在激发学生的好奇心和求知欲，培养他们的自主学习能力和创造性思维，使他们在学习音乐的过程中能够积极主动地探索和发现知识，从而更加深入地理解和掌握音乐的本质与精髓。传统的音乐教学往往是以教师为中心，通过灌输式的教学方式向学生传授知识和技能，学生只是被动地接受。启导性教学策略则强调学生的主动参与和自主学习，让学生自己去探索和发现知识，激发他们的好奇心和求知欲，增强他们的学习兴趣和学习动力。例如，教师可以设计一些启发性的学习任务和项目，让学生通过探索和发现来理解和掌握音乐知识，从而激发他们的学习兴趣，提高他们的学习动力和学习效果。

在启导性教学策略中，学生是学习的主体，教师则是学习的引导者和指导者。教师应给予学生必要的指引，使学生通过自己的探索和发现来积极主动地构建知识和技能，培养自主学习能力和创造性思维。例如，教师可以引导学生通过实践活动和实践项目来学习音乐知识和技能，让他们在实践中发现和解决问题，从而培养他们的自主学习能力和创造性思维，提高他们的学习能力和创新能力。

（一）培养学生的兴趣与好奇心

鼓励学生通过探索和发现来学习音乐知识和技能，可以有效激发他们对音乐的浓厚兴趣和好奇心，进而使学生通过自主探索找到自己感兴趣的音乐风格或乐器，更加主动地投入学习。音乐作为一门艺术，其魅力在于其多样性和丰富性。学生在学习音乐的过程中，可以接触到不同类型的音乐，包括古典音乐、流行音乐、民族音乐等。通过自主探索和深入了解不同类型的音乐，学生可以发现自己的兴趣和喜好，从而更加深入地了解和欣赏音乐的

魅力。

鼓励学生通过探索和发现来学习音乐知识和技能，也能够激发他们对乐器的兴趣。在音乐学习中，学生们不仅可以学习音乐理论知识，还可以学习各种乐器的演奏技能。通过自主探索，学生可以发现自己真正感兴趣的乐器，如钢琴、吉他、小提琴等，从而更加主动地参与到音乐学习中。在自主探索的过程中，学生可以通过实践经验和自我反思来发现自己的音乐天赋和潜力，从而更加自信地面对音乐学习的挑战。

（二）提升学生的自主学习能力

激发学生的自主学习能力是音乐教育中的重要目标之一。通过自主探索和发现，学生可以逐渐培养独立思考、自主解决问题的能力，这些能力不仅有益于音乐学习，而且有助于学生其他学科的学习，甚至对学生未来的工作和生活都大有裨益。在音乐学习中，学生通过自主探索，发现学习音乐知识，并逐步形成自己的学习方式和习惯。同时，他们会学会独立思考，通过自己的思考和分析来理解和解决音乐问题。例如，在学习乐谱时，学生可以通过自主学习的方式，仔细阅读乐谱，理解音符和节拍的含义，从而掌握乐曲的演奏技巧。此外，自主探索和发现还有助于学生培养自主解决问题的能力。在音乐学习过程中，学生可能会遇到各种各样的困难和挑战。通过自主探索和发现，学生可以学会主动寻找解决问题的方法和途径，从而解决音乐学习中的困难和障碍。

培养学生的自主学习能力，不仅可以提升他们在音乐学习中的成绩，还可以为他们未来的学习和生活打下良好的基础。在其他学科中，如数学、科学等，学生也可以运用自己所学的自主学习能力，更好地适应学习。这种自主学习能力的培养将使学生在未来的学习和生活中更加自信和成功。

（三）促进创造性思维的发展

鼓励学生探索音乐知识和技能，不仅是为了使他们获得更好的学习效果，更是为了培养他们的创造性思维。探索和发现在创造性思维的培养中具有重要的作用。学生通过探索音乐的世界，不断尝试、创新，从而培养自己的创造性思维和创造性表达能力。音乐是一门充满创造力的艺术，在音乐学习中，学生们不仅可以学习已有的音乐作品，还可以通过自主探索，发现、创造出属于自己的音乐作品。例如，他们可以尝试自己创作音乐曲目，探索不同的音乐风格和表现形式，从而培养自己的音乐创作能力；可以尝试不同的演奏技巧和表现方法，探索适合自己的个性化表达方式，从而提高自己的音乐表演水平。通过探索音乐知识和技能，学生们还可以培养自己的想象力和创造力。他们可以通过自主探索和发现，想象各种各样的音乐场景和音乐故事，从而丰富自己的音乐世界，激发自己的创造力。探索和发现是培养学生创造性思维的重要途径。通过探索音乐知识和技能，学生们可以不断尝试、创新，从而培养自己的创造性思维和创造性表达能力。这种创造性思维的培养可以使学生在未来的学习和生活中更加自信和成功。

（四）增强学生的学习成就感

学习成就感是提高学生学习动力和学习效果的重要因素。自主探索和发现的学习方式能够增强学生的学习成就感，激发他们更强的学习动力和积极性，从而更加积极地投入学习中。在自主探索和发现的学习过程中，学生们主动参与学习，积极思考、不断尝试，从而取得了实实在在的成就。这可以使学生们感到自己的学习进步来自自己的努力和付出，从而产生强烈的成就感。

自主探索和发现的学习方式能够增强学生的学习成就感。学生通过自己的努力和付出取得的成就感会更高，从而激发他们更大的学习动力和积极性。这种学习方式不仅有助于提高学生的学习效果，还能够培养他们的自信心和热情，为他们未来的学习和生活奠定坚实的基础。

（五）培养学生的团队合作精神

团队合作精神是学生的综合素养中不可或缺的一部分。在学习音乐的过程中，尤其是在探索和发现的学习方式中，学生经常需要与他人合作，共同解决问题，这对于培养学生的团队合作精神至关重要。在与其他同学的合作中，学生们不仅能够更好地理解和应用音乐知识，还能够锻炼沟通能力和团队协作能力，使他们在未来的学习和工作中更好地融入团队，发挥个人和团队的最大潜力。在音乐学习中，学生们经常需要参加合唱团、乐队或音乐小组等团队活动。在这些活动中，学生们需要与他人合作，共同演奏音乐作品。例如，在合唱团中，学生们需要与其他成员合作，协调唱调、节奏和表情，从而达到整体音乐效果的最佳表现。通过这样的合作，学生们不仅能够提高自己的音乐技能，还能够培养自己的团队合作精神和沟通能力。

二、提出开放性的问题，引导学生思考和探讨音乐的意义、作用和价值

（一）思考音乐对情感的影响

在音乐的世界里，情感的涌动常常是无法言喻的。音乐具有深刻的情感表达功能，能够影响人们的情感和情绪，使我们在听音乐的过程中体验到丰富的情感。这种情感的表达和调节，是音乐独特的魅力。音乐作为一种情感的载体，可以通过旋律、节奏、和声等元素，直接触动我们内心深处的情感。例如，某个悲伤的音乐作品可能会使我们感到悲伤和沉郁，仿佛置身于一个悲伤的故事之中；而某个欢快的音乐作品则可能会让我们感到快乐和兴奋，让我们跟随着节奏欢呼雀跃。这种情感的传递和表达，使我们能够更深刻地理解和体会音乐所要表达的情感内涵。

通过音乐的情感表达，我们可以更好地调节和表达自己的情感和情绪。当处于忧郁或沮丧的情绪中时，我们可以通过欢快的音乐来调节自己的情绪，使自己重新充满活力；当感到愉悦和满足时，我们可以通过柔和舒缓的音乐来放松自己，使自己更加平静和放松。音乐能够为我们提供情感的出口，让我们在情感上得到宣泄和抚慰。此外，音乐还具有治愈情感的作用。许多人在经历情感困扰或创伤时，会通过聆听音乐来缓解自己的情绪和压力。

（二）探讨音乐对文化的贡献

音乐是人类文化的重要组成部分，它反映了不同文化的特点和价值观，承载着人类的历史、传统和情感。引导探讨不同类型音乐的起源、发展和演变，可以启发学生深入思考音乐对文化传承和多元文化交流的重要作用。音乐是文化的载体，每个民族、每个地区都有自己独特的音乐形式和风格。例如，中国古典音乐以其悠久的历史和深厚的文化底蕴闻名于世，反映了中国古代的审美观念和人文精神；而美国爵士乐则代表了 20 世纪美国的文化和社会风貌，它融合了非洲音乐、欧洲音乐和拉丁美洲音乐的元素，体现了美国多元文化的特点。

通过研究不同类型音乐的历史和传统，我们可以深入了解各个民族和地区的文化特点和社会背景。例如，拉丁音乐体现了拉丁美洲国家的激情和欢乐，而印度音乐则展现了印度古老的宗教信仰和哲学思想。音乐对文化传承

和多元文化交流具有重要意义。它不仅是文化传承的载体，也是文化交流和融合的桥梁。通过音乐，不同民族和地区之间可以进行跨文化的交流和对话，更好地促进文化的交流、融合和共享。例如，世界音乐节和国际音乐比赛等活动为各国音乐家提供了交流的平台，促进了各国音乐文化的互相了解和学习。

此外，音乐还可以促进文化传统的传承和发展。许多国家和地区都设立了音乐学院和音乐团体，致力于传承和发展本国的音乐文化，培养青年音乐人的才华和创造力，保护和传承本国的音乐传统，推动音乐文化的发展和繁荣。音乐对文化的贡献是多方面的。它反映了不同文化的特点和价值观，承载着人类的历史、传统和情感。音乐促进了文化的交流、融合和共享，推动了世界音乐文化的发展和繁荣。因此，我们应该珍视音乐对文化的贡献，促进音乐文化的传承和发展，为人类文明的进步做出积极贡献。

（三）分析音乐在社会中的地位和影响

音乐在社会中扮演着不可替代的角色，它不仅是一种艺术形式，还是促进交流和凝聚力量的重要载体。通过探讨音乐在社会中的作用和影响，我们可以深入认识音乐对社会的重要性。音乐作为一种社会交流的载体，具有促进人与人之间沟通和交流的作用。音乐是一种沟通方式，它能够跨越语言和文化的障碍，让拥有不同背景和文化的人们之间实现心灵的交流。例如，在音乐会、演唱会等社会活动中，通过共同聆听和享受音乐，人们可以增进彼此之间的情感联系和交流。

音乐具有凝聚社会力量的作用，能够团结和激励人们，推动社会的发展和进步。音乐不仅能够唤起人们共同的记忆和情感，还能够激发人们的爱国热情和社会责任感。例如，国歌是国家的象征，具有凝聚国民爱国情怀和民族精神，激励人们为国家的繁荣和发展而努力奋斗的作用。此外，音乐还能够传播思想观念，引导人们树立正确的世界观、人生观和价值观。例如，一些社会主题的音乐作品通过歌词和旋律的表达，呼吁人们关注社会问题、珍惜生命，从而推动社会的进步和发展。

音乐在社会中扮演着重要的角色，它是人与人之间交流和沟通的桥梁，也是传播社会价值观和道德观念的重要工具。通过认识音乐在社会中的地位和影响，我们可以更加深刻地认识到音乐对社会的重要性，为推动社会的和谐与进步做出积极贡献。

（四）探讨音乐与个人发展的关系

音乐与个人发展密不可分，它对个人的审美能力、创造力和自我表达能力具有重要的促进作用。通过探讨音乐与个人发展的关系，我们可以激发学生对音乐学习的兴趣和动力，使他们实现全面发展。音乐对个人的审美能力具有重要影响。作为一种艺术形式，音乐具有独特的美学魅力，能够为个人的审美情趣和艺术欣赏能力的提高产生积极影响。通过聆听和欣赏不同类型的音乐作品，人们可以感受到音乐的美妙，使自己的审美情感和审美观念受到熏陶，从而提升自己的审美能力。

音乐创作是一种创造性的活动，通过发挥想象力和创造力，个人可以创作属于自己的音乐作品。通过学习音乐理论和技巧，个人可以掌握音乐创作的基本方法和技巧，从而激发自己的创作潜能，开拓自己的思维空间，培养自己的创造性思维和创造力。此外，音乐对个人的自我表达能力也有着重要的促进作用。音乐是一种独特的语言，它能够通过声音和旋律来表达个人的情感和情绪，使个人得以自由表达自己的内心世界。

音乐与个人发展密切相关，它不仅能够提升个人的审美能力、创造力和自我表达能力，还能够激发个人的思维和想象力，促进个人全面发展。通过学习音乐，个人可以培养自己的艺术修养和人文素养，提高自己的综合素质，为未来的学习和生活打下坚实的基础。因此，教师应该重视音乐对个人发展的促进作用，为学生提供更多的音乐学习机会和平台，帮助他们实现自我价值和人生目标。

（五）思考音乐的未来发展

对于音乐的未来发展，学生们有着各自的看法和想法。随着科技的不断进步和社会的不断发展，音乐领域也将迎来新的变革和机遇。引导学生思考音乐的未来发展，可以激发他们对音乐领域的探索和热情，为音乐的发展和壮大贡献力量。随着数字化技术和网络技术的发展，音乐创作和传播的方式正在发生革命性的变化。例如，互联网和社交媒体为音乐人提供了更广阔的创作和展示平台，使音乐创作更加便捷和高效；数字音乐技术和音乐软件的发展，则使音乐创作的边界更加模糊，为音乐创作者提供了更多的可能性。教师可以引导学生思考如何利用这些新技术和新平台，创作出更具创新性和个性的音乐作品，推动音乐的发展。

随着全球化的推进和文化交流的加深，音乐也呈现越来越多的跨界融合和多元发展的趋势。例如，流行音乐、民族音乐和世界音乐的融合，为音乐创作带来了更多的可能性和活力；音乐与舞蹈、影视等艺术形式的跨界合作，则为音乐的传播和展现提供了更广阔的舞台。教师可以引导学生思考如何借鉴不同文化和艺术形式的精华，创作具有影响力的音乐作品，推动音乐的多元发展和传播。

此外，教师还可以引导学生思考音乐的未来发展趋势。音乐的未来发展是一个充满挑战和机遇的过程。引导学生以更长远的眼光来审视和思考音乐的未来发展趋势，可以激发学生对音乐领域的深入思考，为音乐的发展贡献力量。教师应该鼓励学生多思考、多探索，为音乐的未来发展注入更多的活力和创造力，共同推动音乐事业不断向前发展。在教学实践中，教师可以通过提出开放性的问题，引导学生深入思考和探讨音乐的意义、作用和价值，以促进他们全面理解和认识音乐，并激发他们对音乐学习的兴趣和热情。

三、提供丰富多样的音乐资源和学习情境，鼓励学生通过探索来发现音乐的美和多样性

提供丰富多样的音乐资源和学习情境，鼓励学生通过探索来发现音乐的美和多样性是一种重要的启导性教学策略。这一策略旨在为学生创造一个丰富多彩的学习环境，让他们有机会接触和体验不同类型、不同风格的音乐，从而激发他们的兴趣和好奇心，促使他们主动去探索和发现音乐的美和多样性。提供多样的音乐资源和学习情境可以丰富学生的音乐体验，使学生接触和体验到更多种类的音乐，从而丰富他们的音乐体验。丰富多样的音乐资源和学习情境可以激发学生的创造性思维和创新能力，促进他们的综合发展和个性发展。例如，教师可以为学生提供不同类型和风格的音乐作品，让他们根据自己的兴趣和特长选择适合自己的学习方式和学习内容，从而促进他们的综合发展和个性发展。

（一）多样化的音乐资源丰富学习体验

为了丰富学生的音乐学习体验，教师应当为学生提供多样化的音乐资源，如在教学中为学生展示不同文化背景、不同风格的音乐作品。这种多元性的

音乐资源不仅能够丰富学生的音乐学习体验，也能够激发他们对音乐的兴趣和探索欲望。

古典音乐在音乐史中具有重要地位，包括巴洛克、古典、浪漫等不同时期的音乐作品，反映了不同历史时期和文化背景下的音乐风貌。教师可以带领学生欣赏巴赫的赋格曲、莫扎特的交响曲、贝多芬的钢琴奏鸣曲等经典作品，使他们领略古典音乐的艺术魅力和内涵深度。

流行音乐是当代音乐的重要组成部分，也是学生们熟悉和喜爱的音乐类型之一。流行音乐以其简洁明快的旋律和易于理解的歌词，深受广大听众的喜爱。教师可以为学生介绍流行歌曲、摇滚乐曲、爵士乐曲等不同流派的音乐作品，引领他们感受流行音乐的生动活泼和多姿多彩。

民族音乐也是重要的音乐资源之一。不同国家和地区的民族音乐，反映了各自独特的文化传统和民族精神。教师可以引导学生欣赏并比较中国的古筝曲、美国的布鲁斯音乐、非洲的部落鼓乐等，深入了解不同文化背景下的音乐风情和风土人情。

教师还可以为学生提供一些异域风情的音乐作品，如印度的拉格达、西班牙的弗拉明戈、阿拉伯的音乐等，使学生感受其独特的音乐特色和文化内涵，为学生打开一扇了解世界音乐的窗户，拓展他们的音乐视野和认知范围。教师通过提供多样化的音乐资源，可以丰富学生的音乐学习体验，让他们在欣赏音乐的过程中感受到音乐的美和多样性，拓展学生的音乐视野，激发他们对音乐的热爱和探索欲望，为他们的音乐学习之路注入更多的活力和动力。

（二）探索式学习培养学生主动性

学生主动性是培养学生终身学习能力的重要环节。在音乐教育中，鼓励学生通过探索发现音乐的美和多样性，是培养他们主动学习能力的有效途径。教师可提供音乐作品的背景资料和相关信息，让学生自主选择感兴趣的音乐进行探索，并分享他们的发现和感受。这种探索式的学习方法，能够激发学生的学习兴趣，增强他们的自主性和创造性。

音乐作品的背景资料和相关信息也是颇具价值的音乐学习资源。学生通过了解音乐作品的历史、文化背景及创作背后的故事，可以更深入地理解音乐的内涵和意义。例如，当学生了解到某音乐作品是作曲家基于特定生活经历而创作的，他们会更加认真地倾听，并试图从中感受到作曲家当时的情感和心境。这种了解背景的过程，不仅可以帮助学生更好地理解音乐作品，还能够激发他们对音乐创作的兴趣，从而促进他们的主动学习。

另外，让学生自主选择感兴趣的音乐进行探索，能够激发他们的学习兴趣。每个人对音乐的喜好和兴趣都有所不同，因此给予学生选择的权力，让他们按照自己的喜好和兴趣去选择学习的内容，能够更好地调动他们学习的积极性。例如，有些学生可能对古典音乐感兴趣，而有些学生可能更喜欢流行音乐或者民族音乐。学生自主选择学习内容，可以更好地满足个性化的学习需求，提高学习主动性。

学生通过探索发现音乐的美和多样性，不仅可以提高他们的音乐素养，还能够培养他们的自主学习能力。在探索的过程中，学生需要不断地思考、分析和总结，从而使他们的批判性思维和问题解决能力得到锻炼。例如，当学生在赏欣一首音乐作品时，他们需要先思考作品背后的意义和目的，分析作曲家的创作手法和音乐结构，然后总结自己的感受和体会。这种思考、分析和总结的过程，能够帮助学生更好地理解音乐作品，并培养他们独立思考和创造性表达的能力。探索式学习是培养学生主动学习能力的重要途径。通过提供音乐作品的背景资料和相关信息，让学生自主选择感兴趣的音乐进行探索，并分享他们的发现和感受，可以激发学生的学习兴趣，增强他们的自主性和创造性，从而培养他们的批判性思维和问题解决能力。

（三）多样的学习情境激发学生创造力

在教学中，创造各种学习情境是激发学生创造力的重要手段。例如，为学生提供音乐会、音乐节、演奏比赛等多样化的学习情境，可以使他们在不同的场景中感受音乐的美和多样性，从而促进他们的创造力和想象力的发展，促进他们对音乐的深入理解和探索。音乐会是一个展示学生音乐学习成果和享受音乐的绝佳场所。学生通过组织音乐会，有机会将他们所学的音乐技能展示给观众，增强他们的自信心和表达能力。同时，观赏他人的演奏也能够激发学生的学习兴趣和学习动力，促使他们更加努力地学习和练习。在音乐会上，学生不仅可以感受到音乐的美妙，还能够从中汲取灵感，启发自己的音乐创作。

音乐节是汇聚音乐爱好者、交流音乐经验的盛会。参加音乐节，学生可以与来自不同地区、不同学校的音乐爱好者进行交流和互动，拓展自己的视野，了解不同文化背景下的音乐表现形式。在音乐节的氛围中，学生还可以感受到音乐的多样性和丰富性，激发他们对音乐的好奇心和探索欲望，进而提升他们的创造力。演奏比赛是一个展示个人音乐水平和比拼技艺的平台。参加演奏比赛，学生需要充分准备，不断提高自己的音乐技能和表演水平。在比赛中，学生不仅可以与其他选手进行比拼，还能够接受专业评委的评判和指导，发现自己的不足之处，并努力改进。学生通过竞争，可以不断激发自己的学习热情和创造力、不断突破自我，提高自己的音乐素养和表演水平。

多样的学习情境能够激发学生的创造力和想象力，促进他们对音乐的深入理解和探索。学生积极参加音乐会、音乐节、演奏比赛等活动，可以有更多机会展示自己、交流学习经验、比拼技艺，也能更好地感受音乐魅力和多样性。这有助于激发学生的学习兴趣和学习动力，推动了他们音乐素养和表演水平的提高。

（四）引导学生跨学科探索

引导学生跨学科地探索音乐，将音乐与其他学科相结合，是培养学生综合素养和创新思维的重要途径。探讨音乐与历史、文学、艺术等学科的关联，可以拓展学生的视野，增强他们对音乐的理解和欣赏能力，培养他们的综合素养。

将音乐与历史相结合，有助于学生深入了解音乐作品背后的历史背景和社会文化环境。音乐作为一种文化现象，常常受到时代的影响。例如，学生可以通过学习某个历史时期的音乐作品，了解当时的社会风貌及人们的生活方式，从而更好地理解和欣赏这些音乐作品。教师通过将音乐与历史相结合，可以帮助学生将抽象的音乐作品与具体的历史背景联系起来，促进他们对音乐作品的深入理解。

音乐和文学都是表达情感和思想的艺术形式，二者之间常常存在着紧密的关联。例如，学生可以通过分析音乐作品的歌词、曲调和情感表达方式，探讨音乐与文学在情感传达和意义表达方面的相似之处，从而加深对音乐和文学的理解和欣赏。教师将音乐与文学相结合，可以培养学生的审美观念和文学素养，提高他们对音乐作品的欣赏能力。

将音乐与其他艺术形式相结合，可以促进学生对音乐的全面理解和欣赏。音乐与绘画、雕塑等艺术形式常常相互影响。例如，学生可以通过欣赏绘画作品，探讨艺术家是如何通过线条或色彩来表现音乐中的节奏、情感和氛围的，进而理解音乐与绘画之间的共通之处。教师将音乐与其他艺术形式相结合，可以帮助学生培养更加全面的审美观念和艺术素养，鼓励学生跨学科地探索音乐，有助于拓展学生的视野，增强他们对音乐的理解和欣赏能力。

（五）提供互动式学习体验

引导学生参与音乐制作、表演和演奏等活动，为学生提供互动式学习体验，是音乐教育中一种富有成效的教学方法。学生通过参加各种音乐实践活动，能够亲身体会音乐的创作和表现过程，从而加深他们对音乐的理解和认识。这样的互动式学习体验不仅能够激发学生的学习兴趣，还能够提高他们对音乐教学的参与度和投入度，为他们的音乐学习带来更加丰富和深刻的体验。学生通过参与音乐制作活动，可以体验音乐创作的乐趣和挑战。音乐制作涉及作曲、编曲、录音等多个环节，学生可以通过参与这些活动，发挥自己的创造力和想象力，创作出属于自己的音乐作品。在音乐制作过程中，学生需要不断地思考、练习和调整，从而使他们的创造性思维和解决问题的能力得到锻炼和提高。

学生通过参与音乐表演活动，可以锻炼自己的表现能力和团队合作精神。音乐表演是展示个人和团队音乐水平的重要机会，学生需要通过排练和演出来展示自己的音乐才华和表演技巧。音乐演奏是学生学习音乐的重要环节，通过不断的练习和演奏，学生可以提高自己的音乐技巧和演奏水平。在音乐演奏过程中，学生需要不断地训练和反思，掌握演奏技巧和表现技巧，提高自己的音乐感知和表达能力。同时，学生还需要克服紧张和压力，发挥自己的潜力，与其他成员密切合作，共同完成一场成功的演出。通过参与音乐表演活动，学生不仅能够提高自己的音乐表现能力，培养自己的毅力和自信心，还能够培养团队合作精神和领导能力。

四、促进学生之间的合作学习和协作交流，共同探讨和解决音乐问题

在"浸养美育"的教学策略中，启导性教学策略被认为是一种有效的教学方式，它能够激发学生的思维，引导他们去探索和发现音乐的美和多样性。其中，促进学生之间的合作学习和协作交流，共同探讨和解决音乐问题是一

种重要的启导性教学方法。这种方法不仅能够促进学生之间的互动和交流，还可以拓宽他们的视野，培养他们的团队合作能力和社交技能。合作学习和协作交流，可以激发学生的思维和创造力，拓展他们对音乐的理解和认识。通过合作学习和协作交流，学生可以分享彼此的想法和观点，借鉴他人的经验和见解，从而拓宽自己的视野，深化对音乐的理解和认识。例如，在合作学习和协作交流的过程中，学生可以共同探讨音乐作品的演奏技巧、表现形式和艺术特点，分析音乐作品的内涵和意义。

（一）促进共同学习与合作

在音乐教学中，促进学生之间的共同学习与合作是一种极具价值的教学方法。合作学习不仅能够让学生们在解决音乐问题时共同努力，还能够培养他们的团队合作能力、拓展其思维广度，以及加深其对音乐问题的理解。通过小组讨论、合作项目或共同研究，学生可以分享彼此的想法、经验和见解，从而获得不同角度的思考和解决问题的方法。在合作学习的过程中，学生们有机会从不同的角度审视同一个音乐问题或挑战。每个学生都有独特的音乐理解和经验，通过彼此之间的交流和分享，可以得到更加全面和深入的理解。例如，在讨论一首音乐作品的演奏技巧时，有的学生可能会关注其中的节奏感，有的学生可能会着重分析其情感表达，还有的学生可能会关注到和声的变化。通过合作学习，学生将自己不同的视角和观点充分地交流和融合，从而对音乐有更深入的理解。

在音乐合作项目中，学生们需要共同协作、分工合作，以达到共同的音乐学习目标。这不仅锻炼了学生的组织协调能力和沟通交流能力，还培养了他们的团队合作精神和责任意识。通过共同合作完成一个音乐项目，学生能够感受到团队合作的重要性，也能够学会如何在团队中相互支持、协调配合，以及克服困难和挑战。在合作学习的过程中，学生还可以从彼此的经验和见解中获得启发，拓展自己的思维广度。不同的学生可能有不同的音乐背景、技能水平和审美观念，通过与他人合作学习，学生可以了解到不同的音乐观点和方法，从而开阔自己的思维视野，拓展自己的音乐理解和表达方式。这种思维的交流和碰撞不仅能够促进学生的个人成长，还能够提升整个班级的学习效果和质量。

（二）激发创造性思维

在合作学习环境中，学生得以相互启发，从而激发更多的创造性思维。

这种思维的相互交流和碰撞能够为学生们带来新的想法和问题解决方案，使他们更好地应对音乐学习中的挑战。合作学习提供了一个展示和发展创造性思维的平台，同时也有助于培养学生在团队中解决问题的能力。在合作学习中，学生相互之间的交流和合作可以激发出更多的创意和想法。每个学生都有独特的音乐理解和创作思维，通过合作学习，他们可以将自己的想法和观点分享给他人，同时也可以从他人的经验和见解中获得启发。例如，在探讨音乐作品的演奏风格或创作手法时，学生可以分享自己的想法和体会，从而激发更多的创造性思维，为解决问题提供更多的思路。

在合作学习过程中，学生需要共同协作、分工合作，以达到共同的音乐学习目标。在这个过程中，他们需要不断地思考、讨论和交流，从而寻找最合适的解决方案，这种团队合作和问题解决的能力对于学生的音乐学习乃至未来的职业发展都至关重要。

（三）促进协作交流与沟通技巧

在合作学习中，促进学生之间的协作交流与有效沟通是至关重要的。通过倾听他人的观点，学生可以了解不同人对音乐问题和挑战的看法，拓展自己的思维视野；同时，尊重他人的观点也能够使学生与他人之间建立起良好的合作关系，促进团队合作的顺利进行。在音乐教学中，教师应适当地为学生创造合作学习的机会，并引导他们在合作中锻炼交流与沟通的技巧。

除了倾听他人的观点，学生们还必须学会有效地表达自己的想法。学生清晰、明确地表达自己的观点和想法，才能更好地与他人沟通，避免产生误会和歧义。有效的表达能力不仅能够促进学生之间的交流和合作，还能够提高团队合作的效率和质量。在合作学习中，学生还必须学会协调不同意见。每个人对音乐问题的看法可能会有所不同，学生需要学会在团队中协调各种意见和想法，达成共识。这种协调能力不仅能够促进团队合作的顺利进行，还能够提高学生在解决问题和应对挑战时的灵活性和适应性。

（四）增强团队凝聚力

在合作学习的过程中，学生之间建立起密切的合作关系，从而增强了团队的凝聚力。共同探讨和解决音乐问题不仅促进了学生之间的团队意识和归属感，还激发了他们共同为团队目标努力的积极性。这种团队凝聚力的增强有助于提高合作效率，使学生们协同一致，更好地完成音乐项目和任务。通过共同努力、共同探讨音乐问题和挑战，学生们感受到了彼此之间的信任和支持，从而增强了团队的凝聚力。这种凝聚力不仅促进了学生之间的团队意识，还可以有效提高团队的学习效率。

共同探讨和解决音乐问题还能够激发学生们共同为团队目标努力的积极性。在合作学习中，学生不仅仅是为了完成任务，还是为了共同实现团队目标而努力。这种共同努力的精神增强了团队的凝聚力，为团队的成功奠定了坚实的基础。团队凝聚力的增强有助于提高合作效率，使同学们更好地完成音乐项目和任务。当团队成员之间建立起了良好的合作关系和信任基础时，他们能够更加默契地配合，更有效地分工合作，从而提高合作效率；同时，团队凝聚力的增强也能够促使团队成员更加积极地投入音乐项目中，从而更好地完成任务和取得成功。

（五）促进综合学习与成果分享

合作学习的积极影响不仅仅局限于音乐领域，它还能促进跨学科的综合学习。学生可以结合其他学科的知识和技能，共同探讨和解决音乐问题，从而形成更加全面的理解和解决方案；同时，学生之间的成果分享也能够激发其他学生的学习兴趣，促进更广泛的学习交流与合作。

在合作学习的过程中，学生会创造各种各样的成果，如音乐作品、研究报告等。通过分享自己的成果，学生可以相互启发、交流和学习，从而促进更广泛的学习交流与合作。这种成果分享不仅能够激发学生的学习兴趣，还能够提高他们的学习效果和质量。这种综合学习和成果分享不仅对学生的个人发展有着积极的影响，还能够为整个团队的学习提供更丰富的资源和动力。

五、设计项目式学习任务，让学生通过实践项目来学习和应用音乐知识和技能

设计项目式学习任务是启导性教学策略的重要组成部分。这种策略旨在通过设计实践项目，让学生来学习和应用音乐知识和技能，从而深入理解和掌握音乐的本质和精髓。设计项目式学习任务可以为学生提供丰富多样的学习情境，激发他们的学习兴趣和学习动力。音乐是一种富有创造性和想象力的艺术形式，教师应设计灵活多样的学习情境和学习任务来激发学生的学习兴趣和学习动力，使他们在实践中探索和发现音乐的美和多样性，从而激发

他们深入探索和学习音乐知识与技能的兴趣和动力。

项目式学习可以促使学生运用多种学科知识和技能来解决问题，培养他们的跨学科综合能力和创新能力。例如，教师可以设计跨学科的音乐项目，让学生综合运用音乐及数学、语言、艺术等多种学科知识和技能，来解决项目中的各种问题，从而培养他们的跨学科综合能力和创新能力，提高他们的综合素养和实践能力。设计项目式学习任务可以让学生在实践中解决实际问题，培养他们的问题解决能力和实践能力。例如，教师可以设计一个音乐创作项目，让学生在实践中去创作音乐作品，从而培养他们的创造力和实践能力。

（一）项目式学习的实践性

设计项目式学习任务可以使学生通过实践项目来学习和应用音乐知识和技能。通过参与音乐项目，如参加或组织音乐会、音乐节，制作音乐剧，学生可以实际应用所学的音乐理论和技巧。这种实践性的学习方法可以让学生更加深入地理解音乐知识和技能，并将其运用到实际项目中去。

（二）综合性的学习体验

项目式学习通常需要学生们跨越多个学科领域、综合运用多种知识和技能，例如，从音乐理论到演奏技巧，再到团队合作和表演技能等。这种综合性的学习体验可以帮助学生们将各种知识和技能有机地结合起来，形成更全面的能力和素养。例如，在准备音乐剧的过程中，学生不仅需要了解音乐的编曲和演奏技巧，还需要学习剧本表演、舞台设计等方面的知识，从而形成综合性的学习体验。

（三）培养实践能力和解决问题的能力

项目式学习需要学生通过解决项目中设置的各项问题，来实现项目目标。在音乐项目中，学生可能会面临各种挑战，如选曲、编排、排练等，需要他们不断思考和实践，寻找最佳的解决方案。

（四）激发学生的创造力

项目式学习鼓励学生们通过实践项目来展现他们的创造和创新能力。在完成音乐项目的过程中，学生可以发挥自己的想象力，尝试新的音乐风格和表现形式，从而激发更多的创造性思维和创新性实践。

（五）提升学生的自信心和自我管理能力

项目式学习需要学生们在项目周期内自主规划、组织和管理。通过参与音乐项目，学生可以逐步提升自信心和自我管理能力，学会有效地分配时间和资源，管理团队和协调合作，从而更好地完成项目任务并取得成功。

项目式学习可以让学生通过实践项目来学习和应用音乐知识和技能。这种学习方式具有实践性、综合性，可以培养实践能力和解决问题能力，激发创造力，提升自信心和自我管理能力等，对学生的综合发展和未来职业素养具有重要意义。

后篇　教学案例与实践反思

第八章　教学设计案例

第一节　教学设计案例——悦心歌唱

歌唱教学对培养学生的审美感知、艺术表现、创意实践、文化理解起着至关重要的作用。它有助于发展学生的音乐听觉能力、声音控制技巧、表达能力、团队合作精神和文化意识。通过歌唱教学，学生可以享受音乐的乐趣，并获得全面的音乐教育。同时，歌唱学习的体验强调多感官的共同参与，教师可鼓励学生在体验中融入听觉、视觉和动觉，让学生通过听、动、视、感、知等感官参与实践，让学生亲身体验并沉浸于音乐之中，使其得以展开自主学习和自我成长，从而享受音乐的独特魅力。

《我是中国人》教学设计

课型：唱歌课

版本：人民音乐出版社

课时：1 课时

教学对象：五年级学生

一、设计理念分析

音乐兴趣是学生音乐学习的动力，也是产生音乐情感的基础，同时也是学生在音乐方面可持续发展的重要前提。因此，教师选择了《我是中国人》

这一学生接触较少的体裁——新颖的京歌作为学习内容，以期激发学生的学习兴趣和积极性。学生通过音乐学习，可以熟悉和热爱祖国的音乐文化，增强民族意识和培养爱国主义情操。《我是中国人》不仅在体裁上新颖，还能从节拍特点、情绪、情感等方面让学生从音乐本体出发，充分感受作为中国人的自豪感。

二、大单元分析

《京韵》是四年级学习京剧的延续，旨在通过聆听与学唱、编创与活动等多种学习方式，让学生感受和体验京剧的韵味，培养他们对京剧这一国粹艺术的兴趣与喜爱，完成传承和弘扬中华优秀传统文化的课程目标。本单元选取了 4 首作品。其中，欣赏曲目为京剧浓郁的笛子与乐队演奏的《京调》，现代京剧《沙家浜》选段《要学那泰山顶上一青松》；学唱歌曲为《京调》和《我是中国人》。通过本单元的聆听和学唱活动，学生将能够深入体验京剧的独特魅力，培养他们对京剧的欣赏能力和表演能力，同时也促进团队合作的精神。这不仅有助于学生的艺术修养，还有助于传承和弘扬中华优秀传统文化。

三、教材分析

本课选自人民音乐出版社出版的音乐教材小学五年级下册第 5 课《京韵》。该单元的内容围绕京剧艺术展开，旨在促进小学生对京剧的了解和体验。其中，《我是中国人》是一首根据京剧中典型的西皮流水音调创作而成的京歌，节奏和拖腔都具有浓厚的京剧特色。作为一首京歌，它将通俗歌曲的演唱风格与戏曲音乐融合在一起，唱词简单明了、朗朗上口，能够表达作为中国人的骄例与自豪，旨在激发学生对戏曲音乐的兴趣，深化学生对京剧的了解。

四、学情分析

五年级的学生在认知领域有进一步的提高，他们具备了较强的体验、感受和探索的能力，并初步形成了一定的学习能力。然而，在歌唱和表演能力方面，由于年龄增长的影响，一些学生可能会表现出羞涩、不敢唱等现象。

五、素养目标

（一）审美感知

完整准确地背唱歌曲《我是中国人》，能够表现京腔京韵，感受歌曲中传达的骄傲和自豪情绪。

（二）艺术表现

学习京剧中的"板""眼"等知识；通过打板和打闪板，唱准歌曲中的难点节奏。

（三）创意实践

学习京剧表演中的身段步伐等，结合歌曲进行表演。

（四）文化理解

通过"唱""念""做""打"的方式来感受京剧的韵味，结合听唱、模仿等方法激发对民族戏曲的热爱之情。

六、教学重点与难点

（一）教学重点

准确背唱歌曲《我是中国人》，突出表现京剧独特韵味，注重字正腔圆、沉稳大气的演唱风格；强调节奏特点，特别是"有板无眼"的节奏感，让学生能够准确把握歌曲的节奏。

（二）教学难点

掌握旋律中的"弱起""拖腔"等技巧，使学生能够准确地运用这些技巧来表达歌曲中的情感和表现出京剧的特色。

七、教学准备

多媒体课件、钢琴、檀板、响板等。

八、教学设计实施

（一）组织教学

（1）设计走圆场的方式入座，学生跟随《京调》音乐走圆场进教室，营造京剧的氛围。

（2）教师示范京剧的走圆场动作，并引导学生跟随示范，体验京剧的动作特点。

（3）提问学生对于京剧的了解，引出主题——京剧。

（4）教师演唱《我是中国人》，邀请学生为教师伴奏（击掌伴奏），感受京剧的音乐特点和节奏感。

（5）简单介绍京剧与京歌的区别，重点引出京歌《我是中国人》。

（6）使用打拍的方式欣赏京剧音乐，让学生感受京剧的板眼特点和韵味。

【设计意图】座位采用观看京剧的传统围坐，学生走圆场入座，初步感受本节课学习的主题，采用情景导入的方法让学生亲身感受京剧的程序动作。学生通过打拍欣赏京剧，感受京剧的板眼特点与韵味。

（二）新课教学

1. 初次聆听

（1）播放京歌《我是中国人》，让学生聆听时模仿老戏迷的动作，在腿上打着拍子、摇头晃脑地享受京腔京韵；

（2）介绍音乐中节拍规律的"强弱"与戏曲中的"板眼"相对应的关系，引导学生通过击拍的方式找到歌曲中的"板"和"眼"；

（3）教师使用"檀板"，学生使用"响板"跟着歌曲打拍；

（4）教师在"休止符"中打板，让学生发现规律，并介绍在打过板后再唱的方式在京剧中称为"过板唱"。

2. 念词

（1）跟着"梆子"伴奏念歌词，发现难点部分；

（2）解决难点：使用京剧表情如"惊提""快吸"等方式帮助学生克服难点；

（3）分组合作念歌词，一组打板、一组打空拍。

3. 学唱歌曲

（1）带领学生集体练嗓；

（2）分句教唱，发现歌曲中的难点，解决其中的"波音""倚音""拖腔"等演唱问题；辅助方式可以包括画旋律线、数拍等方法。

4. 加入动作演唱歌曲

（1）学生在演唱歌曲时，启发和引导他们用自豪的情绪演唱；

（2）教师引导学生学习京剧中的台步、亮相等动作；

（3）将学生分成小组创编动作，并将这些动作融入演唱中；

（4）各小组组长先解说创作意图，再进行小组展示。

【设计意图】学生通过初步聆听、模仿戏迷听戏的动作，先找到歌曲中的"板"和"眼"，再跟着"梆子"伴奏念歌词，最后学唱与创编动作，引导学生在从易到难的过程中自主地去体验音乐、发现难点、解决难点。

（三）知识拓展

欣赏其他的京歌，并介绍京剧中的脸谱；组织"DIY脸谱"活动，让学生创造自己喜欢的脸谱。

（四）课堂小结

师生一起回顾本节课所学、所感、所悟，教师鼓励学生对京剧艺术进行深入探索和学习。

（五）教学评价（表8-1）

表8-1　学生课后自评表

水平	审美感知	艺术表现	创意表达	文化理解
一级	感受歌曲中传达的骄傲和自豪情绪	能够主动参与模仿戏迷打板	运用所学内容进行小组讨论并表演	感受京腔京韵，理解京剧文化背景
二级	感知歌曲与作者表达的情绪，加深对歌曲的理解，提高审美能力	能够主动在打板中感受，并探索京剧中"板眼"的特点与韵味	融合运用所学内容，加入自己的理解，合理运用音乐知识，比较完整地表达自己的音乐情绪	在感受京腔京韵、理解京剧文化的同时，掌握京剧小知识
三级	身临其境地感受歌曲情绪，抓住歌曲中的京腔京韵的特点，聆听中带入氛围，喜欢这首歌曲，提高审美能力	能调动多种感官，通过感受、模仿、体验、实践等一系列的音乐活动进行学习，从而培养对音乐表现的主动性	能通过对音乐的理解和科学方法的掌握，发挥团队协作能力，对歌曲进行创作与表现	感受京剧的韵味，激发对民族戏曲的热爱之情。能达成美育育人的目标，进行有效的德育渗透

139

九、教学反思

本课分成两个部分进行教学。

首先是聆听环节，第一遍聆听由教师演唱《我是中国人》，让学生初步感受京腔京韵。

然后是歌曲教学，先进行分句教学，并在唱歌前进行练声训练。在学习过程中，学生能够听出两处有波音的地方，教师会将这两处单独拿出来进行分析和教唱。在第二遍聆听时，要把握住京剧的独特韵味，特别留意歌曲中的停顿部分。本节课最重要的是最后一个"人"字的拖腔，这个字有多音的特点，演唱起来需要下一番功夫。教师将这个字的旋律分成几个部分，划分出学生可以选择换气停顿的地方。此外，还有最后九拍的 5 音和五拍的 1 音，需要认真体会和把握。这个字需要逐个音来准确演唱。

本课内容有一定的难度，学生在一节课的时间里完全掌握比较难。时间分配还需要优化，难点的解决需要更多的时间。

（本案例由广东省惠州市惠城区鹿鸣学校欧嘉瑜老师提供，有改动）

《美丽的夏牧场》教学设计

课型：唱歌课
版本：人民教育出版社
课时：1 课时
教学对象：六年级学生

一、设计理念分析

歌唱教学作为音乐表现领域的组成部分，是通过歌唱形式实践的审美体验，情感教育也因此成为歌唱教学的重要目标。本节课把审美情感比作一根红线，贯穿教学的全过程。首先，教师通过具有感染力的范唱来激发学生的学习欲望。其次，根据高年级学生特点和审美心理，教师在演唱教学中充分利用和发挥学生听唱与模仿的学习能力，将奥尔夫乐器巧妙地融入歌曲伴奏。音乐是听觉的艺术，教师通过范唱引导学生感受歌曲优美抒情的情绪，设计不同的形式，引导学生有效聆听，帮助学生深层感知歌曲旋律，能够快速完成歌曲的学唱。

在欣赏中、活动中、参与表现中反复聆听歌曲，让学生不知不觉中熟悉歌曲旋律，突破歌曲学唱重难点。关注学科综合，突出音乐特点。在音乐课中加入美术的元素，采用画线条的方式，让旋律"看得见"，学生能够更加直观感受到音的高低与演唱的连贯性，增强学生对音乐的理解。学生学会歌曲后将描画美丽的牧场，让听觉与视觉结合起来，能深刻感受到歌曲的意境。重视音乐的创作与实践，学生分组设计与创编，打造属于自己团队的音乐小剧场。

二、大单元分析

由人民教育出版社出版的音乐教材的六年级上册第二单元《美丽的草原》通过《美丽的夏牧场》《赛马》《天堂》《金杯》《牧歌》等这几首具有代表性的蒙古族作品引导学生体验、感受我国少数民族音乐的风格特点，激发学生对少数民族音乐的兴趣以及感受我国民族文化的独特性与多元性。

三、教材分析

《美丽的夏牧场》是一首优美、抒情并具有浓郁的哈萨克族风格的儿童歌曲。歌曲描绘了新疆哈萨克族牧民的生活及草原的美丽景色，抒发了草原人民对家乡夏牧场的向往和美好遐想。此曲是一段体式歌曲，运用了民歌旋律中最简朴的手法，将第一乐句与第二乐句多次反复构成全曲，歌曲的音域不宽，只有六度，很适合小学高年级学生学唱，同时也适用于读谱练习。

四、学情分析

六年级学生身心发展逐步成熟，对音乐的感知能力也更加敏感，要根据学生身心发展规律和审美心理特征设计教学环节。

五、素养目标

（一）审美感知

教师引导学生通过听、看、唱、跳、思等多种活动体验歌曲的意境，感受哈萨克族歌曲的音乐风格；能用流畅圆润的声音、饱满的热情表现歌曲。

（二）艺术表现

能学会用正确的演唱方式动情地演唱《美丽的夏牧场》，能跟随音乐进行简单的舞蹈创编。

（三）创意实践

学生通过自己的想象力结合歌曲意境画出《美丽的夏牧场》；小组讨论创设草原音乐会，培养表达自己想法和情感、艺术创新、实际应用的能力。

（四）文化理解

通过这节课的学习，学生可以激发自主了解多元的民族文化、热爱少数民族音乐的兴趣。

六、教学重点与难点

（一）教学重点

学生通过学习哈萨克族歌曲与舞蹈，感受草原给人们带来的欢乐；能用优美、深情的歌声表现歌曲中夏牧场景色的意境。

（二）教学难点

演唱中对气息的控制；哈萨克族 4 个舞蹈动作的学习。

七、教学准备

多媒体课件、钢琴、歌谱、空灵鼓、铃鼓、三角铁等。

八、教学设计实施

（一）导入新课

（1）教师穿戴具有浓郁哈萨克族风格的服饰进入课室，导入开场白。

（2）教师引导学生用空灵鼓敲击固定音高，几个学生用铃鼓、三角铁等打击乐器打节奏，其他学生用手拍打强、弱、次强、弱的四拍子；教师跟着学生的伴奏边歌边舞《美丽的夏牧场》。

（3）教师提问学生，自己所穿的服饰——展示的舞蹈属于哪个民族？

【设计意图】采用情境导入法，一开始上课就把学生吸引并加入表演中，能很快地让学生进入音乐学习的"心流"状态。

（二）感受旋律

（1）通过多媒体课件，展示《美丽的夏牧场》的简谱。

（2）教师采用示范教学法，为学生演唱《美丽的夏牧场》的旋律部分，并为旋律部分标记作品的演唱线条。请学生跟着教师画出线条，并用线条演唱这段旋律，感受作品的连贯性和音乐的强弱变化。通过这个练习，学生可以领略歌曲旋律的优美和舒展。

（3）讨论教学，教师引导学生思考旋律的风格和情绪。

【设计意图】教师通过哼唱旋律、绘制旋律线条等方法，让学生感受歌曲旋律的连贯性；引导学生理解旋律的特色，体会抒情旋律的歌曲应用连贯的气息演唱。

（4）找出旋律中的骨干音，并讲解骨干音的作用。

（5）采用引导教学法和互动教学法，先由教师示范唱，然后学生跟唱。教师引导学生找出曲中相同的旋律片段，并邀请学生回答在演唱这一部分时需要注意的问题，以及如何演唱才能更好地表现歌曲的特点。

（6）教师通过示范教学法和讨论教学法，讲解作品《美丽的夏牧场》中带有连音线的乐句。教师示范唱、学生跟唱；教师讲解连音线的基本知识和作用，以及连音线在作品《美丽的夏牧场》中的重要性。要求学生在演唱时做到气息的连贯，并理解连音线对音符演唱方式的影响。

（7）教师示范如何运用呼吸，学生通过科学的呼吸方法体验歌唱时气息的运用，感受气息的连贯性。

（8）师生分乐句对唱。

【设计意图】教师通过分乐句与钢琴对唱的方式，让学生体会乐句的特点，并暗示歌曲的结构，使学生愉悦地掌握歌曲的旋律，熟悉歌曲的旋律结构；同时，图像、声音、情感和色彩的综合效果，可以激发学生运用连贯的气息进行演唱。

（三）感受歌词

（1）学生朗读歌词，感受《美丽的夏牧场》的歌词之美。

（2）聆听歌曲旋律，第二次聆听时朗读歌词。

（3）多媒体展示歌词和对应的夏牧场景色图片，学生可以更加直观地欣赏作品中美丽的画面，感受歌曲所表达的意境。

（4）再次聆听并跟着哼唱歌曲，感受歌曲所描绘的意境。

【设计意图】朗读歌词和多媒体的展示，让学生更直观地欣赏作品中美丽的画面，感受歌曲所表达的意境。在旋律中，学生想象身处草原美景中，自然引发情感共鸣，体会草原人民对家乡的热爱和赞颂之情。这样的设计旨在激发学生的学习兴趣和积极性，逐步深入，层层展开。

（5）邀请两位学生根据歌词中出现的景色，在白板上用彩色笔描绘他们心中夏牧场的图景。

（6）教师范唱与教唱。

（7）学生演唱。

【设计意图】描绘草原美景可以更好地体现美育的学科融合。演唱过程中，教师引导学生处理情绪和力度，帮助学生找到正确的声音位置，学会用连贯平稳的气息来演唱歌曲。

（四）知识拓展：舞蹈教学

（1）动作一：云步。

（2）动作二：手腕动作。

（3）动作三：晃头。

（4）动作四：天鹅挥动翅膀。

【设计意图】通过学习哈萨克族的舞蹈动作，学生可以深入地了解当地的民俗和风情。这一环节旨在将音乐知识和舞蹈技巧有机地融入音乐审美体验中，让学生亲身感受当地文化的魅力；同时，舞蹈动作的加入也能够增添视觉上的美感，使学生更全面地体验和表达这首歌曲的情感。

（五）艺术创编

（1）将学生分成 4 组，每组学生有自由选择的权利，可以根据自己的喜好和创意来创编一个节目，用不同的方式展现《美丽的夏牧场》这首歌曲。

（2）在创编的过程中，教师到各组中进行提示与指导，提供一些创意的启发和技巧的指导，帮助学生们更好地表达和展示他们的创作。

（3）进行分组展示，让每个小组都有机会展示他们独特的创意和表演。

【设计意图】创编音乐会的活动，旨在培养学生的想象力、创造力和团队合作精神，同时也加强学生对音乐的理解和表达能力。这样的活动能够让学生在自主创作的过程中发挥个人才能，同时通过与他人的合作与交流，提升整体团队的表演水平。通过愉快的学习氛围和自主创作的方式，学生将更加深入地理解和感受这首歌曲的美妙。

（六）小结与延伸

总结本节课所学内容，希望学生能将课堂上所感受到的哈萨克族牧民的生活和草原的美丽景色用载歌载舞的形式传递给家人，期望学生能积极了解和学习更多的民族歌曲，传承中国传统文化的精髓。

（七）教学评价（表8-2）

表8-2　学生课后自评表

水平	审美感知	艺术表现	创意表达	文化理解
一级	通过学习本节课的哈萨克族歌曲与舞蹈，感受草原给人们带来的欢乐	能够主动参与和模仿	能够融合表演等综合形式表现音乐	了解多元的民族文化
二级	感受哈萨克族歌曲的音乐风格；提高审美能力	用流畅圆润的声音、饱满的热情表现歌曲	能运用"姊妹艺术"——绘画来描绘自己理解的夏牧场	了解多元的民族文化，带入对歌曲的理解，唱出歌曲的特点
三级	了解哈萨克族风土人情，感受夏牧场的景色美，爱上民族文化	从听、看、唱、跳、想等多种音乐活动中感受歌曲的意境，运用平稳的气息、优美连贯的演唱《美丽的夏牧场》	用多种方式表达歌曲意境，自主创作的过程中发挥个人才能，同时通过与他人的合作与交流对歌曲进行创作与展现	了解多元的民族文化，带入对歌曲的理解，唱出歌曲的特点。通过音乐和舞蹈的融合，深入了解了哈萨克族的民族文化，进而热爱民族歌曲

九、教学反思

本节课的反思总结如下。

（一）从培养核心素养入手

本节课教师注重培养核心素养，充分发挥艺术课程的育人功能，让学生

145

能够在美的环境中感受、体验、学习、表现音乐。在整个教学过程中，教师语言简练、有针对性，能有效引导学生参与活动。教师从学生的生理和心理需求入手，为学生创设自然、宽松、和谐的学习氛围，进而引导学生对音乐产生向往和探索欲望。

（二）从听觉入手，建立学生的听觉概念

音乐是听觉的艺术，教师通过范唱引导学生感受歌曲优美抒情的情绪，并设计不同的形式，引发学生有效聆听。学生通过不同形式的聆听，能够对歌曲旋律产生深层感知，快速完成歌曲的学唱。

（三）不足之处

（1）课堂语言的组织性要加强；

（2）只注重整体的教学效果，对个体教学的关注较少；

（3）对学生的评价以及学生之间的相互评价尚待提升。

（本案例由广东省惠州市惠城区鹿鸣学校欧嘉瑜老师提供，有改动）

《我和你》教学设计

课型：唱歌课

版本：湖南文艺出版社

课时：1 课时

教学对象：八年级学生

一、设计理念分析

《义务教育艺术课程标准（2022 年版）》以核心素养为中心，以立德树人为根本任务，强调以美育为导向，引导学生树立正确的民族观、历史观和文化观，培养人类命运共同体意识。歌曲《我和你》的歌词简单而朴实，旋律朴实而丰富，内涵深刻而温暖抒情。歌词蕴含着儒家思想中的"和"的理念，表达了中国人热爱和平、追求世界大同的愿景。本课通过学生自主探究和分组挑战的方式，完成了对歌曲曲式、旋律和调式内容的学习。学生通过学唱、鉴赏和改编等手段，在健康向上的审美实践中感知、体验和理解艺术，逐步提高自己感受美、欣赏美、表现美和创作美的能力。

二、大单元分析

本单元以《我和你》为题，选编了《我和你》《友谊地久天长》《手拉手》3 首歌曲，集中歌颂了人与人之间美好的情感，表达了友谊、和平及世界大同的思想理念。本单元分为"演唱""欣赏""活动与练习"3 个板块。

三、教材分析

《我和你》是 2008 年第 29 届北京奥运会的主题曲，由北京奥运会开幕式音乐总监陈其钢等创作，由中国歌手刘欢和英国歌手莎拉·布莱曼演唱。这首歌曲采用了 4/4 拍、五声宫调式，采用带再现的单二部曲式结构，完全符合起承转合的逻辑、结构清晰有序。歌词简单而富有意义，旋律优美朴实，中英文两段歌词的演唱使得歌曲既与国际接轨，又凸显了中国的特色。歌曲闪耀着人性与情义的光辉，表达了全世界人民相聚北京的激情和各国人民对和平与友谊发自内心的渴望。

四、学情分析

八年级的学生开始变得不愿意开口唱歌，也不愿意在同学前展示。因此，教师要通过各种有效的教学方法，激发学生的兴趣与学习动力，才能更好地开展教学。

五、素养目标

（一）审美感知

教师通过视听结合、分析鉴赏、改编和表演等方式，让学生能够理解歌曲的艺术语言、风格和意蕴，感受歌曲所带来的美，丰富审美体验，提升审美情趣。

（二）艺术表现

教师引导学生以轻松、自然、优美的音色，用饱含深情的演唱方式来表达歌曲中的思想和情感。

（三）创意实践

改编歌词和即兴表演等活动，可以培养学生表达个人想法和情感的能力，以及艺术创新和实际应用的能力。

（四）文化理解

学生通过分析歌词内容，可以理解歌词所蕴含的儒家思想，使他们明白中国人热爱和平、友善相处的理念，并愿意与世界各国、各族人民友好相处的价值观和世界观。

六、教学重点与难点

（一）教学重点

培养学生能够用轻松、自然、优美的声音有感情地演唱《我和你》，同时培养学生对祖国的热爱。

（二）教学难点

引导学生分析歌曲的曲式、旋律和调式，理解歌词所表达的情感和文化理念，并提高学生的音乐审美能力。

七、教学准备

多媒体课件、钢琴、歌谱等。

八、教学设计实施

（一）导入新课

1. 图片导入

展示第 24 届冬奥会吉祥物冰墩墩的图片，引发学生对冬奥会的兴趣和好奇。

2. 展示吉祥物

展示吉祥物福娃贝贝、晶晶、欢欢、迎迎、妮妮的图片，引出 2008 年第 29 届北京奥运会。通过介绍吉祥物，引起学生对奥运会的回忆和认知。

3. 展示课题

展示第 29 届北京奥运会主题曲——《我和你》，并展示歌曲的名称和相关信息，让学生对课题产生兴趣和好奇。

【设计意图】通过引入 2022 年冬奥会吉祥物和 2008 年北京奥运会吉祥

物，营造轻松愉快的课堂气氛，同时引出本节课的课题。这样的导入方式可以激发学生对奥运会和音乐的兴趣，为后续的学习打下基础。

（二）新课教学

1. 欣赏视频

播放北京奥运会开幕式刘欢和莎拉·布莱曼演唱《我和你》的视频。请学生用几个词语分享他们欣赏视频后的"美"的感受。

2. 介绍相关内容

介绍歌曲的创作背景和词曲作者陈其钢等人。

3. 简介演唱者刘欢和莎拉·布莱曼

向学生介绍刘欢和莎拉·布莱曼的背景和成就，让学生了解他们在音乐界的重要地位。

4. 学唱歌曲

（1）教师范唱，学生边听边识谱。教师以范唱的方式演示整首歌曲，学生在聆听的同时跟随歌曲的旋律进行简谱的识谱。

（2）学生学唱简谱。教师逐句教授学生简谱的唱法，让学生逐步学会整首歌曲的唱法。

（3）学生学唱中英文歌词。教师逐句教授学生中英文歌词的发音和语调，并指导学生用轻松、自然、优美的声音演唱。

（4）全班齐唱。学生熟练掌握歌曲后，进行全班齐唱，巩固所学的歌唱技巧和表达能力。

【设计意图】学生通过欣赏原唱视频和教师的范唱，对歌曲的旋律有了了解。对于八年级的学生来说，这首歌的旋律和歌词相对简单，容易学会。在教学过程中，教师强调使用自然、轻松、优美的声音演唱，培养学生良好的演唱技巧和表达能力。

5. 学生分组挑战任务

任务一：歌曲由多少个乐句组成？乐句与乐句之间有什么特点？

任务二：请学生找出歌曲中出现的音，并按照由低到高的顺序排列起来。

任务三：歌名中的"我"和"你"指的是什么？

任务四：歌名中的"和"字体现了什么文化理念？

【设计意图】通过任务驱动，学生能够自主思考歌曲的曲式结构、"和"

字所代表的文化理念等。

（三）艺术实践

1. 活动一：改编歌词

（1）教师以现实生活中改歌词的经历，分享自己改编的歌词并演唱出来，抛砖引玉。（出示图 8-1 所示的简谱）

注："妹猪"是客家话"女儿"的意思；"妹妹猪"是我给女儿起的小名。

图 8-1　歌曲《妹妹猪》的简谱

（2）展示几幅图片，激发学生的创作灵感。

（3）学生分享创作的歌词，并演唱。

【设计意图】让学生分享自己创作的歌词并进行演唱，可以培养学生的艺术创新和实际应用能力。同时，学生通过表演，可以更好地展示他们的创造力和表达能力。

2. 活动二：即兴表演

（1）请一位女生和一位男生扮演"月光女神"莎拉·布莱曼和中国乐坛"大哥大"刘欢上台演唱。提示学生要注意打开口腔，用优美圆润的声音演唱，并模仿莎拉·布莱曼和刘欢的肢体动作、眼神和表情。

（2）请学生对即兴表演进行点评。

【设计意图】学生之间的相互点评，可以提高学生的观察力和批判性思维能力，培养他们的审美能力和表达能力。同时，通过点评，学生可以互相学习和改进，提升自己的表演水平。

3. 活动三：变换节拍进行演

（1）展示歌曲第一句的乐谱（图 8-2），并示范演唱。引导学生用三拍演唱歌曲，并进行对比。

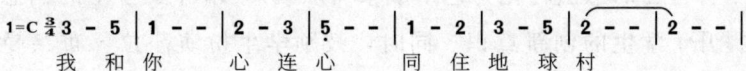

$$1=C \frac{3}{4} \quad 3 - 5 \mid 1 - - \mid 2 - 3 \mid 5 - - \mid 1 - 2 \mid 3 - 5 \mid 2 - - \mid 2 - - \mid$$

我　和　你　　心　连　心　　同　住　地　球　村

图 8-2　歌曲《我和你》第一句的乐谱

（2）请学生观察改变节拍后歌曲情绪的变化情况。

【设计意图】四三拍的歌曲具有律动感，带给人一种舞曲的感觉。学生通过四拍和三拍的对比演唱，认识、理解了节拍在音乐情感表现中的作用。

（四）课堂小结

（1）学生学习了《我和你》这首歌曲，了解了这首歌曲的创作背景以及演唱者刘欢和莎拉·布莱曼。

（2）学生理解分析了歌曲的曲式、旋律和调式，进一步感受到歌词所表达的情感和文化理念，提升了音乐审美能力。

（3）学生参与了歌词改编、即兴表演和换节奏演唱等活动，通过实践提高了艺术表现和创造能力。

（五）布置作业

（1）学生将自己创作的歌词再次进行修改，使其更加押韵、优美，下节课的时候可以将修改后的歌词与同伴分享。

（2）尝试将自己喜欢的一首外文歌曲改编为中文歌词，体验创作的乐趣并将改编后的歌词跟同伴分享。

九、教学反思

本节课的教学设计以《义务教育艺术课程标准（2022 年版）》为指导思想，结合八年级学生的学情分析与教学分析，确定了审美感知、艺术表现、创意实践和文化理解四个方面的教学目标。在学唱《我和你》这首歌曲时，教师强调了用自然、轻松、优美的声音演唱，并通过分组挑战任务的方式，激发学生主动合作完成歌曲的曲式结构、旋律、调式，自主探究歌词所表达的思想、文化、理念。这样的教学方法提升了学生对歌曲人文内涵的感悟、领会和阐释能力，有助于他们形成正确的民族观、国家观和世界观。

教师结合生活，给学生分享改编歌曲的乐趣，激发学生创作的灵感，引导学生将自己的想法转化为艺术成果（歌词），培养了学生的创意实践能力，并提升了学生的创新意识。同时，鼓励学生扮演莎拉·布莱曼和刘欢进行表演，引导学生运用自己的歌声、肢体动作、眼神和表情进行情境表演，与同伴一起体验扮演角色的乐趣。这样可以引导学生对他人的表演进行评价，提高了学生的审美能力和表达能力。此外，教师引导学生用三拍演唱歌曲，以及四拍和三拍的对比演唱，让学生认识和理解节拍在音乐情感表现中的作用。

本节课的教学设计比较朴实，没有过多花哨的元素，但具有一定的可行性和实用性，属于教学常规课。在今后的教学中，教师也会注意精炼教学用语，在提问、学唱、改编等环节合理分配时间。同时，在教学过程中，教师会多用鼓励性的语言评价学生，以激发他们对音乐学习的热情。

（本案例由广东省惠州市惠东县惠东实验中学卢淑芬老师提供，有改动）

第二节　教学设计案例——浸润欣赏

欣赏教学在音乐课中非常重要，它有助于培养学生的音乐欣赏能力、审美情趣、文化知识和历史意识，提高情感表达能力，并培养批判性思维。通过欣赏教学，学生可以接触到不同风格、类型和时期的音乐作品。他们可以学会仔细聆听音乐，分析乐曲的结构、旋律、和声、节奏等元素，理解音乐的内涵和表达方式。欣赏不同类型的音乐，学生可以培养自己的音乐审美情趣，发展个人的音乐品味和偏好。同时，学生可以了解不同音乐作品的创作背景、历史背景和文化内涵，这有助于拓宽学生的文化视野，增加他们对不同文化和历史时期的了解。通过欣赏教学，学生还可以感受到音乐所传递的情感和情绪，学会用音乐来表达自己的情感和情绪。欣赏教学不仅仅是被动接受音乐，还包括对音乐作品的分析和评价。学生可以学会批判性地思考和评估音乐作品的优劣，加强批判性思维和判断力。

《Mong Dong》教学设计

课型：欣赏课
版本：湖南文艺出版社
课时：1课时
教学对象：七年级学生

一、设计理念分析

"华夏乐章"是为了弘扬民族音乐，推介我国近代以来在音乐领域产生的优秀器乐作品而设立的欣赏系列单元，旨在让学生感知及体验近现代和当代优秀中国音乐文化的神韵，增强民族意识、弘扬民族音乐。本次选取本单元中的一首室内乐作品，是学生很少接触的，以此为契机，激发学生对新潮音乐的兴趣。

二、大单元分析

本课选自湖南文艺出版社出版的音乐教材七年级下册《华夏乐章》单元。本单元由"欣赏"和"活动与练习"两大板块组成，以感受与欣赏为基础，强调艺术实践。在"欣赏"板块，教材选编了3首不同形式的管弦乐作品：《二泉映月》、《Mong Dong》（片段）和《蓝花花》。这3首作品容量都不大，第一首和第三首均为学生较为熟悉的作品，比较贴近学生的聆听习惯，能引起学生欣赏的兴趣；第二首为我国作曲家瞿小松创作的混合室内乐作品，它选取了我国不同时期、不同创作手法的优秀音乐作品。在"活动与练习"板块，教材结合前面的欣赏内容设计了3个活动：与同学分享喜欢的影视音乐、竖笛演奏练习、合唱练习。这3个活动不仅让本单元的内容更丰富，而且较好地体现了"强调音乐实践""突出音乐特点"的课程标准理念。

三、教材分析

该音乐作品选段是作曲家瞿小松为动画片《悍牛与牧童》创作的配乐，音乐与动画片的情节结合紧密，紧扣剧情的发展。影片开始描绘了一幅宁静的山村野景，音乐由远方传来、断断续续，好似在吆喝着什么，飘浮着的短笛声更衬托了山野自然的寂静、古朴。影片进入中段，喧闹声起，众多壮汉

153

企图制服一头彪悍的野牛，但悍牛桀骜不驯，大家即便使尽浑身力气也奈何不了它。此时，音乐越加炽烈，紧张的节奏、各种不协和音的碰撞让人感受到人与动物之间剑拔弩张的气氛。最后，一个小牧童，手拿一束青草，在众人的惊愕声中，轻而易举地驯化了这头悍牛。威猛的野牛乖乖地让牧童骑在背上，一人一牛缓缓远去，一切又重归于原始的自然、宁静之中。作曲家通过人声与多种乐器的配合，造成音色的交织与变化，对动画片的剧情发展起到了贯穿全局的作用。

四、学情分析

本次授课的对象是七年级学生，他们对西洋、民族乐器中的常见乐器比较熟悉，对音乐表现要素中的力度、速度有比较准确地感知。但是，大部分学生对《Mong Dong》这个作品是从未接触的，其中的配乐对学生来说会感觉杂乱、不容易分辨，注意力容易被画面吸引而忽略重要的音乐表现。这时需要老师的引导，才能更好地理解这首作品表达的人与自然和谐相处的意义。

五、素养目标

（一）审美感知

学生能够感受作品《Mong Dong》的魅力，了解《Mong Dong》的突出特点，分析音乐是如何米表现画面的；能够对新潮音乐感兴趣，拓宽音乐视野。

（二）艺术表现

学生通过聆听、模仿、创作等音乐实践活动，可以提升自己的音乐感受能力和表现力，丰富形象思维，提升音乐编创能力。

（三）创意实践

了解人声器乐化，用声音展现壮汉们与悍牛之间搏斗的场景；了解"新潮音乐"的产生背景及历史发展。在表演中提高艺术实践能力和创造能力，增强团队合作精神。

（四）文化理解

感受作品的时候感悟人与自然的和谐，感知人与动物要多沟通交流，爱护动物、保护动物，进而延伸到人与大自然友好和谐相处的理念。

六、教学重点与难点

（一）教学重点

了解作品《Mong Dong》突出特点，能够对"新潮音乐"感兴趣。

（二）教学难点

分析音乐是如何表现画面的，感悟人与自然的和谐理念。

七、教学准备

多媒体课件、钢琴、打击乐器等。

八、教学设计实施

（一）导入环节

课件展示 1984 年的影片《悍牛与牧童》的组图，让学生想象悍牛、牧童、壮汉们之间会发生怎样的故事。

（二）初次聆听

（1）播放"壮汉们与悍牛之间搏斗"的音乐片段，请学生聆听音乐片段，并分享听后联想的画面。

（2）再次播放"壮汉们与悍牛之间搏斗"的音乐片段，请学生分组讨论并思考音乐表现的是哪个场景，在音乐中还听到了哪些声音？

（3）引出题目，介绍作曲家瞿小松、音乐创作背景及简介作品《Mong Dong》。

【设计意图】简单的介绍让同学能够了解音乐的创作背景，为接下来的小组活动作好铺垫。

（三）深入欣赏

（1）欣赏动画片《悍牛与牧童》。

（2）感受音响美。

① 人声器乐化。请学生试着念出这段音乐中出现的声调，给学生一分钟的时间练习，练习后请学生来试试。之后在"gio"上加上重音记号">"，并请学生将强弱对比念出来。（出示图 8-3）

② 再次聆听"壮汉们与悍牛之间搏斗"的音乐片段，提问："音乐是如何

$\dfrac{2}{4}$ X X　　X　X　|　X　X　　X　X　|

dong dong　dong ga li　　a　li　　gio a

X　X　　X　X　|　X　X　　X　X　‖

gio a li　　gio a li　　dong a　　dong he

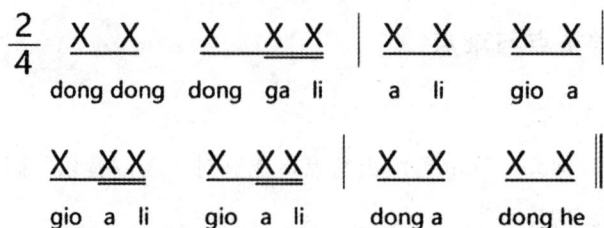

图 8-3　人声器乐化

表现的?"请学生在聆听音乐的同时，根据力度、节奏、音响、气氛等，选出合适的答案。

③ 请学生观看影片"壮汉与悍牛之间搏斗"的场景，同时思考：音乐与画面是如何结合的？音乐在影片中有什么作用呢？

（3）体会表现美。请学生运用人声和打击乐器来表现"壮汉们与悍牛之间搏斗"场景，要求：

① 请学生用鼓表现牛发怒和绳子断时的场景；

② 请学生用打击乐器（钹、沙锤、碰铃等）、声势、吆喝声等表现人们看热闹时喧嚷的氛围；

③ 其他同学加入人声哼唱表现壮汉与悍牛之间搏斗的场景。

（五分钟请学生合作排练：请一位同学演奏鼓，表现牛发怒，请一个大组的同学表现看热闹时喧嚷的氛围，其他同学来表现人声哼唱的部分。提示：跟随影片剧情的发展来展现，注意音乐与画面的配合）

（4）体验创造美。

① 聆听"壮汉们与悍牛搏斗结束之后"的音乐片段，猜测壮汉们最终驯服悍牛了吗？

② 教师介绍：壮汉们，最终还是没能驯服悍牛。但此时，一个小牧童，手拿一束嫩草，轻而易举地驯化了这头悍牛，牧童的行为令众人惊愕不解。最后，牧童骑上牛背远去。

③ 教师：当牧童骑上牛背远去，一切又重归于自然、宁静之中。不禁引起我们的思考，为什么牧童可以驯服悍牛呢？

④ 师生总结：人与动物、大自然应和谐相处。

（四）拓展延伸：了解新潮音乐

（1）播放微视频介绍新潮音乐的产生背景及历史发展。

（2）聆听谭盾代表作《地图》第七乐章《石鼓》音乐片段，请学生思考："这段音乐与《Mong Dong》有什么相同之处？你们听到了哪些声音？"

（3）请学生观看《地图》中《石鼓》的视频片段，并思考：新潮音乐的"新潮"体现在哪些方面？

（五）课堂小结

（1）回顾《Mong Dong》的特点及蕴含的人与大自然友好和谐相处的意义。

（2）进一步了解中国传统音乐中各种民族、民间元素的运用，探索新潮音乐的美学来源及构建更趋多元化和复杂化，感受其独特魅力。

九、教学反思

本节课授课的对象是七年级的学生。七年级的学生基本能够从音乐要素中的速度、力度、节奏等方面感受音乐、聆听音乐。他们了解、认识的乐器也是源自于生活，来源于所见所闻，如小提琴、钢琴、小军鼓、三角铁、琵琶等。面对本节课所要欣赏的音乐，其演奏部分乐器使学生略显生涩。

《悍牛与牧童》的配乐给人的第一感觉略显杂乱，与学生平常感受到的影视音乐风格相差甚远，更对于作品中出现的古琴、埙、短笛这些乐器显得不那么熟悉，只有部分学生能够通过音色分辨出这些乐器来。在欣赏作品时，学生的视角可能更多地被画面所吸引，而忽略掉了音乐的表现，所以在学习聆听中需要教师更好地引导，这样才能在音乐的渲染推动下感受到作品想要表达的人与自然要和谐相处的思想。

不足之处：对学情分析还是不够准确，学生的学习能力参差不齐，对学生个体关注需要加强。

（本案例由广东省惠州市仲恺高新区第九学校钟弯湾老师提供，有改动）

《御风万里》教学设计

课型：欣赏课

版本：人民音乐出版社

课时：1 课时

教学对象：八年级学生

157

一、设计理念分析

艺术课程要培养的核心素养主要包括审美感知、艺术表现、创意实践、文化理解等，音乐欣赏课的教学应结合中学生的身心发展特点和审美认知规律，积极引导学生学会聆听、欣赏、评价，参与各项音乐活动，加强对音乐的感受与音乐审美体验。同时，教师要把任务驱动交给学生，把人物角色的戏剧性转换融入其中。教师要时刻注重发挥学生的主体地位，启发其创造性思维，使学生获得享受多元音乐的美的体验。

二、大单元分析

本单元是人民音乐出版社出版的音乐教材八年级上册第一单元《七子之歌》，通过《大海啊，故乡》《我的中国心》《七子之歌——澳门》《东方之珠》《台湾风情画》《御风万里》6部作品表达中华儿女的共同愿望——企盼祖国统一、繁荣富强。

三、教材分析

《御风万里》是作曲家郭文景应香港庆委会的约请，为了庆祝1997年香港回归而创作、演出的交响序曲。1997年7月1日，对于中国人是个激动人心的日子，中国政府恢复对香港行使主权，百年耻辱在这一刻成为历史、百年积郁在这一刻一吐为快，举国上下到处是欢庆喜悦的情绪。作曲家正是抓住这一历史时刻的情绪特征，以音乐的形式进行了生动地描述和刻画。其中，快板部分，真实地表达了中国人激动与热烈的情绪，人们尽情欢呼、纵情跳跃，为中华民族的振兴而扬眉吐气；慢板部分，作曲家表达出人们对香港回归所唤起的百感交集的情愫，人们在兴高采烈的同时，也嗟叹中国历史的兴衰荣辱。作曲家采用了汉族、藏族、蒙古族、维吾尔族等民族的民歌，用民族音乐符号向人们传达中国历史源远流长，表现了民族团结精神，祈祷和赞美民族的和睦与繁荣。交响序曲《御风万里》整部作品表达了对光明的希冀与追求，对祖国繁荣昌盛和世界和平的祝愿。

四、学情分析

八年级学生的形象思维能力较强，对于情感的体验能力较强，但是这个时期的学生处于叛逆期，不愿意表达和展示自己。因此，教师在教学中要抓住这些特点，用任务驱动的方式激发他们的兴趣，让他们有跳一跳"摘桃子"的感觉，在角色转换中完成一项项任务；用颜色卡纸等直观形象，把抽象旋律进行记忆转化。

五、素养目标

（一）审美感知

对《御风万里》进行赏析，并配以讨论，判断主奏乐器，感受不同民族民歌的风格特点，提高音乐鉴赏能力。

（二）艺术表现

通过对乐曲的反复聆听、演唱等体验活动，学生可以加强对音乐情绪和音乐风格的理解；能模仿陕西方言，带着豪放乐观的情绪演唱《黄河船夫曲》。

（三）创意实践

通过对该乐曲的聆听，学生能根据音乐特点和民族特点用肢体语言表达出来，能把演唱、代表不同主题的色卡运用到音乐赏析中。

（四）文化理解

通过对《御风万里》B段的整体欣赏和局部欣赏体验，学生能从中理解作曲家的创作意图，感受作品所表达的五十六个民族永远一家亲的理念、中华儿女的爱国之情和强烈的民族自豪感。

六、教学重点与难点

（一）教学重点

聆听该乐曲的音乐情绪和音乐风格，学会唱《黄河船夫曲》的旋律。

（二）教学难点

对不同民族民歌主题的听辨记忆。

七、教学设备

钢琴、多媒体、颜色卡纸等。

八、教学设计实施

（一）导入

（1）创设情境：学生进教室时候开始播放《公元1997》。

（2）引出历史性时刻：教师唱《公元1997》中的"一百年前我眼睁睁地看你离去，一百年后我期待着你回到我这里，沧海变桑田……我的1997年，1997年，我悄悄地走近你……"提问学生，歌词中的"你"是指谁？1997年发生了什么？

（3）导入主题：举国欢庆香港回归，郭文景应约专为"回归之夜"创作了交响序曲《御风万里》，教师带领大家一起走进这部《御风万里》。

（任务驱动一：此时你是作曲家郭文景，你会如何创作这部作品？提示：时间，场合，要表达的中心思想。）

【设计意图】从历史事件引出教学内容，用任务驱动的方法，让学生进入角色，深入思考。这部作品就是作曲家抓住这一特点历史时刻的情绪特征，以音乐的形式做出了生动的描述和刻画。

（二）聆听

（1）教师评价任务一，了解学生对此任务的完成情况，引入简介交响序曲，以及《御风万里》的曲式结构，并告知学生此课学习内容是B段。

（2）初体验：

① 带着问题，完整聆听B段。

（任务驱动二：此时你是坐在音乐厅里认真聆听音乐的观众。提示：有没有听到熟悉的旋律？能听到几条不同的旋律？能听辨出哪些乐器的音色？你能记住其中的旋律并哼唱出来吗？）

② 教师评价任务二。

（3）再体验：

① 拿出代表4个主题旋律的黄色、绿色、蓝色、紫色卡纸（教师上课前

将卡纸放在学生的座位上），教师把相应的颜色卡贴在黑板上。

② 教师弹琴让学生听辨单条旋律。

③ 弹琴带着学生一起哼唱旋律。

④ 再次播放 B 乐段，学生认真聆听，听到相应的主题就举起对应颜色的卡纸，提醒学生注意听重叠的主题旋律。

（任务驱动三：此时你回到了自己的音乐教室，回到学生的身份，用心跟着老师一起完成以上体验活动。）

【设计意图】从简到难，从部分到整体，让学生逐渐熟悉 4 条旋律线。通过色卡纸，对乐段进行视觉分类。

（三）深入体验：分主题欣赏

1. 汉族民歌《黄河船夫曲》（用黄色卡纸表示）

（1）教师弹琴，学生演唱《黄河船夫曲》歌词。

（2）引导学生体会《黄河船夫曲》的情感，用律动配合演唱体验音乐。

（任务驱动四：此时你化身为黄河岸边的船夫，唱着浓郁的方言一起"摆渡"。）

【设计意图】逐步激发学生兴趣，进一步熟悉记忆歌曲旋律，在情境中体会歌曲精神。

（3）介绍双簧管、圆号、短笛、小提琴的音色特点及听辨音色。

（4）听辨《黄河船夫曲》主题在 B 乐段中的特点。

（任务驱动五：此时你拥有一对灵敏的耳朵，你能准确地听辨出来吗？）

【设计意图】充分发挥学生的主体地位，让学生在体验中学习，在分析对比中形成概念。

2. 蒙古族民歌《嘎达梅林》（用绿色卡纸表示）

（1）聆听在《黄河船夫曲》中出现的《嘎达梅林》。

（2）教师简介嘎达梅林的故事，范唱蒙古族民歌《嘎达梅林》，学生模仿圆号音色，模仿演唱旋律。

（任务驱动六：此时你化身圆号，吹奏《嘎达梅林》主题旋律。）

【设计意图】在《黄河船夫曲》熟悉旋律的对比下聆听新的主题旋律，同时通过与蒙古族民歌《嘎达梅林》的对比找变形部分，对此主题旋律加强记忆。用任务驱动模式，模仿圆号唱旋律，在充满戏剧性的体验活动中感受旋律和音乐。

3.藏族民歌《囊玛》（用蓝色卡纸表示）

（1）聆听《囊玛》，展示图谱，教师做献哈达的动作。

（2）学生在聆听和观看中，体会旋律主题来自哪个民族。

（3）一边做献哈达的动作，一边跟着老师哼唱旋律。

（任务驱动七：此时你再次成为本堂课的学生，跟着老师一起体验、感受、表现音乐。）

【设计意图】学生通过聆听、临摹、律动，感受藏族音乐特点，体验音乐情绪。再通过哼唱，加强旋律的记忆。

4.哈萨克族民歌《哈萨克民歌》（用紫色卡纸表示）

（1）聆听《哈萨克民歌》主题，同时展示此民族的图片。

（2）听辨主奏乐器。

（任务驱动八：同任务七。）

（四）巩固与升华

完整欣赏 B 段视频，共分成 4 个大组，各组代表一个民族。由小组长带领，自主创编动作与旋律。

（任务驱动九：此时，你们分别是汉族、蒙古族、藏族、哈萨克族人民，听到你代表的民族音乐主题时，就唱起来、舞起来吧！）

【设计意图】完整聆听，加强对乐曲的整体把握，分组合作与自主创编，增强学生的团结协作能力和创新能力。

（五）课堂小结

（任务驱动十：此时，你又成为作曲家郭文景，你能分享 B 段中 4 个不同民族音乐主题交织的创作意图吗？）

《御风万里》以激情奔涌的快板开始，表现中国人民振奋和喜欢的情绪；中段慢板，用复调技巧将不同民族的民歌融为一体，表现人们对香港回归所唤起的百感交集的情愫，表达了对光明的希冀与追求，对祖国繁荣昌盛和世界和平的祝愿，让我们五十六个民族一起御风万里，鸟瞰神州。

【设计意图】教师总结、点题，增强了学生的民族自豪感。

（六）教学评价（表8-4）

表8-4　学生课后自评表

水平	审美感知	艺术表现	创意表达	文化理解
一级	喜欢并能体验和欣赏音乐	能够主动参与与模仿	能够融合律动、歌唱、表演等综合形式表现音乐	能理解音乐的文化背景
二级	能够感知音乐的情绪和作者要表达的情感，提高审美能力	能够主动感受并探索音乐抒发的情感	能够融合律动、歌唱、表演等综合形式表现音乐，能合理运用音乐知识比较完整地表达自己的音乐情绪	能理解音乐的文化背景，能认识到作品的风格特点
三级	能通过欣赏、律动、演唱，感知音乐的美，并以此构建审美价值观	能调动多种感官，通过感受、模仿、体验、实践等一系列的音乐活动进行学习，从而培养对音乐表现的主动性	能通过对音乐的理解和科学方法的掌握，发挥团队协作能力，对歌曲进行创作与表现	能理解乐曲的文化背景，能认识到作品的风格特点，能感受到有效的德育渗透

九、教学反思

这是我2023年应邀到广东省江门市做同课异构教学交流所设计的一节示范课，经过教学的过程与反思，我从以下两个方面进行了评估。

一方面，我认为在教学中，本人能够很好地准备和组织教材。我在课前做了充分的准备工作，包括研究乐曲的背景、了解曲目的特点和演唱技巧等；还提前准备了相关的教学资料，包括歌曲的歌词、乐谱和音频示范、不同颜色卡纸、哈达等，帮助学生更好地理解和学习歌曲。

另一方面，注重学生的参与和互动。我在教学过程中鼓励学生积极参与，提出问题并分享自己的想法。我利用任务驱动、角色扮演、小组讨论等形式，让学生们在任务中思考，在扮演中体验，在团队中合作，培养他们的创新意识、自主思考能力和团队协作能力；同时，尽力营造积极的学习氛围，鼓励学生表达自己的音乐感受和情感。

然而，我也意识到在教学中还存在有待改进的地方。

首先，我在教学过程中可能没有充分关注学生的个体差异。每个学生对音乐理解和技巧掌握的速度有所不同，我应该更加细致地观察和了解每个学生的学习情况，根据他们的需求和水平提供个性化的指导和支持。

其次，在教学中，我应该更多地关注学生的情感体验和表达。

综上所述，通过这次教学反思，我意识到自己在教学中的优点和不足之处。在未来的教学中，我将更加关注学生的个体差异，合理安排教学进度，注重情感体验和表达。我将继续努力提升自己的教学水平，为学生提供更有价值和更有效的音乐教育。

（本案例由广东省惠州市第一中学谭京老师提供，有改动）

第三节　教学设计案例——实践课例

详细的实践课例在教学中具有重要的作用，它可以指导教学，促进教学反思和改进，以及促进教学研究和交流，不断提升教师自身的教育教学水平。

教师可以通过研究和分析实践课例，了解如何有条理地组织教学内容、设计教学活动及引导学生的学习过程。实践课例可以为教师提供实用的教学经验和方法，帮助他们更好地进行教学。通过研究实践课例，教师可以比较自己的教学实践与优秀的教学范例之间的差距，发现自己的不足之处，并寻找改进的途径。实践课例可以帮助教师拓宽教学思路，提高教学效果，并不断提升教学能力，还可以为教学研究和交流提供实质性的材料和案例，也可以有效探索教学策略、学生学习成效的评估方法，以及教师和学生之间的互动方式等。

《生死不离》实践课例

课型：唱歌课

版本：湖南文艺出版社

课时：1课时

教学对象：七年级

一、设计理念分析

根据《义务教育艺术课程标准（2022年版）》的课程目标，本课旨在培养学生的核心素养：培养学生的审美意识，提升他们对艺术的感知和理解能力，丰富他们的审美体验，提升审美情趣；培育学生的艺术表现，学生将掌握艺术表现的基本技能，包括自信、自然、有表情地演唱歌曲，他们将能够通过艺术表达自己的情感，展示个人的艺术才华；培育学生的创意实践，学生将形成创新意识，培养他们的艺术实践能力和创造能力，他们将有机会参与团队合作、提升团队精神，通过共同努力创造有独特价值的艺术作品；培育学生的文化理解，他们将通过学习歌曲的背景、历史和文化内涵，形成正确的历史观、民族观、国家观、文化观。

二、大单元分析

本单元包括歌曲"演唱""欣赏""音乐知识"及"活动与练习"4个板块，歌唱和欣赏作品有《在灿烂阳光下》《中国人》和《生死不离》。目的是通过各种音乐活动提高学生的音乐表现能力和感受能力，厚植学生爱党、爱国、社会主义的思想感情。

三、教材分析

本课是湖南文艺出版社出版的音乐教材七年级上册第七单元中的歌曲《生死不离》，这首歌曲充满深情，并具有鲜明的时代感。歌词的第一句使用反问的手法"生死不离，你的梦落在哪里？"来表达对在地震中遇难的同胞的深深怀念，以及对活着的人的鼓励。通过深度学习和浸润式教学方法，学生在歌声中感受过去，感受充满爱的情感，体会作品与时代息息相关；在实践中掌握演唱技能和基本乐理知识；在小组合作、创作和展示中感受祖国的坚强和伟大。这样的教学过程，可以培养学生的现代公民意识，唤起他们的仁爱之心和永不放弃的坚定信念。

四、学情分析

七年级的学生学习积极性较好，自主探究能力较弱，要通过积极有效的课堂教学评价，激发学生的爱国情感，促进学生成长。

五、素养目标

（一）审美感知

通过本堂课的学习，学生将从音乐本体和音乐表现要素出发，感知音乐作品的意境和内涵。他们将体验用心歌唱、眼含泪水演唱的感觉，能够用真挚的情感和满怀深情的声音演唱歌曲《生死不离》。通过这样的学习体验，学生将能够体会声音和情感结合后的发酵效应，提升他们的审美能力和对音乐的感知能力。

（二）艺术表现

通过视听激发学生的表现欲望，本课将积极引导学生思考并享受歌唱、律动、创编、表演、读写等音乐实践活动。学生将有机会多样性地表现歌曲，展示自己的艺术表达能力。这样的实践活动，可以培养学生的自信心和创造力，提升他们的艺术表现能力。

（三）创意实践

学生理解歌曲中蕴含的赞美英雄、歌颂英雄、热爱祖国和人民的浓厚情感并产生共鸣的基础，在音乐的美好意境中提升艺术素养和人文修养。通过个人与团队的协作，学生将自信地表达自己的情感和观点，逐步提升艺术表现能力。他们需参与创意实践活动，通过自己的创造性思维能力和实践能力，展示个人的艺术才华。

（四）文化理解

在教师的启发和引导下，学生将了解作品的相关历史文化背景，深入体验与感受歌词所表达的思想感情。通过视频和语言创设情境，学生将体验灾难发生之后，各方力量如何众志成城应对灾难的情景。他们将深刻感受到祖国的坚强和伟大，并培养现代公民意识，唤起仁爱之心。通过这样的学习，学生将增强对未来的美好憧憬，激发努力奋斗的信心，进而理解爱、感受爱、学会爱。

六、教学重点与难点

（一）教学重点

（1）体验歌曲深情、坚毅的情绪，明确正确的歌唱要求与姿势。

（2）创设课堂抗震赈灾情境，让学生在充满爱的课堂氛围中学唱歌曲，并能用真挚的情感和满怀深情的声音演唱。

（二）教学难点

（1）通过反复对比聆听、演唱等方法，学生掌握歌曲的节拍及后半拍十六分音符、附点、连音、三连音的唱法和意义。

（2）在教师的引导下，学生积极参与小组合作和场景模拟。

七、教学准备

多媒体课件、钢琴等。

八、教学设计实施

（一）课前情境设计

学生进入音乐教室需要几分钟的时间，此时播放央视播出的汶川大地震的新闻视频，为接下来的课程导入作好铺垫。

（二）导入

组织教学：提醒学生，自 2009 年起，每年 5 月 12 日被定为全国"防灾减灾日"；问学生是否知道是什么事情发生后才定下这个日期的。

播放歌曲《生死不离》的音频，配以 2008 年 5 月 12 日抗震救灾的图片。教师旁白：2008 年 5 月 12 日 14 时 28 分 4 秒，四川省阿坝藏族羌族自治州汶川县发生 8 级大地震，造成了巨大的破坏和人员伤亡。这次地震引起了全国人民的关注和援助，各方力量纷纷赶到汶川救援，他们不放弃任何一个生命的希望。"5·12"汶川地震共造成 69227 人遇难、17923 人失踪、374643 人受伤、1993.03 万人失去住所，受灾总人口达 4625.6 万人，直接经济损失达 8451.4 亿元。"5·12"汶川地震是中华人民共和国成立以来破坏性最强、范围最广、灾害损失最重、救灾难度最大的一次地震。

【设计意图】播放汶川地震的视频和教师的讲述，创设情景，让学生通过视觉和听觉了解"5·12"汶川地震的严重性，以及面对灾难时全国人民的齐心协力。学生能够深刻感受到祖国的坚强和伟大。在主题渲染过程中，我能看到孩子们都在偷偷地擦眼泪，听到他们小声地啜泣声。《生死不离》歌唱教学中的主题渲染有效引情，促进了学生音乐学习的"乐学"情绪。音乐教育的目的和对象是人，所以音乐教育中音乐是手段，育人才是宗旨。育人的核心是育德，育德即抓住音乐学习的情感主线。歌唱教学的主题渲染助推了学生情绪提升、情感发展，要坚持两点基本原则：一是切题性原则。情境支架是形，歌曲立意是质，形的设计与质的追求要统一，才能促进课堂教学的主旨深入；二是切生性原则。心境支架运用是否合理，是否能有效引情，需要适应学生的认知发展水平与程度。

（三）新课教学

1. 初步讨论、欣赏并感受歌曲

教师：同学们，刚才我看到了你们眼中的泪花，不要害羞，也不用偷偷抹去，就让眼泪留下来吧。任何一个中国人听到这些数字，内心都会被揪住。看到这些勇敢救人的画面，都会被感动。我想问问大家，有没有同学听出了刚才背景音乐唱了什么？你们对哪一句印象最深刻？

学生1：对我来说，最打动的是这首歌的第一句"生死不离，你的梦落在哪里？"

学生2：我记住了重复出现的一句："无论你在哪里我都能找到你"。

学生3：地震之后，救援人员排除万难去营救每一个有希望的生命。

学生4：歌曲中的"数秒"和"生命不息"让我特别感动。

学生5：我学了7年钢琴，所以对节奏特别敏感。我注意到这首歌连续使用了两个三连音，整首曲子就是在这里出现了三连音的节奏。

2. 聆听歌曲

教师：（初次聆听歌曲后）现在请大家闭上眼睛，回想一下，对哪一段旋律印象最深刻？

学生1：生死不离，你的梦落在哪里？

学生2：无论你在哪里我都要找到你。

学生3：我看不到你却牵挂在心里，你的目光是我全部的意义。

学生4：生死不离，我数秒等你的消息，相信生命不息。

学生5：手拉着手生死不离。

3. 再次聆听，深入感受

教师：（再次聆听歌曲后）大家记住的都是不同的段落哦，那么为什么它会深深烙印在你的脑海里呢？"

【设计意图】每个人之所以对某句旋律印象深刻，是因为这句话触动了他们内心深处的某种情感。每个人的心灵感受不同，所以答案也不尽相同。我会引导学生分享他们对于这句话印象深刻的原因，以探讨个体的声音和情感如何碰撞和交织。

学生1：最打动我的是这首歌曲的第一句："生死不离，你的梦落在哪里？"因为它让我全身起了鸡皮疙瘩。我开始想象生死不离可能会发生怎样感人的场景？还会有梦吗？我想知道后面的歌词是如何发展的。此外，这句旋律非常朗朗上口，所以我记住了它。

学生2：我印象最深的是"无论你在哪里我都能找到你"（学生唱着回答），这句在歌曲里出现了好几次，所以我已经记住了旋律。我觉得这句话应该是作者想要重点表达的内容，重要的东西往往会被反复强调。如果我是在"5·12"汶川地震中被困的人，听到这句话，我就会感到安心，因为无论我在哪里，总会有人来找我、来救我。

学生3：地震之后，救援人员排除万难去营救任何一个有希望的生命。我能感受到那些在黑暗中含泪但充满希望的目光。我长大后也想成为英雄！

学生4：这句话里的"数秒"和"生命不息"让我特别感动。在那样的环境下，时间变得非常宝贵，用秒来计算时间，因为时间就是生命。我们现在幸福地在这里学习，我们要珍惜生命中的每一秒钟，生命很宝贵，要好好珍惜。

学生5：我学了7年钢琴，所以对节奏特别敏感。我注意到这首歌连续使用了两个三连音，整首曲子就是在这里出现了三连音的节奏。比如，"手拉着"是十六分音符的三连音，"生死不"是四分音符的三连音。这种节奏的变化打破了节奏的均衡，扩展了旋律的发展空间，让音乐表达更加自由。这种手拉手的方式，表达全国人民团结一心，战胜所有困难的力量。

【设计意图】通过这些追问和启发，学生对这首作品的情感和内涵有了更深入、更准确的理解，学生也在思考和思想交流中逐渐沉浸其中。在歌唱教学中，教学生唱一首歌并不难，难的是如何充分表达歌词中的情感，并通过演唱让心灵得到滋润。问题是思维之始，音乐学习"深思"的思维浸润状态的形成，离不开教学中合理、合情的"脚手架"的运用，以牵引其学习思维的顺利入境。音乐教学中，问题能否有效牵引学生的学习进入思维的状态，教学引疑需要遵循适度性原则，以适度的思维宽度和张力，激发好奇心、求知欲；同时，要基于不同学生的音乐感的差异，把握问题的整体性与层次性，以切近学生的"最近发展区"的问题启思，助学生最终获得音乐思维浸润带来的收获感和成就感。

教师：这首歌曲《生死不离》是在"5·12"汶川地震发生后的两天，也就是 2008 年 5 月 14 日，奥运会组委会文化活动部的工作人员王平久在观看赈灾新闻时，被激发出真实的情感，随后他写下了这首歌曲。他将这首歌发给了好友白岩松，希望能与他交流。当天，白岩松在电视直播节目中朗读了这首歌曲，正好被著名作曲家舒楠听到了。舒楠立即联系王平久，主动表示要为这首歌曲作曲。两人在电话中交流了不到 40 分钟，就完成了这首长达 5 分钟的歌曲的创作。现在，让我们静静地欣赏这首《生死不离》吧！

4. 学唱歌曲

第一步：感受旋律。

首先，学生自己视唱曲谱学习歌曲的旋律。旋律是音乐最主要的表达方式，通过不同的乐音的长短、高低、节奏、节拍，塑造音乐形象。学生将之前学过的单音、音程、节拍和节奏的知识应用到视唱中，以检验他们的掌握程度和灵活运用能力。学生自己唱谱，可以很好地发现难点，并在教师的指导下主动解决问题。

接下来，请一组视唱曲谱较好的同学来唱谱，其他同学则用"la"来模仿旋律。这样的方式可以进一步让学生熟悉和掌握歌曲的旋律。

在这两个组合作成功之后，再进行角色交换：之前唱谱的同学变成唱歌词，之前用"la"模仿的同学则唱谱。唱谱能力较强的学生可以带动较弱的学生，这样的合作和交换，同学之间的互助关系也得到提升。通过反复练习，学生就能够熟练地唱出本首歌。

第二步：感受歌词。

让学生朗读歌词，主歌部分由一名学生朗读，副歌部分则由全体齐读。要求学生朗读时能够表达深情。如果学生的情绪表达不到位，教师可以启发或示范；如果学生朗读得很好，教师只需给予肯定，还可以请个别学生分享他们朗读时的心情。

第三步：再次观看致敬英雄、缅怀同胞的《生死不离》音乐视频，这是在"5·12"汶川地震发生的第 13 周年重新制作的。让学生再次体验和感受祖国的坚强和伟大，同时再次熟悉歌曲的旋律。

第四步：播放谭晶演唱的音频（降 A 调，这样学生在高音区也能唱上去），学生跟着一起唱。

5. 分组创编

小组成员可以先进行讨论，确定他们想要采用的创编形式。以下是一些可供选择的形式。

（1）小组合唱：小组成员一起唱歌。

（2）小组合唱＋乐器伴奏：可以使用钢琴或打击乐器作为伴奏。选择打击乐器时，请根据歌曲的情绪适当选择。

（3）歌伴舞形式：小组可以设计舞蹈来搭配歌曲。

（4）"演唱＋律动"形式：小组可以结合动作和节奏来演唱歌曲。

当然，如果小组成员有其他更好的想法，也可以勇敢地展示出来。接下来的舞台是属于学生的，鼓励学生共同创作精彩的表演。

6. 总结

小组互评和教师点评。

（四）课堂小结

在本节课中，我们学习了一首在"5·12"汶川地震之后创作的歌曲《生死不离》。通过这首歌曲，我们深刻认识到在祖国面临危难时，全国人民会伸出援手，形成一种团结合作的力量。我们手挽手、肩并肩、心心相连，共同努力重建家园。面对灾难，我们弘扬万众一心、迎难而上、知难而进的精神。

一个经历过灾难的民族，一个不屈不挠的民族，必定是世界上最伟大的民族。我们要铭记历史，珍惜今天的幸福生活，同时也要时刻保持对灾难和困难的警惕，积极准备和应对。只有通过团结、勇敢和努力，我们才能战胜任何困难，让我们的国家更加繁荣昌盛。

通过学唱这首歌曲，我们不仅感受到了其中蕴含的情感和力量，也更加了解了我们伟大的祖国。让我们怀揣着信心和希望，共同努力，为实现中华民族伟大复兴而奋斗！

九、教学反思

本节课的教学效果是不错的，达到了既定的素养目标，我将这节课的教学设计也转化成果，论文《"浸润式"教学：让音乐学习走向深度——以湘艺版音乐教材七年级上册〈生死不离〉歌唱教学为例》在《新课程评论》2022年第四期上发表。本课体现了"浸润式"教学的内涵、特征与实施策略，在课堂教学中以"乐学""深思"和"善行"为方向，通过情绪浸润、思维浸润和行动浸润，促进音乐课堂教学优化，让音乐学习走向深度。

（本实践课例由广东省惠州市第一中学谭京老师提供，有改动）

第四节　教学设计案例——拓展课程

音乐校本拓展课程的开设对于学生的个人发展具有积极影响，不仅提升了学生的音乐素养，也促进了学生综合素质的提升。校本课程往往结合学生的兴趣和特长进行设计，能够激发学生学习音乐的兴趣，提高学习的积极性和主动性。音乐校本课程的开发和实施允许学生根据自己的兴趣选择课程内容，有助于发展学生的个性特长，促进学生的全面发展。通过参与校本音乐课程，学生可以在实践中学习和掌握音乐的基本知识和技能，同时培养创新思维和实践能力。音乐校本课程还可以拓展学生的知识领域，使学生在学习音乐的同时，也能够接触到与之相关的文化和其他艺术形式。

《寻找生活中的音乐》教学设计

课型：以欣赏为主的综合课

版本：课外拓展课程

课时：1课时

教学对象：七年级

一、设计理念分析

通过对《永恒的水》的学习，学生接触"前卫"音乐、发掘生活音乐。引导学生关注生活中的新音色，同时感悟到"音乐就是生活，生活就是音乐"。扩展学生的音乐知识面，培养学生欣赏音乐的良好习惯，让学生置身于音乐的天地中去认识音乐、感受音乐；用音乐教育来培养学生多方面的情感和正确的道德观念与高尚的生活情操。

二、教材分析

《永恒的水》是华裔作曲家谭盾用自己发明并制作的半圆形透明水盆——水乐器所创作的一首协奏曲。作曲家结合杯子、管子等器皿及锣、水琴等乐器，将水本身作为打击乐器来探索水的各种声音。他巧妙地将水声与交响乐队演奏的纯朴、具有民族韵味的旋律相融合，呈现出如诗如画的意境。

英国 Stomp 乐队是一支来自生活和民间的乐队，他们能将任何可以发出声音的物品转化为乐器，通过对日常生活的创造性发现和对节奏的艺术敏感，扩展了对"乐器"的概念，拓宽了"艺术"的感知范围。这让我们感受到真正的艺术无处不在。

"先锋派"是音乐领域的术语，通常指二战后的新音乐。它主张标新立异，努力打破所有传统准则，是一种追求创新的音乐艺术思潮。先锋派作曲家尝试使用新的方法和材料创作音乐，并进入新的领域进行探索和实验。

三、学情分析

学生刚刚踏入初中生活，内心世界比较丰富，对各种事物都充满好奇心。他们不仅关注事物的外表形式，还注重对事物的分析和主观体验，能够对许多问题给出自己的见解。大多数学生的学习态度端正，因此教师应积极开展教育和教学工作，注重学生行为规范的教育，培养学生对音乐的兴趣，让他们喜欢并热爱音乐课程。

四、素养目标

（一）审美感知

（1）积极接受多元音乐文化，参与课堂中的艺术实践活动，学会与他人合作。

（2）通过即兴创编和探索，体验音乐带来的快乐。

（3）感悟"音乐就是生活，生活就是音乐"的内涵，激发对创作音乐的愿望。

（二）艺术表现

（1）通过聆听、欣赏、探究和创编，探索不同物品的演奏方式。

（2）尝试运用音乐的各个要素进行多声部创编和合奏。

（3）结合个人的感悟，对先锋派音乐作出评价和表达。

（三）创意实践

（1）初步掌握使用生活中物品进行即兴创编和演奏音乐的方法。

（2）尝试与他人合作，使用生活中的物品进行多声部音乐的合奏。

（四）文化理解

（1）理解音乐的基本要素，包括高低、长短、强弱和音色。

（2）了解先锋派音乐的特征，熟悉谭盾及其代表作《永恒的水》。

（3）欣赏英国 Stomp 乐队的演奏片段，拓宽音乐文化视野。

五、教学重点和难点

（一）教学重点

引导学生探究生活中物品的多种发声方式，培养他们对音乐创作的兴趣和能力；重点在于激发学生的创造力，让他们通过即兴编配多声部节奏，进行合奏练习。教师应重点关注学生对音乐创作的理解和运用能力的培养。

（二）教学难点

学生的积极参与和准确演奏创编的乐曲是教学的难点。教师需要鼓励学生主动参与探究活动，培养他们对音乐创作的自信心；同时，教师应提供有效的指导和反馈，帮助学生提高演奏技巧和合作能力。在创编乐曲方面，教师可以引导学生从简单的节奏开始，逐渐引入多声部的编配，以提高学生对音乐结构与和声的理解能力。

六、教学准备

多媒体教学设备、课件、打击乐器若干、脸盆、垃圾桶、水、筷子、杯子、椅子、算盘、啤酒瓶等。

七、教学设计实施

（一）组织教学，导入新课

1. 欣赏一则广告视频：啤酒瓶交响乐团

讨论：这则广告的创意在哪里？在这个视频中你注意到了什么？

小结：通过观赏啤酒瓶交响乐团广告视频，我们发现不同大小的啤酒瓶可以敲击出不同音高的声音，并编配有规律的节奏来形成旋律。不同的演奏方式使得啤酒瓶发出不同的音色。此外，音量的控制也能让生活中常见的啤酒瓶像乐器一样演奏出动听的音乐。

【设计意图】通过聆听、观察、探究和演奏等方式，学生了解了音的高低、长短、强弱及音色是音乐构成的基本要素。学生初步体验创编和演奏音乐的乐趣，感受到生活中到处都有音乐的存在。

2. 尝试演奏"水"

鼓励学生大胆尝试用手或老师提供的物品以各种方式演奏水，并注意结合音乐要素进行演奏。

讨论：

(1) 在同学们演奏水的过程中，你们发现了什么？

(2) 你认为谁的演奏最具创意？

（二）欣赏水乐协奏曲《永恒的水》片段

1. 欣赏谭盾创作的水乐协奏曲《永恒的水》片段

讨论：请分享一下你从谭盾作品《永恒的水》中得到了什么感悟和启发。

【设计意图】通过欣赏谭盾作品《永恒的水》，学生可以了解到即使是生活中必不可少的物品如水，只要用心发现，同样可以演奏出富有内涵的音乐。这将激发学生对创编音乐的兴趣，并感受到谭盾作品中自由洒脱的创作思想，学习他的创新品质。

2. 介绍谭盾

谭盾是著名作曲家、指挥家。2000年，谭盾为李安执导的电影《卧虎藏龙》配乐，该作品获得第73届奥斯卡金像奖最佳原创音乐奖。

3. 观看谭盾访谈视频片段

播放谭盾访谈的视频片段。学生通过观看该视频片段，对谭盾的作品有更加深入的了解。

（三）了解先锋派音乐

1. 简介先锋派音乐

先锋派音乐是指起源于 20 世纪 40 年代的西方国家的一种新音乐形式，它引领了音乐创作、表演和审美欣赏等方面的重大变革。先锋派音乐具有追求新颖独特、多元化和不确定性等特点。

2. 了解英国 Stomp 乐队

英国 Stomp 乐队成立于 1991 年，其名字"Stomp"意为"实物敲击"。这个乐队没有传统乐器，他们使用各种可以发出声音的物品来创造音乐。

3. 欣赏英国 Stomp 乐队用扫把、桶演奏的音乐片段

讨论：

（1）请分享一下你对先锋派音乐的看法。

（2）对比先锋派音乐和西方传统音乐，你发现了什么？

小结：对于先锋派音乐的看法因人而异，就像对谭盾作品的评价一样，有些人赞赏，有些人批评。然而，无论评价如何，先锋派音乐中的创新精神和勇于突破的品质都值得我们学习。

【设计意图】通过欣赏和对比先锋派音乐，教师鼓励学生客观评价这种现代音乐文化。同时，向作曲家们学习勇于创造和实践的精神，激励学生思考和探索更高层次的创作方向，以提升他们的创新意识和能力。

（四）寻找生活中的音乐

"乐器"选择：筷子、垃圾桶、椅子、算盘、杯子等。

（1）练习步骤：

① 根据不同物品的特征，尝试多种演奏方式，探究多样音色；

② 根据不同音色特点，合理编配有规律的节奏，并尝试演奏；

③ 6~8 人一组，鼓励多声部合奏。

（2）各组介绍、展示交流创编成果并评价。

（3）老师总结各组在探索声音及技法上的做法。

【设计意图】通过现场的亲身体验活动，学生感受先锋派音乐的特点及其价值，真正理解如何运用音乐基本要素来编织生活中的音乐，懂得与他人共同合作创编与表演，并能对现场的创编活动进行简单的评价。

（五）总结与延伸

学生在寻找生活中的音乐的活动中展现了创造力、合作精神和艺术表现能力，体验到了先锋派音乐的特点和价值，学会了如何利用音乐的基本要素来编织生活中的音乐，同时也培养了大家的创新意识和团队合作能力。通过对现场创编活动的评价，同学们能够更好地反思和提高自己的创作技巧和表现能力。

（六）教学评价（表8-5）

表8-5　学生课后自评表

水平	审美感知	艺术表现	文化理解	创意表达
一级	能参与课堂中的艺术实践活动，学会与他人合作	能进行简单的创编	能理解音乐的文化背景	使用生活中的物品进行简单创编
二级	能积极参与课堂中的各项艺术实践活动，学会与他人合作；感受即兴创编、探索带来的快乐	乐意探寻用生活中的物品进行演奏的方式，能结合音乐各要素尝试进行多声部创编与合奏	能认识到作品的风格特点和人文精神	使用生活中的物品进行简单创编，进行合奏
三级	能积极参与课堂中的各项艺术实践活动，学会与他人合作；感受即兴创编、探索带来的快乐。有创作音乐的愿望	乐意探寻用生活的物品进行演奏，能结合音乐各要素尝试进行多声部创编与合奏。能结合自身的感悟对先锋派音乐作出评价	能尊重文化的多样性，学习中华民族音乐	懂得使用生活中的物品即兴创编、演奏音乐的方法，尝试使用生活中的物品合作演奏多声部音乐

八、教学反思

在本次课堂中，我注重培养学生的审美感知、艺术表现、创意实践和文化理解能力。通过多元音乐文化的接触和参与艺术实践活动，学生积极地与他人合作，展现对多元音乐的接受和包容态度。他们通过即兴创编和探索，体验到音乐带来的快乐，并感悟到音乐与生活的紧密关系，激发了他们对创作音乐的愿望。

在艺术表现方面，学生通过聆听、欣赏、探究和创编，探索了不同物品的演奏方式，并尝试运用音乐的各个要素进行多声部创编和合奏。他们结合个人的感悟，对先锋派音乐做出了评价和表达，展现了对音乐的理解和个人见解。

在创意实践方面，学生初步掌握了使用生活中物品进行即兴创编和演奏音乐的方法。他们也尝试与他人合作，利用生活中的物品进行多声部音乐的合奏，培养了团队合作和协作能力。

在文化理解方面，学生理解了音乐的基本要素，并通过学习先锋派音乐的特征，熟悉了谭盾及其代表作《永恒的水》；还欣赏了英国 Stomp 乐队的演奏片段，拓宽了自己的音乐文化视野。

作为教师，我认为这次课堂取得了一定的成果。学生在音乐活动中表现出了积极性和创造力，他们的艺术表现得到了提升。然而，我也意识到在今后的教学中，需要更加注重学生的个性化发展，鼓励他们更多地表达自己的观点和创意。此外，我还需要不断丰富自己的音乐文化知识，以便更好地引导学生理解和欣赏音乐的多样性。

（本案例由广东省惠州市第一中学田家炳校区黄秀贤老师提供，有改动）

客家歌曲《月光光》教学实录

课型：唱歌课

版本：广东省惠州市第一中学田家炳校区校本教材

课时：1 课时

教学对象：八年级

一、设计理念分析

客家山歌是客家文化的重要载体，传承客家山歌对于保护客家文化具有重要意义。学校是培养人才的基地，学校的可持续发展离不开本土文化，将非遗文化客家山歌进行保护与传承，有利于学校本身的发展，促进本土音乐文化的生生不息，对于培养人才、促进人的全面发展具有重大的意义。让非遗文化进校园是保护和弘扬非遗文化的有效途径，对于培养青少年民族自豪感、认同感、责任感具有不可估量的意义，同时也是提升学生综合素质的有力举措。

在客家山歌传承中融入创客教育，学生们通过互动、交流和合作，综合习得多领域知识，实践体验优秀的客家山歌文化与智慧。而学生的潜能也被不断地激发出来，投入大量的时间和精力进行制作和创新。

二、教材分析

客家歌曲《月光光》，由曾龙城词曲，创作于 20 世纪 80 年代末，20 世纪 90 年代初开始流传，至今在国内外客家人聚集区广泛流行，深受海内外华人特别是客家人的喜爱。客家歌曲是中原文化与百越文化相融合的文化符号，具有浓郁的宗族印记、清新幽默的地方特色和鲜活明快的时代气息，因此具有极强的生命力，在岭南文化百花园中绽放光彩、芳香四溢。

《月光光》具备跨越时空的博爱与真情，非常朴实、直白。它简朴的表达却能长期流行，原因在于它蕴含着博大纯真的爱情。这首歌的情感可以概括为抒情形式大众化、抒情语言个性化和抒情境界理性化。

首先，抒情形式大众化是基于吸取了大量贺州客家民歌精华的基础上孕育而生的。其次，抒情语言个性化在追求艺术大众化的同时，也追求艺术语言的个性化。最后，抒情境界理性化追求的是艺术境界的理性化，既是对客家文化传统的继承，也是对客家文化符号的创新。这些文化元素的融合催生了一个新的文化情感符号，《月光光》已经不仅仅是一首歌，它成了母爱、童趣，乡情、亲情、友情、爱情的化身。它超越了族群和时空的界限，常常能打动人心，流露深情，在你、我和他的内心世界里洒满了银色的月光。

三、学情分析

经过七年级一年的学习，学生对初中音乐教学有了一定的了解。在本节课中，教师将教授本土音乐——客家歌曲，进一步加强学生对音乐知识的了解，拓展他们的音乐视野。学校八年级的大部分学生会讲客家话或者他们的父母会说客家话。因此，大多数学生可以用客家方言演唱客家歌曲。八年级学生喜欢音乐，音乐素质较好，喜欢唱歌，但倾向于流行音乐。我们需要正确引导学生，让他们对本土音乐有正确的认识。

四、素养目标

（一）审美感知

了解《月光光》的创作背景，感受歌曲传递的爱的情感，并对作品的风格有初步的感受。

（二）艺术表现

能够以自然松弛的方式有感情地演唱《月光光》。

（三）创意实践

学生将歌声与舞蹈相结合，进行情景表演，旨在引导学生了解客家文化，培养对客家歌曲的喜爱，并激发学生对客家风情的兴趣和热爱。

（四）文化理解

通过学习演唱客家歌曲《月光光》，学生可以激发自己对客家文化的热爱，理解客家人将情感寄托于歌曲中，表达对故乡和亲人浓浓的思念之情。

五、教学重点与难点

（一）教学重点

能够以自然松弛的方式有感情地演唱《月光光》，鼓励学生用方言演唱《月光光》。

（二）教学难点

能够理解歌词，对歌曲旋律、音准和节奏进行准确把握。教学方法有聆听感受法、演唱体验法、讨论互动法、实践活动参与法等。

六、教学准备

音响系统、多媒体体统、钢琴、表演服装和道具等。

七、教学设计实施

（一）导入

教师：今天我想给大家唱一首歌。

学生：（鼓掌欢呼）好啊，老师给我们唱歌！

教师声情并茂地演唱《落水天》，同学们给予热烈的掌声。

教师：谢谢同学们的掌声！刚才我唱的这首歌你们听过吗？

部分学生摇头表示没有听过。

教师：刚才我是用客家方言演唱的《落水天》。大家觉得这样的唱法是不是很特别？

课件展示：客家方言的分布。

教师：我们美丽的大惠州正位于粤东地区，所以这里的人大多会讲客家方言。为了让同学们更好地了解我们美丽的惠州，今天的课程以客家歌曲为主题，通过学唱客家歌曲来进一步了解我们的客家文化。

【设计意图】激发学生兴趣，引入新课。

（二）新课讲授

1. 了解客家文化

（1）客家人的起源：古时候，由于战乱，黄河流域的一部分汉族人为了避免战乱而迁徙至现在的江西、福建和广东等地区，并与当地的畲族等居民融合形成了客家人。"客家"一词指外来的人，相对于本地居民而言，这些南方流落的汉族人被称为客家人。

（2）客家建筑、客家服饰和客家美食的特点：请大家观察一下这些客家建筑和我们平常所见的有什么不同之处？为了防止外敌和野兽的侵袭，大多数客家人采取了聚族而居的方式，形成了围龙屋、走马楼、五凤楼、土围楼、四角楼等独特的建筑形式。其中，围龙屋是客家建筑文化的代表，保存最多，也最为著名。此外，客家人的传统服饰和美食也具有独特的特点。

（3）畲族人和中原汉族移民都有唱山歌的爱好，当主、客杂居在一起时，自然会以歌代言、以歌抒怀，彼此吸收对方歌唱的长处。久而久之，形成了独特的山歌——客家山歌。

下面我们就一起来学习一首经典的客家山歌《月光光》。

【设计意图】初步了解客家人的来历和客家风土人情的相关知识，为接下来学唱客家山歌做知识铺垫。

2. 了解客家歌曲《月光光》的创作背景

课件展示：客家歌曲《月光光》是由曾龙城创作的，他吸取了广西贺州客家民歌的精华，于 20 世纪 80 年代末创作完成，并从 20 世纪 90 年代初开始传唱。

　　教师：请问我们班上有多少人是客家人？请举手。（学生举手过半数以上）

　　教师：会唱客家歌曲的有多少人？请举手。（学生无人举手）

　　【设计意图】学生通过了解《月光光》的创作背景，可以更好地理解歌曲的创作来源和历史背景。教师通过调查提问，引发学生对学唱客家歌曲的兴趣。

　　3. 学唱客家歌曲《月光光》

　　（1）初次聆听《月光光》。

　　教师：现在我们一起来初次聆听《月光光》。

　　（学生们在聆听歌曲的同时思考以下问题。）

　　教师：这首曲子的节奏速度是怎样的？

　　学生：中等稍慢。

　　教师：这首曲子表达了怎样的情绪？它给你带来了什么样的联想？

　　学生：思乡的情绪……回忆海外游子儿时的情境……

　　【设计意图】通过初次聆听《月光光》，教师引导学生思考与歌曲相关的问题，帮助学生更好地感受歌曲所表达的情绪和音乐给予的联想，为接下来的演唱作好铺垫。

　　（2）教师范唱《月光光》。

　　教师再次范唱歌曲，让学生再次认真反复聆听，加深学生对旋律的记忆。

　　【设计意图】加强课堂师生互动，营造轻松的课堂氛围，加深学生对旋律的熟悉。

　　（3）学习歌词。

　　① 朗读歌词。（学生大声齐读歌词）

　　② 理解歌词。（学习歌曲客家方言字意）

　　阿姆：妈妈。

　　阿公：爷爷。

　　从细：从小。

　　南洋：明、清对东南亚一带的称呼，是以中国为中心的一个概念。

　　③ 歌词相关知识拓展。

　　衬词：在民歌的歌词中，除直接表现歌曲思想内容的正词外，为完整表现歌曲而穿插的一些由语气词、形声词、谐音词或称谓构成的衬托性词语。

衬词大都与正词没有直接关联，不属于正词基本句式之内，甚至很多还是无意可解的词语，但一经和正词配曲歌唱，成为一首完整的歌曲时，衬词就表现出鲜明的情感，成为整个歌曲不可分割的有机组成部分。

衬词作用：表现情感、加强歌唱语气。

《月光光》衬词：呀、就、个。

【设计意图】教师教会学生理解歌曲，尽量用方言演唱，更有利于学生感受歌曲特有的韵味。在演唱地方民歌的过程中，使用普通话演唱与方言演唱之间存在着较大的差异，会产生不同的韵味。

（4）学习《月光光》的难点节奏：附点、前八后十六、切分节奏型。

【设计意图】把歌曲中的节奏抽出来单独学习，可以让学生更好地唱好歌曲。

（5）学唱前练声。

要求：口鼻同时吸气，收小腹。在气息控制下，逐步扩展高音；运用不同的力度、音色、速度表现。

（6）学唱歌曲。

① 学唱歌曲第一段。

教师先用"lu"带唱简谱，然后学生跟琴唱第一段；要关注学生音准和演唱位置。

【设计意图】用"lu"哼唱旋律，既能统一歌唱状态达到练声目的，又便于掌握旋律。把握第一段的音准、节奏，学习巩固用正确的状态演唱歌曲。

② 学唱第二段。

教师：第二段和第一段的旋律是一样的，什么是不一样的？

教生：歌词。

学生跟伴奏学唱第二段。

【设计意图】继续熟练歌曲，旋律相同、歌词不同，引导学生根据歌词表达情感。

（7）完整展现。

① 与钢琴伴奏配合。

② 回顾演唱要求，准备完整演唱。

③ 完整演唱歌曲，教师伴奏。

④ 演唱形式：第一段女声演唱，邀请一位同学有感情地念独白；第二段男声演唱；最后男女一起演唱高潮部分，结束全曲。

【设计意图】对前面所学的回顾与过程性评价，能配合钢琴伴奏完整演唱歌曲。

（8）教师点评。

教师：同学们表现得很棒！男女生分开唱的时候，老师可以听出女声的柔美和深情，也听到了男声的沉稳和厚重感。大家演唱得很有感情，齐唱的高潮部分更是把歌曲的思乡情感演绎得淋漓尽致。特别表扬念独白的同学，有了你全情投入的独白才能让整首歌曲的表演衔接得这么自然。下面，请继续欣赏我们班的 4 位同学为大家精心准备的情景表演，大家掌声欢迎。

（9）情景表演（课前已让学生准备）。

一位同学演唱（第一段由一位学生演唱，第二段全班同学一起唱）；一位同学念独白朗诵；伴舞为一位同学扮演妈妈，一位同学扮演女儿。

【设计意图】教师引导学生将歌声与舞蹈相结合，视觉与听觉相结合，更有利于学生对音乐风格的理解和把握。

（三）情感升华

教师：《月光光》有着跨越时空的博爱与真情，非常朴实、直白。它如此之简朴，却能够长期的流行，原因全在一个"情"字，因为它具有博大纯真的爱情。它流淌在我们心中，人们在歌声中传递着爱的能量，传颂着爱的诗篇。我们祖国有很多优秀的地方歌曲，希望同学们课后能多学习这些歌曲，传承我们祖国的优秀文化。

【设计意图】对本课内容进行升华。

（四）教学评价

1. 整体评价

学生基本上能按照客家歌曲的风格演唱《月光光》；对于歌曲传递的"爱"的情感，能有一定的表达。

2. 演唱环节

学生都能大声地演唱。通过练声环节的练习，大部分女生能用自然松弛的声音来演唱；而初中的男生都处于生理发育的变声阶段，声音听起来不是那么的悦耳和谐，个别男生在音准方面还有待提高。

3. 课堂讨论环节

虽然没能调动全部学生都进行热烈讨论，但个别小组的讨论给出的答案还是比较准确的。

4. 歌曲节奏学习环节

大部分学生都能精准打拍，但个别学生对该节奏类型还不太熟悉，所以有点打不准。针对这种情况，接下来的教学，要加强节奏的练习。

5. 学习歌曲相关知识环节

通过对客家文化和歌曲创作背景的讲解，以及学生歌声与舞蹈相结合的情景表演，学生表现对客家歌曲的喜爱之情，达到了激发学生对客家文化兴趣和热爱的教学目的。

八、教学反思

（一）教学优点

1. 选材有特色

本节课以惠州本地的客家文化为选材，是典型的乡土文化校本教学。这样的乡土文化教学，可以引导学生了解客家文化，促进其喜爱客家山歌，激发学生对客家风情的兴趣和热爱之情，进而让学生产生传承我国优秀传统文化的使命感。

2. 选曲够经典

教师导入时演唱的经典客家民谣《落水天》是客家话"下雨天"的意思。这首歌文字精巧，音调质朴，寥寥数语就勾画天水茫茫。无情的落雨纷然而下，奈何家贫，孩童即便是"湿了衣来又无伞"，也要出门去的情境。《落水天》是一首反映旧社会凄惨的典型客家民谣，但由于它讲述的情境和表达的意境都与现在的初中生的生活相去太远，所以教师选取它做导入，只为引起学生的兴趣。而教学选用的则是表达意境积极向上、描述情境贴合学生实际的经典客家童谣《月光光》。该歌曲在国内外客家地区广泛流行，深受海内外华人特别是客家人的喜爱。《月光光》有着跨越时空的博爱与真情，非常朴实、直白。它具有三大特点：抒情形式大众化、抒情语言个性化、抒情境界理性化，催生了一个新的文化情感符号，成了"博大圣洁的母爱，天真无邪的童趣，纯洁朴实的乡情、亲情、友情、爱情"的化身，具有超越族群、超越时空的亲和力,因此它常能扣人心弦,催人泪下,无论何时何地,它的旋律都给听众带来深情的爱,在你、我、他的内心世界里洒满银色的月光。

3. 教学有成果

这节课在课堂上呈现完整的合作效果,与钢琴伴奏配合,达到教师要求的演唱形式:第一段女声演唱,并邀请一位同学有感情地念独白;第二段男声演唱;最后男女一起演唱高潮部分,结束全曲。这充分体现学生们的学有所成。

而课前让学生精心准备的情景表演:一位同学演唱(第一段由一位学生演唱,第二段全班同学一起唱);一位同学念独白朗诵;伴舞为一位同学扮演妈妈,一位同学扮演女儿。声情并茂的演唱加上客家女扮装的伴舞,让人身临其境,对作品的感受又加深了一层。同时,说明教师充分了解班级学情,充分利用了学生们的特长,利用课堂搭建舞台,既给全体学生展现学习成果的机会,又给予了个别学生更多的才艺表现机会,实现了点面的有效结合。

(二)存在问题

1. 歌曲鉴赏讨论环节师生互动不足

原因主要有以下三点:一是担心课堂时间不够,教师不敢让学生过于自由地充分讨论;二是公开课课堂,学生表现有点拘束,放不开;三是教师引导和语言激励程度不够。这需要教师以后在进行课堂教学设计时,应留足学生的讨论时间,并加强语言激励调动课堂氛围。

2. 教师的课堂语言组织不够游刃有余

其他相关知识讲解与歌曲本身知识讲授的衔接过程中,教师的语言过渡略为生硬。这需要教师以后在课前作好过渡语的斟酌,让专业知识与其他知识之间的衔接用语更加连贯。

好的教学只有在实践中才能得到提升,本人将会积极参与更多的教学培训、教学技能竞赛,不断提升自身的教育教学水平。

(本案例由广东省惠州市第一中学田家炳校区黄秀贤老师提供,有改动)

第九章　教学反思案例

第一节　教学反思案例
——"广东省中小学百千万"公众号专栏发表

以教育家精神为引领，行走在成为教育家的路上
——等待，是教育，更是一种智慧

　　教育，是培养学生全面发展和塑造未来的关键。教育家精神犹如引路灯塔，发出灿烂之光。习近平总书记发出关于大力弘扬教育家精神的伟大号召，是时代的召唤，更是未来的召唤。作为广东省"百千万人才培养工程"初中文科名教师培养对象，我们肩负着引领学生音乐之路的使命。在这个充满挑战和机遇的时代，我们要以教育家精神为引领，在成为名师的路上努力前行。

　　跟随教育家精神的引领，我领悟了音乐教育不仅要传递音乐知识，还要在音乐教育的过程中激发学生的情感，从而培养其良好品德。因此，音乐教育不仅包括技巧的教学，还培养学生审美意识、情感表达和人文素养的重要途径。我们要像教育家一样，注重培养学生的情感智慧，引导他们通过音乐感受生活、思考人生。

　　我想分享的主题是：等待，是教育，更是一种智慧。教育是教师和学生一段共度的生命历程。在这个历程中，等待，是一种爱，更是一种智慧。等待，不是不为，也不是无为，而是站在学生的立场顺应而为，教师要用耐心的爱陪伴学生共历生命成长。

教育家精神要求我们关注学生的情感和心理健康。音乐是情感的载体和纽带，它能够温暖心灵、净化心灵。我们要像教育家一样，关心学生的情感需求，通过音乐让他们找到情感寄托和宣泄途径。在表演和创作中，我们要鼓励学生自由表达自己的情感和思想，从而构建现实世界之外独特的音乐艺术世界，这为解决当前备受社会关注的青少年心理健康问题提供有效途径。

就过往的教育经历而言，某届初二（18）班的音乐课堂都是记忆和课堂教学成果中的闪光点。这是一个拥有极其活跃思维，充足课堂参与感，服从课堂纪律且尊敬老师的优秀班集体。某次音乐课中，班上的思齐和翊方同学展示四手联弹，演奏后，我邀请其他同学进行点评。学生的点评大概总结为两人的基本功都很扎实，但是配合不够默契，声音的平衡度不是很好。我肯定了同学们的评价，同时大家一起用掌声鼓励了思齐和翊方。此时，翊方小声对我说："老师，我们两个可以回家再录一次吗？因为对这架钢琴不是很熟悉，谱子也没有背下来。我们两个去练好之后，重新录了发给您，您在下次课上放给大家看。""可以的，没问题，期待你们的作品！"

第二天中午，我便收到了翊方妈妈发来的视频。视频中，两个孩子穿着漂亮的演出服，一起轻盈地走向钢琴，坐稳后，深情投入地演奏着《克罗地亚狂想曲》。孩子们通过展示、评价，认识到问题，从而进行改进，得到进步，这就是我想要看到的。从每一个真实的教学细节中，我能够真真切切地感受到学生的彬彬有礼，感受到他们的团结一致、阳光大方、积极向上。所以，我只需要给予肯定与鼓励、引导与支持，带着他们遨游在音乐的海洋中，陪着他们一起成长、一起快乐、一起进步。同学之间，是需要相互学习、相互鼓励、相互支持的。晚上，我给翊方妈妈留言，请她转达给孩子："这次的演奏进步很大，演奏也很流畅和完整。但是，老师觉得你们可以做得更好。以下是谭老师给你们的一些建议：两个人的强弱、演奏时候的交流还要加强，不能只是把曲子完整演奏完，要把曲子需要表达的情绪通过你们两个人的演奏传达给听众。你们要把听众带到饱受战火洗礼之后的克罗地亚，夕阳倒映在血泊和尘埃之中的悲惨场景。用你们的演奏把激昂高亢却不失稳重的情绪、对自己的民族的热爱和依恋的情感表达出来，这样你们就会更棒了！老师期待能再次收到你们更精彩的合作作品！"事后，根据家长的反馈，两位同学都对此评价给予了极其正向的反馈，在此后的音乐课堂中更加积极展示，并带动其他同学展示自己的才华。这个学期末，几乎所有同学都对音乐课给予了正向反馈评价，表示音乐课堂为他们提供了极大的、积极的情绪价值，成为调节学习生活的重要部分。

每个孩子都有自己的起点，每个孩子都有自己的心灵追求，每个孩子都需要肯定和鼓励，即使他们已经很优秀了，他们还想变得更加优秀，想让自己的表现更加完美，还想把最精彩的表演展示给自己亲爱的同学们。所以，教师要学会一种教育艺术——等待。

等待也是一种爱，等待更是一种智慧，它需要教师站在学生的立场，把学生看作一群活生生的孩子，感受和理解学生之行，恰当的评价、善意的点拨、真诚的激励，让学生的人生在等待和期待中绽放美丽！

成为音乐教育家，是一项充满挑战和乐趣的事业。我们要以教育家精神为引领，关注学生的全面发展和情感需求，探索并研究最新的音乐教育理念和方法。以身作则，成为学生的榜样，引领他们走向音乐之美。愿我们在这个伟大的使命中，不断前行，为音乐教育事业贡献自己毕生力量！

（此文于 2024 年 1 月 11 日在"广东省中小学百千万"微信公众号专栏"与百千万同行·名师说"发布。有改动）

用爱呵护每一个向善尚美的心灵

孩子的心灵是敏感而脆弱的，他们需要教师用真诚的心、欣赏的心去唤醒和呵护。在教育的环境中，教师的一个眼神、一个手势，甚至是一句不经意的话，都可以在孩子的内心掀起涟漪。

每次上初一（15）班的音乐课，第一个进入教室的总是戴眼镜的小凡。他一进来就会坐到钢琴前，用右手的食指弹奏。旋律时断时续、有些生涩。我走到钢琴前面，教他正确的演奏技巧，并示范了他想学的《大鱼》旋律。他观察得十分认真，我演奏完毕后，他立刻开始练习。上课铃声响起时，他依依不舍地离开钢琴，回到座位上。下课后，他迅速走到钢琴边开始练习。连续几周，他总是最早到，下课后也迟迟不愿离开音乐教室。到了第五周，他兴高采烈地对我说："谭老师，我练会了《大鱼》！"我鼓励他说："太好了，那你来给我演奏一下吧！"他看起来有些兴奋，但也带着一丝羞涩，坐在钢琴前，双手放在键盘上，用心地弹奏整首曲子。"虽然还有些不连贯，但整体来看还是不错的！你家里有钢琴吗？""没有，只有电子琴。""你很喜欢弹琴对吗？""是的！""那你为什么不去找老师学习呢？""我没有太多时间学，学习文化课需要花费很多时间。我只能周末在家里弹弹电子琴。"

"小凡，只要坚持，你的弹奏一定会越来越好！喜欢就要坚持，不要轻易放弃自己的爱好！"这个孩子能够为自己的兴趣而坚持，并且不会因为班上其他同学的钢琴水平很高而退缩，这让我看到了他内心的坚强。是的，每一个向上的童心都值得我们精心呵护和滋养。

教育是一门艺术，其目的在于使人向上发展。孩子的心灵是敏感的，教师应该成为孩子生命中的导航者，用心去发现每个孩子内心深处那颗向上的心灵，让他们热爱美丽、追求美丽，最终创造美丽！关注学生的内心，用爱培育爱、用爱塑造爱，让孩子的心灵在温暖的环境中向上成长。

（此文于 2023 年 9 月 22 日在"广东省中小学百千万"微信公众号专栏"耕耘教坛 强国有我"发布。有改动）

第二节　教学反思案例——润泽成长

成长小舞台，发展大空间

题记：

有舞台就有支点，能撬动成长的地球；给学生一个舞台，就是给学生一片成长的天地。好老师，都是学生成长舞台的设计者与创造者。

——谭 京

上周，我给几个班级布置了举办班级音乐会的任务。首先，我挑选了一个主持人，并向他们介绍了相关任务和具体要求。主持人的职责包括征集和收集节目、安排节目顺序、撰写主持稿，同时还需要安排音响师和组织纪律及后勤工作人员。主持人可以根据需要选择助手来协助完成这些工作。

在周一上课之前，我开始思考这些孩子能否顺利完成任务。这是我第一次将班级音乐会的全部责任交给他们。在学期开始时，这些事情都是由我一一安排的。现在是第二个学期，我想培养孩子们独立组织、策划和主持活动的能力，所以我决定放手让他们尝试。

经过一周的努力，各个班级的整体效果非常不错。孩子们做得有条不紊，特别是三班的小主持人还准备了手写稿，尽管有些凌乱，但可以看出她们的用心。每个节目都很好地连接了起来。其他几个班级虽然没有写主持稿，但他们表示可以即兴主持，这让我很放心。即兴表现的小主持人们表现得也相当出色。虽然音响师和后勤组的配合略有不完美，但对于初中一年级的孩子们来说，已经非常不错了。

在音乐会上，我会与学生们一起坐在一起，欣赏演出，并鼓掌、高声喝彩。我会适时地要求学生们进行评价，评选最精准和精彩的演出者。评价并不是盲目的，因为盲目的评价可能会影响学生的审美观。我们进行有理有据的评价，通过评价发现问题，进一步激发他们努力、认真学习乐器、声乐或舞蹈的决心。

有些同学上台后会非常紧张，全身冒汗、手脚冰冷。这时，全班同学会一次次热烈鼓掌，鼓励这些同学不要害怕。有一位弹古筝的女孩和一位弹琵琶的女孩，在演奏过程中几次因紧张停顿下来。我走过去握住她们的手，她们的小手冰凉而湿润，还在颤抖。我揉搓着她们的手，轻声说："没关系，不要紧张，紧张会让手变得僵硬，影响正常的表现。你们要放松，什么都别想，沉浸在音乐中！"在我的鼓励和同学们的支持下，她们克服了紧张，完整地演绎了她们准备的曲目。

这时，我借机问全班同学："孩子们，导致演出水平失常的主要原因是什么呢？"他们回答："紧张！"我说："是的，紧张会严重阻碍你们的正常发挥。"学生们纷纷分享了自己的经历，有人说考试时也会紧张，一紧张脑子就一片空白，有人说在公众场合发言也会感到紧张。我告诉他们，紧张是正常的生理反应，几乎每个人在某种程度上都会经历紧张。但是，我们可以通过一些技巧来控制和减轻紧张感。

首先，深呼吸是一个有效的放松技巧。当我们感到紧张时，停下来，深吸一口气，然后缓慢地呼气。重复几次这个过程，可以帮助我们放松身心，减弱紧张感。

其次，积极的心理暗示也很重要。告诉自己有能力作好，相信自己的才能。培养自信心，相信自己可以克服紧张，展现最好的一面。

另外，充分的准备也是减弱紧张感的关键。熟悉自己的表演或演讲内容，多次排练，增加自己的信心。在排练中，可以模拟公众场合的情景，逐渐适应和克服紧张感。

最后，记住大家是一个集体，不必过分担心他人的评价。班级音乐会是一个展示自己才艺的机会，大家都在为我们加油和支持的。即使出现小的失误或紧张，也不要放弃，要坚持到底，尽力展现自己的努力和才华。

总体来说，班级音乐会是一个培养学生独立组织、策划和表演能力的好机会。通过这样的活动，学生们可以学会面对挑战、克服紧张和展现自己的才艺。我鼓励他们勇敢尝试，相信他们会有出色的表现。

浸养日记，缩短了师生之间的心灵距离

题记：

浸养日记，就像是架在师生之间的桥梁，缩短了师生之间的心灵距离，唤醒了学生的自我意识，促使学生更好地自主学习音乐。

——谭　京

师生之间的心理距离指在教育教学中，教师和学生之间心灵关系的远近。教学是师生共同参与的活动，师生之间的交流与沟通直接影响着教学质量的高低。记录成长的日记，尤其是生动且富有启发的教学日记，可以进一步缩短与学生之间的心灵距离，让学生更加信任老师，更加热爱课堂学习。

自开学以来，我的微信公众号开始记录班级各种成长故事，我发现孩子们更加喜欢音乐课了，也更愿意与老师交流和分享自己的进步了。每次与老师交流，他们都怀着期待，期待老师分享的"日记"。

今天，我要分享的是初一（18）班的故事。

每当我想起18班的孩子们，想到他们可爱的模样，就不禁感到特别幸福。

上午第三节课下课铃一响起，18班的孩子们就陆续涌进了教室。最先冲进来的是在上周音乐课上表演四手联弹的两个姑娘——翊方和思齐。

"老师，今天能给大家播放我们的表演视频吗？"

"当然可以啦，你们弹得那么好，一定要播放！"

"太好了，老师，需要我们帮您吗？您是要在公众号上播放还是用手机

播放?"

"我会把视频传到电脑上，这样其他班的同学也可以欣赏你们的演出！"

"真的吗？老师您真好！老师，我们有个小小的请求可以吗？"

"可以的，你们表现得这么好，只要不过分，老师都会答应。"

"能给我们加分吗?"

加分是 18 班设立的奖惩规则，是对学生的一种激励政策。我先去征询了 18 班班主任的意见。班主任回复说可以加分，还要我在班上宣布加分的理由，这样可以激发和引导孩子们更加努力。班主任还告诉我，关于课后留下来帮我整理打扫教室的同学，每天有固定的值日生负责，不需要额外的奖励。

上课铃响了，师生们问候之后，我首先宣布给翊方和思齐各加 3 分，这两个孩子高兴地跳起来击掌庆祝。全班响起了热烈的掌声，伴随着羡慕的表情。"特别优秀的同学们，只要你们在才艺表演和课堂互动方面表现出色，以后都可以加分，所以你们不要羡慕嫉妒，要争取自己也能做到！"

接着，我想考验一下他们。我说："上两周帮我整理和打扫教室的同学，我很感谢你们，我想给你们每个人加 1 分。"

立刻就有同学站起来，摇着双手："老师，不用加分，这是我们应该做的事情。不能用来作为额外的奖励。""是的，是的，老师，您不能加分，这样显得我们动机不纯了！"

我开心地笑了，居然都没有中我的圈套啊！

不投机、讲奉献、爱分享、懂礼貌、守规矩……孩子们的这些好习惯，将让他们受益终身。愿初一（18）班能一直保持着这样的班风。他们——将前途无量。

首先我们一起欣赏翊方和思齐的四手联弹视频，真是太快乐了！当孩子们看到她们俩笑场的瞬间，他们哈哈大笑起来；当看到她们俩做剪刀手动作时，他们的笑容更加灿烂，伴随着雷鸣般的掌声；在音乐流淌的瞬间，我们跟随着旋律进入美妙的世界，孩子们脸上露出甜美的微笑，身体随着音乐轻轻摇摆。这就是快乐的分享，这就是快乐在师生之间传递。

接着轮到叶翔宇同学表演吉他弹唱《隐形的翅膀》。我帮他摆好凳子，同学们帮他举着话筒。他小声对我说："老师，能请一个同学陪我一起唱吗？我唱歌还没有练好。"我问同学们："有没有谁会唱这首歌？上来和他一起合唱。"放眼望去，大家都摇头。

"没人会唱，我和你一起唱可以吗?"

"当然可以，谢谢老师!"

翔宇弹着吉他，我们一起唱起《隐形的翅膀》。这是师生第一次合作，虽然默契度不是很高，但效果还是不错的。

他演奏完毕，我趁机向孩子们再次强调学习一门乐器的好处，学吉他容易上手，乐器也方便携带，学习累了可以弹唱一下，多么美妙!

我的音乐课堂总是特别轻松，因为我不让师生之间产生距离感。没有距离感并不意味着没有规矩，也不意味着随意，而是师生心灵间的相通，在"教"与"学"中建立起的信任，是师生互相尊重的实践结果。

我坚持写教学日记，记录学生的成长故事，与他们进行心灵上的沟通，这使学生们敞开了心扉，拉近了师生之间的心理距离，也可以激发他们学习的热情和动力。我记录了孩子们的成长历程，也见证了他们的努力和进步，让他们感受到自己的价值和重要性。这种心灵上的联系和互动，将成为教育教学中不可或缺的一部分，让教育更加温暖、生动和有意义，最终赢得了孩子们的爱和尊重。这是在探索美育的过程中，又一个具有重要实践意义的浸润成长典型案例。

让关爱、尊重、鼓励，陪伴孩子健康成长

题记:

父母是孩子人生的领路人，应给予孩子"无限耐心的爱"，让关爱、尊重、鼓励陪伴孩子健康成长。

——谭　京

昨天在电梯里，一家三口进来了，一位奶奶带着两个小孩。一个大约一两岁，另一个看起来上小学了。上小学的女孩手上拿着一张纸。奶奶问她:"你抓着什么东西? 当宝贝一样!"女孩怯怯地看了她一眼，没有说话，只是紧紧抓着那张纸。奶奶又问了一遍。女孩轻声说:"是老师发的，要我们拿回家让家长签名。"奶奶一把抢过来:"燃气排查注意事项! 学校有病吧，这些东西也要你们拿回来签名，跟你们小孩子有什么关系呀，燃气排查也轮不到你们来管呀! 神经病!"

女孩想要说话，但话到嘴边又被咽了下去。这时电梯门开了，奶奶大声

叱喝："到了到了，快出去！这个不用签了，直接扔到垃圾桶就行了！"

当时，我真想说些什么，但还没轮到我开口，电梯已经到达他们要去的楼层。也许这只是个别现象，但却透露出家庭教育中一些隐性问题。虽然这些问题看似微小，但却有着深远的影响。

现在几乎做任何事情都要求持证上岗，唯独为人父母却没有这样的要求。作为父母，我们是否具备做父母的资格呢？当孩子出现问题时，家长往往会说："我为孩子付出了一切，为什么他会变成这样？"伤心、无奈、痛苦的背后其实是一种责怪心态，深入思考一下会发现，我们更应该责怪的是自己。

就像我在电梯里遇到的那件事情，作为合格的家长，我们是否可以这样说："哦，是关于燃气安全的，这是非常重要的事情，我们确实要从小就要注意这些安全问题。在学校老师讲到这些安全问题时，你要记住，回来再分享给我好吗？"这样一来，既能教会孩子尊重老师，同时也能让孩子主动关注安全问题，孩子也会具备保护家庭安全的责任感。

无条件的爱，才能培养出自由的孩子；自律又幸福的家庭，才能培养出积极向上的孩子。

几天前的"三八妇女节"，女儿萱萱送给我一份神秘礼物：一封写给妈妈的"情书"。

今天是 2022 年 3 月 8 日，想给我最好的妈妈写一封情书，或者可以称之为感谢信。感谢您一直以来对我的关爱和支持。妈妈，您总是在我需要的时候给予我温暖的拥抱和鼓励的话语。您不仅是我的妈妈，还是我的朋友和导师，教会了我勇敢、坚强和善良。每当我遇到困难或挫折时，您总是站在我的身边，给我力量和支持。您相信我，鼓励我追求自己的梦想，并且从不限制我的发展。您给我自由去探索世界，去学习和成长。您给了我无限的爱，让我感到安全和幸福。

妈妈，我知道您为了我付出了很多。您放弃了自己的个人时间和兴趣，把我放在首位。您为我做饭、洗衣服、帮我整理房间，无微不至地照顾我。您为我提供最好的教育和机会，让我能够享受到更多的知识和经验。您总是在我的身边，给我指导和建议，帮助我更好地成长和进步。

妈妈，我也知道您有自己的需要和梦想。有时候，我可能会不懂事，没有意识到您的付出和需要。但是，我希望您知道，我爱您！我会尽力做一个好孩子，让您骄傲。我会努力学习，成为一个优秀的人，为您带来荣耀。

妈妈，谢谢您给予我的一切。我深深地感激您的爱和奉献。无论将来发生什么，我永远都会爱您、尊重您、支持您。请接受我对您的深深祝福和爱意。

爱您的女儿：萱萱

看到这封情书，我感到无比幸福和感动。这封情书不仅是对我个人的表达，也是对我的家庭教育的肯定和回报。这是因为我一直以来都秉持着关爱、尊重和鼓励的原则来教育孩子，给予她无限的爱和自由。我尊重她的个性和兴趣，鼓励她追求自己的梦想，并且给予她支持和指导。我相信她的能力和潜力。这样的教育方式让她感受到家庭的温暖和幸福，也培养了她的自信和积极向上的人生态度。

作为父母，我们应该从孩子的角度出发，给予他们足够的关爱、尊重和鼓励。我们要给予他们自由去探索和学习，让他们从失败中学习、从挫折中成长。我们要成为他们的引路人，帮助他们建立正确的价值观和人生观。我们要给予他们信任和支持，让他们相信自己的能力，追求自己的梦想。

家庭教育是一个长期而复杂的过程，没有捷径可走。但是，只要我们始终坚持以爱为基础，以关爱、尊重、鼓励陪伴孩子，他们就可以健康成长。

让理解与激励陪伴学生的心愿成长

题记：

每个人都怀揣着自己的心愿。作为一名教师，我的心愿非常简单，那就是成为一位全心全意教学的老师，用我无私的爱和辛勤的付出，浇灌学生内心的美好，帮助他们实现美丽的人生。

——谭　京

小时候，我曾听老人讲述过一个传说：只要对着流星虔诚地许下心愿，流星就会实现我们的愿望。作为一名教师，我最大的心愿就是看到每一个学生的梦想成真。

本周，学校开始全面展开社团活动，其中合唱团的排练时间安排在周五的 16：20—18：00。开学的第一周，就有学生迫不及待地问道："老师，合唱团什么时候开始排练呢？我们好想念排练的日子。"我告诉他们要等待学校的安排，我会在群里及时通知他们。然而，孩子们并没有消停下来，每次见到我都会追问。

为了深入推进"双减"工作，培养学生的兴趣爱好，发展他们的个性特长，全面提升学生的综合素养和学校的教育教学质量，为学生健康、全面、和谐发展奠定基础，办一所让人民满意的学校，学校根据实际情况调整了本学期课后托管服务的内容和形式。课后托管服务包括"健体运动"、校本课程中的"综合素养提升活动"及"作业辅导"。此外，除了民乐团、合唱团和舞蹈队，还增设了英语戏剧社、航天社、名作欣赏社、演讲与朗诵社、悦画悦美社、陶艺社、跳绳、毽子、乒乓球、足球、羽毛球、篮球和编程等多样化的社团活动。学生可以根据自己的兴趣爱好，选择一个社团参与其中。

周二，合唱团的团长嘉慧来到我的办公室。她低着头，脸红如花，小声地说道："老师，我有件事想和您谈谈。"我觉得有些不对劲，因为嘉慧平时的性格可不是这样的。于是我站起身来，握住她的手问道："说吧，有什么事情？"嘉慧犹豫了一下，然后说道："老师，我想退出合唱团。"听到团长要退团，我感到非常惊讶，这样的情况在这些年来还是第一次出现。我问她发生了什么事情，为什么要退团。嘉慧抬起头，眼睛闪烁着对太空的渴望，她说："学校规定每个人只能选择一个社团，如果我加入了合唱团，就不能再加入其他社团了。但是我想加入航天社，而学校的航天社正是在我向您提出申请后批准成立的。我的梦想是成为一名航天员，我一直都对太空充满了无限的向往和热爱。我知道合唱团是一个很好的机会，但是如果我错过了航天社，我可能会后悔一辈子。"听完嘉慧的诉说，我感受到了她内心的纠结和困惑。作为一个教师，我理解每个学生都有自己的兴趣和梦想，我希望能够帮助他们实现自己的愿望。

我静静地看着嘉慧，思考着如何回应她。最终，我轻轻地握住嘉慧的手说道："嘉慧，我理解你的选择和困惑。作为一名教师，我希望看到每个学生都能追寻自己的梦想，并为之努力奋斗。航天社是一个很好的机会，如果你对航天充满热爱，那我鼓励你去追求。合唱团也是一个特别的团体，它能够培养你的音乐才能和团队合作精神。但是最重要的是，你要明白自己的选择，并为之负责。我支持你的决定，无论你选择加入哪个社团，我都会一直支持你，帮助你实现梦想。"

嘉慧听完我的话，眼中闪过一丝感动，她紧紧地握住我的手，轻声说道：

"谢谢您，谭老师。我知道我可以在您的支持下，勇敢地追求自己的梦想。"

从那天起，我决定为每一个学生的梦想付出更多的努力。我组织了一次班会，让每个学生都有机会分享自己的梦想，并鼓励他们追求自己的目标。我也主动与其他社团的负责人进行沟通，希望能够为学生提供更多选择的机会，让他们能够在自己喜欢的领域发展。

在接下来的日子里，学校做出了相应的调整，允许学生选择多个社团参加，以满足他们的多样化需求。嘉慧最终选择了加入航天社，并且兼顾参加合唱团的排练。她展现了出色的才能和领导力，在航天社的活动中取得了显著的成绩；同时，她也在合唱团中发挥着重要的作用，带领着团队一起努力，为学校的音乐节做准备。

看着嘉慧在航天社和合唱团中充满活力地奋斗，我感到由衷的高兴和骄傲。每个学生都有自己的梦想，作为一名教师，我愿意成为他们实现梦想的引路人。我的支持和鼓励激发了学生的潜能，帮助他们在追求梦想的道路上茁壮成长。

是的！在每个孩子的内心深处，都会孕育着一个小小的种子，它努力地生根发芽，直至绽放成美丽的花朵。而作为教师，我的心愿就是陪伴、支持、激励、理解并滋养学生心愿的嫩芽，让它们在温暖的爱抚下茁壮成长，耐心地等待着美丽人生绽放的那个瞬间。

第三节　教学反思案例——音为有爱

让感恩成为一种习惯

题记：

感恩是一种修养，一种品质，更是一种力量。只有懂得感恩，我们才能怀有美好的心态，以真挚温暖的心面对世界。生活并不容易，若我们常怀感恩之心，温柔地对待每一个与我们相遇的人，那么人生将变得更加美丽。

——谭　京

　　昨晚我做了一个梦，梦醒时好像依稀记得梦里的内容，但起床后突然变得模糊起来，只记得我对我的老师说了 3 个感激的词语，最后一个词语是"感恩"。在梦中，我对这个"恩"字进行了拆解，发现"恩"字上面是一个"口"字，里面有个"大"字，下面是"心"字，意味着我们要"大声用口说出心中的真诚"。哈哈，我居然在梦里还在拆字，还学到了新的知识。

　　这是我梦中的拆解，究竟是怎样的意思呢？突然想起之前在看《二十个人》时，读到了《甲骨宗师董作宾》这篇文章。我一直想买《说文解字》和《殷历谱》这两套书，但因为忙碌而忘记了。既然没有书，我先在网络上搜索一下吧。"恩"，最早见于甲骨文，其本义是"好处"，即《说文解字》所谓的"惠也"，引申指情义、厚待、感激等。甲骨文中的"恩"字由上部的"因"（表音）和下部的"心"（表明"恩"字与心理活动有关）组成。其中的"因"字是个会意字，表示一个人摊开手脚躺在一张草席上，其本义是依靠、依据的意思。当它与"心"结合在一起形成"恩"字时，表示我们心中有依靠、有根据，从而赋予我们力量，创造美好的现状。当一个人感到满足时，就会对帮助他、对他施以恩惠、对他心存情义的人心生感激之情。

　　说到"恩"，我的眼泪忍不住又要涌出来了。不知道为什么，我越来越容易被触动，动不动就会感动得流泪。

　　感恩我的父母，是他们的相爱将我带到这个世界上；感恩他们的宠爱，塑造了我开朗活泼的性格；感恩他们给予我选择自己爱好的权利。父爱如山，母爱如海。尽管在我 13 岁时父亲离开了我们，但他从未离我远去，在我的记忆中，他陪伴着我度过了每一个春夏秋冬。早早失去父亲的经历使我变得更坚强，也更热爱生命中的每一天。因为只要活着，就是最大的美好。

　　感恩我的姑姑，她教我从小唱歌，让我走出了小县城。她支持我考大学，带我来到了美丽的惠州。如果不是她，我可能会在中专毕业后就工作，就没有今天这么多丰富多彩的故事。

　　感恩我的声乐老师米红。在考大学之前，姑姑带我去米老师那里学习声乐，我接受了严格而正统的声乐训练。米老师就像严厉又慈祥的母亲，一方面对我要求严格，一方面对我关怀备至。

　　感恩吴丽君老师。在惠阳高级中学工作的那几年，她一直督促和培养着我。她是我的同事，也是音乐科组长，同时也是我的知心姐姐。我们已经认识了 24 年，这期间从未发生过争吵。即使我离开惠高后，我们依然保持着密切的联系。教学上的事情还是生活中的琐事，我都愿意与她分享。她总是站在最有利的角度为我分析，给予我力量和勇气。

感恩郭声健教授。第一次见到郭教授是在华师的一次省级骨干教师培训课程上，他主讲了如何撰写论文。从那时起，我与郭教授建立了深厚的师生关系。当时我们还没有微信，只能通过 QQ 联系。无论是关于音乐教育的任何问题，郭教授都会耐心地为我解答，让我深深感受到他作为学者的风范。他从未摆出高高在上的姿态，也没有丝毫的不耐烦。我收藏并阅读了郭教授所有的著作，将他视为我音乐教育毕生追求的偶像。跟随着郭教授为音乐教师们出版的《音乐课堂美美的》《音乐课堂乐乐的》《音乐课堂暖暖的》《音乐教育情书》等书籍，我在慢慢成长。我们一群志同道合的人聚集在"音为有爱"这个温暖的大家庭中，共同学习和进步，感受着团队合作的美妙。

感恩郑学智教授。郑教授曾是我的同事，现在担任广东省惠州市教育科学研究院音乐教研员。我还在惠阳高级中学工作的时候，就听闻了他的名字，直到参加第四届教师基本功比赛才有幸与他相识。郑教授浓重的乡音、爽朗的笑声瞬间拉近了我们的距离。他带领我熟悉考场，指导舞蹈动作，从不摆架子。之后，只要有好的教学活动，郑老师都会通知我去学习和观摩。2007年，我有幸成为郑教授的同事，能够跟随他学习更多知识。郑教授的多才多艺令我钦佩，吹笛子、拉二胡、弹钢琴、唱歌、跳舞、组乐队、合唱、导演、做课题、编教材……无所不精，实在令人敬仰。有着郑教授的引领和帮助，我逐步成长并取得进步。2021年初，郑教授给我转发了一个关于广东省中小学"百千万人才培养工程"项目初中文科名教师培养对象遴选的通知，他说："谭老师，你可以试一下。"我阅读了文件后发现选拔要求很高，而且不同学科一起评选，音乐学科的竞争力相对较弱。我给郑教授打电话说："老师，这个很困难，我感觉我选不上。"郑教授听后，怒道："你什么时候变得如此胆小！害怕什么呢？不去尝试怎么知道自己行不行？你湖南人的勇气去哪了？"在他的一番斥责下，我豪情万丈地说："好吧，好吧，我去，一定会成功！"

于是，我开始认真准备申请材料。没想到，上天对我格外眷顾，我竟然入选了！

因为加入了广东省中小学"百千万人才培养工程"项目，我有幸认识了我生命中的另一个恩人——我的导师陈洪义教授。

与陈教授相识也有着一段故事。我们的培训一开始是线上进行的，陈教授给我们的讲座内容是关于工作室的建设。讲座非常详细、实用，每个环节都充满了"干货"。透过屏幕，我看着他戴着眼镜、笑容满面的样子，显然是一位和善、无私且乐于分享的老师。在线下培训时，我们艺术小组四位成员与导师见面了。这是我第一次见到陈教授，他与我们分享了他从参加第一届省百千万开始的成长历程。作为一位基层老师，他一步步走到今天，并取得了如此多的成果，仍然保持着低调。陈教授享受政府人才津贴，是广州市基础教育高层次人才引进对象，也是增强教师队伍建设的骨干力量。他不仅在教学上出类拔萃，还积极参与课题研究和教材编写工作，为学科发展作出了卓越的贡献。

在与陈洪义导师的交流中，我深受启发。他以身作则，用实际行动展示了一个优秀教师的风采。他注重教学方法的创新，善于运用多种教学手段和技术，使学生在轻松活泼的氛围中获得知识。他对学生关怀备至，注重培养学生的创新思维和实践能力，激发他们的学习兴趣和潜能；同时，他也非常注重团队合作，鼓励教师之间相互学习、共同进步。

还有很多很多我要感恩的人，心存感恩，万物皆美！

生活在世界上，万物皆有恩情！"感恩"是一种心理认同。对太阳的"感恩"，那是对温暖的领悟；对蓝天的"感恩"，那是我们对纯净的一种认可。"感恩"之心，是我们生活中不可或缺的阳光雨露，用一颗"感恩"的心去看世界，生活会变得更加美好。

我是幸运的，更是幸福的。我要把"恩"字放在心头，让感恩成为自己的一种习惯，感恩一切所有！励志前行！

关注学生，才能焕发课堂生命活力

题记：

一个教师的成长与否，取决于他是否能够关注学生。音乐课堂中，每次的精心演绎都应该让学生通过声音、表情和肢体展现生命成长的内心乐章。教师的智慧在于如何激发学生个体和群体的生命活力，只有让课堂充满生机，教师燃烧教育激情，学生才能迸发生命的火花。

——谭 京

最近，我经常接到音乐老师的电话或短信。

"谭老师，我一直关注您的公众号和视频，每次更新我都会认真学习。我觉得您的课堂特别精彩，学生的参与度和配合度也很高。我想向您请教一个问题，我们很多学生不愿意参与活动，无论我设计什么课堂活动，他们总是懒洋洋的，就像是旁观者一样，甚至有些本来愿意参与的学生也会被这些不愿意动的同学影响，最后我只能放弃设计那些有互动性的教学活动。您认为我该如何解决这个问题呢？"

"学生不愿意参与活动并不是你一个人遇到的情况，很多老师都会遇到，包括我们学校的学生也会出现这样的情况。如果大多数学生都积极参与，那些不愿意参与的人会慢慢受到影响。要解决这个问题，需要教师具备良好的教学手段。"

"谭老师，那您是如何改变这些学生状态的呢？"

"改变这些学生的状态不是一两节课就能解决的问题。有些老师性子急，渴望所有学生都听话，他们要求学生做什么就必须做什么，这是不可能的。学生作为鲜活的个体，尤其是处在青少年成长时期的学生，他们会有很多自己的想法和行为方式。我会先观察，暗自记住那些不愿意参与的学生，但我不会点名批评他们，因为批评只会让他们更加远离你。然后在下课或平时碰到他们的时候，我会多与他们聊天，不聊课堂上的事情，而是聊一些他们感兴趣的话题。聊天的目的一方面是了解这些学生的个性特点，另一方面是接近他们，看看他们为什么远离课堂。接着，在课堂上，当我进行活动时，我会用委婉的语言进行提示。例如，当所有人都在拍手、捻指或跺脚时，有些学生却站在那里一动不动。我会说：'有些同学仿佛忘记自己是来上课的了！'这时，我看到那几个不愿意动的学生稍微动了一下。然后我会走到他们身边，带动他们跟着我一起参与。只要他们能动起来，我就会立即竖起大拇指，给予鼓励。逐渐地，他们就会意识到参与活动是有趣和有意义的，他们也会逐渐改变态度。"

"谢谢谭老师，您的建议很有启发。我会试试看，希望能够改变学生的状态。"

"加油！相信你一定会成功的。关注学生，激发课堂生命活力，是我们作为教师的责任和使命。"

"谢谢！我会努力的。"

与音乐老师的交流，让我想到了很多。作为一名教师，关注学生是我们工作的核心。只有关注学生，才能激发他们的学习兴趣和动力，让他们在课堂中发挥出最大的潜力。

那么，如何关注学生，激发课堂生命活力呢？以下是一些建议：

（1）建立良好的师生关系：与学生建立亲近、信任的关系是关注学生的基础。要关心学生的生活和成长，多与他们交流，了解他们的兴趣爱好、困惑和问题。我们通过与学生建立良好的师生关系，可以更好地了解他们的需求，从而针对性地设计教学活动。

（2）多样化的教学方法：不同的学生有不同的学习方式和兴趣点，因此教师应该采用多样化的教学方法，以满足不同学生的学习需求。教师可以通过音乐游戏、合作学习、小组讨论等方式，增加课堂的互动性和趣味性，激发学生的参与度。

（3）鼓励学生表达自己：在课堂上，教师应该鼓励学生表达自己的观点和想法，给予他们充分的发言机会。我们可以通过开放性的问题、小组讨论、角色扮演等方式，引导学生主动参与课堂活动，并在表达中培养他们的自信心和创造力。

（4）设计个性化的学习任务：根据学生的兴趣和能力水平，设计个性化的学习任务，让学生在学习过程中感到挑战和成就感；允许学生选择自己感兴趣的音乐曲目进行演奏或创作，鼓励他们发挥自己的特长和创意。

（5）及时反馈和鼓励：对学生的努力和进步给予及时的反馈和鼓励，让他们感受到自己的价值和成就。我们可以通过口头表扬、写鼓励的便签、班级表彰等方式，激励学生积极参与课堂活动，并持续保持学习的动力。

每一个生命都有着极大的塑造空间，教学的过程就是塑造生命的过程，我们每一位教育者都应该为提升学生的生命质量营造温暖的氛围和搭建有利于学生身心成长的平台。教学的智慧，关键之一就体现在激发学生个体和群体的生命活力！只有让课堂充满生机，教师燃烧教育激情，学生才能迸发生命的火花。

致良知，在生活中感悟教育的真谛

题记：

生活的每个角落都蕴藏着价值和意义。只要我们用心，每个岗位都能展现出精彩、每个舞台都能创造辉煌。教育工作中的每个部门、每个科目，只要我们用心去做，都能作好；只要我们认真地领悟，都能提升自己的认识。简而言之，只要你愿意，每个人都可以成为有境界的园丁。

——谭　京

题一：园丁，用心修剪教育的匠心

今天中午，我修剪花朵，将枯枝剪掉，也剪去了枯萎的花朵。

其中，有一株梦香花，她开得格外灿烂，散发着淡淡的清香，花瓣洁白如雪，花蕊则呈现明亮的黄色。一朵朵花朵或挺立，或垂下，无不向我展示春天的来临。她的名字正如她的花朵一样，朦胧而美丽。

我记得三年前买回这株梦香花，养了几个月，她曾经开过一次花，但开得很少，花期只有大约一个月左右。开完花后，她就再也没有开过，只剩下绿色的叶子。渐渐地，叶子也开始枯黄。我剪掉了枯黄的叶子，定期施肥，每天都给她浇水。在寒冷的冬天，我还将她带进了屋里。

一年又一年过去了，梦香花一直没有再次开花，叶子也显得不太健康。有人对我说："这花可能已经死了，扔掉吧！"我却说："她的叶子还在，并不一定已经死了！不要急，再等等看。"

于是，我坚持每天给她浇水，及时剪去黄叶，定时施肥。其实，我内心也没有把握，不知道她是否还会再次绽放。

今年的冬天，全家回湖南老家过年。回到惠州后，我第一件事就是冲到阳台给植物们浇水。映入眼帘的，正是那株梦香花。在我离开的几天里，她竟然悄悄地绽放了！我甚至没有看到她的花枝是何时生长出来的，也没有看到花蕾是何时开始形成的，她就这样悄悄地绽放了！

这时候，我更加深刻地理解了为什么将教师比作"园丁"。培育花朵就如培育孩子。只要我们坚持用心灌溉和培育，一天天、一年年地去做，就会有花朵盛开的那一刻。每朵花都会枯萎，会遭遇虫害，就像我们每个人都会有各种各样的缺点。拥有缺点并不可怕，但我们不应该任由这些缺点肆意发展。我们需要像园丁一样，用勤劳的双手修剪、施肥防虫，并努力吸收阳光和雨露。正如陈洪义老师在歌词《情思筑梦》中所写："洒下种子一片一片，春风化雨滋润着心田，黑夜白昼，梦不会变，汗水注入梦想谱写新篇章。"

我非常欣赏作家毕淑敏直击人心的一句实话："人生本没有什么意义，人生的意义便在于我们要努力赋予它的意义。"我们选择了教育工作，就意味着选择了责任。所以，在"园丁"的岗位上，我们需要用心修剪"花朵"，因为这是我们的责任。

题二：悟理，阅读提升教师的境界

今天整理办公室柜子时，我发现了一本尘封已久的书，名为《教师的五重境界》，是由万玮所著。万玮将教师的职业发展分为五个层次，分别是教知识、教方法、教态度、教人生和教自我。这五个层次并没有高低之分，而是代表了教师应具备的素质。教授学生知识和技能，探索和掌握不同的教育方法，是每位教师的基本功；同时，教师只有心怀对世界、对人生和对自我的理想，才能看到不同的教育氛围，即便与他人从事相同的工作，也能取得更理想的结果。

我非常认同作者万玮的这句话："有的时候，你以为自己在教知识，其实也在不知不觉地教人生。"在教授知识的同时，也在渗透人生的教育。教书育人的目的就是培养人，希望每个孩子都能有美好的人生。仅仅教授知识只是教书匠的做法，而知识需要不断更新、不断进步。作为教师，我们需要不断学习，用适合我们这些普通一线教师的方法去学习。我认为，做教师必然是幸福的，是充实的，是充满感性和理性的，既了解"天文"，又了解"地理"，同时也了解人与人之间的相互关系，并善于运筹帷幄！

教师是在不断学习之路上行进的旅者，就像于漪先生所说的："一辈子做教师，一辈子学做教师。"她的一生都坚守在三尺讲台上，心中仍怀揣着江河世界的梦想。她追求着"一辈子做教师，一辈子学做教师"的理念，不断学习并勇于实践，这是一个循环不断的过程。我记得在刚开始工作时，为了让自己的课堂语言和教学态度不断规范和进步，我借了一台录像机，录下了自己每一堂课的视频。因为有学生向我提出："老师，您的课非常精彩，我很喜欢上您的课。但是我想给您提个建议，您讲话的速度能稍微慢一点吗？您讲得太快，有些地方听得不太清楚。"我是湖南人，说话速度快，没有考虑到学生们的听觉习惯。下班后，我开始回放上课录像，记录自己需要改进的地方，并反复练习。现在，虽然上课成了我的日常，但每节课之前，我都会在脑海中预设上课场景，就像导演拍电影一样，上完课后，我还会对照预设场景，反思课堂中的情况，总结不同班级学生在课堂上激发的灵感，并在下一个班级中实践并再次总结。

"教育的真谛在于将知识转化为智慧，将文化积淀为人格。"只有具备良好人生的教师才能培养具备良好人生的学生，为学生的终身发展负责任。一个教师能走多远，她的学生就能走多远。正如全国特级教师窦桂梅所说："教师因读书铸就备课灵魂，便成就了教育的永恒爱心、理想信念、社会良知以及社会责任心，这才是一个真正的教师所不可或缺的精神基础。"

教学之挫：磨揉迁革，使趋于善

题记：

教学反思不是回顾总结，而是教学行为的审视，每一次教学中的挫折，都是一次心灵的磨砺，磨砺经验，磨砺思维，磨砺自己的责任担当。

——谭　京

教育家波斯纳指出："没有反思的经验是狭隘的经验，至多只能成为肤浅的知识。"为此他提出了教师成长的公式：经验＋反思＝成长，但凡优秀的教师都是在实践、反思、总结这条途径中成长起来的。

今天的反思让我尤其深刻。

今天上完第四节课，教学过程中的一件事情，令我一直耿耿于怀，不能原谅自己。

我早早到了学校，想着要到教室里面去学习与熟悉希沃白板的操作，还要熟悉备课组罗老师准备的课件，这周用她设计的课件上《七彩管弦》这一单元的内容。她加了一些游戏的环节，学生很喜欢，同时可以通过游戏加强对几组乐器的认识与了解。

我打开了罗老师分享的课件，准备从头到尾把课件过一遍，梳理一下教学思路。这时候，电话震动起来，是校务方面的事情要马上处理。多方沟通处理下，电话不断，一节课的时间很快就过去了，打开的课件还停留在第一页。这时候第四节课的预备铃声响了，孩子们陆续都到了教室。我当时心里有一丝顾虑："课件都还没看呢，我能拿着这个上课吗？"接着又转念一想，应该没问题，我有多年的教学经验支撑着。

教学活动按照我的教学思路，有条不紊地进行着。来到管弦乐器分组的页面——铜管乐器组，我发现这个页面里面很多的乐器都没有，就有学生指出来："老师，刚才在《青少年管弦乐队指南》的视频里面看到了很多铜管乐器，您这个分组里面都没有呢。"我机智地回答道："这都被你发现了，那你能告诉我哪些乐器没有吗？""低音号、大号都没有。""是的，你观察得很仔细，足以证明你刚才欣赏视频的时候非常认真。老师今天回家就把这几样加进去。"

进行到游戏环节，需要两个同学在下落的乐器图片中选择木管乐器，比赛时间是 30 秒。很多孩子高高举起了手。我安排了一男一女两个同学上台，他们开始进入游戏。女生刚选了一个正确的，就不再有乐器出现了，但左边的画面却一直在进行。女生们不满意了，"老师，怎么回事呀，这样怎么分胜负？"我也有点着急了，心想这游戏怎么会这样呢？抱着侥幸的心理，跳入下一个铜管乐器选择的游戏，游戏规则还是两两比赛。开始游戏的那个女孩说："老师，我还想来，刚才没有完成。""好的，你来吧！"她还是在右边，另外一个男生在左边。游戏开始后，两边居然一个乐器都没有下落。下面的学生们顿时炸开了锅："老师，您设置的游戏有大漏洞呀，两个都玩不了！"在这种情况下，我只能真诚地向孩子们道歉："对不起，孩子们，是我犯了错误，我没有提前准备好。等我晚上回去修复好，下次一定不会再出现这样的情况。"

教学这么多年，这样的事情真的几乎没有出现过。以往基本上都是自己制作课件，偶尔使用备课组的课件也是在提前集体备课、反复熟悉之后才登上讲台的。今天出现的这个问题，是我太过自信和大意了，以后绝不允许再犯！

有人说，作为教师教学生写作文，要亲自"下水"。因为通过"下水"，能够亲身体验学习的过程，增加对写作过程的情感认知，将这个过程发展为师生课堂的对话资本。这次教学的挫折让我认识到，即使是音乐课上也要有写作教学的"下水"意识。从备课到上课，每个教学环节都要经历"下水和游泳"的体验，熟悉、掌握相关知识和技巧，才能更好地与学生亲近，理解学生的心理状态，并给予针对性的指导，促进教学的完成。

音乐教育情书——你是我今生的挚爱

转眼间，与我的挚爱相伴已经二十年了。回想起这段旅程，从幼稚懵懂到初次恋爱，再到相伴一生，我们一起经历了辛勤努力、泪水和欢笑。

小时候，对爱情的理解是模糊的。我来自湖南省娄底市，那是一个风景秀丽、人人都有好嗓音的地方。在家族长辈们的影响下，我从小就对成为一名歌手抱有梦想。然而，我并不知道如何实现这个梦想。于是，我开始模仿电视里的歌星，模仿他们的唱腔、手势和动作，可声音却无法复制。我开始怀疑自己是否能够成为一名歌手。当时年纪还小，我无法思考这样的问题。

转眼到了初二，那一年，一件事情引发了我的"初恋"。

学校举办了年级合唱比赛，我们班准备唱《妈妈教我一支歌》。音乐老师戴老师问道："这首歌需要一个领唱，我们班哪个同学自荐来担任这个角色呢？"我立刻高高举起了手。这时，令我终生难忘的一幕出现了——戴老师斜着眼睛看着我，用冷漠和嘲讽的口气说道："你也敢举手？你这样的嗓音还敢来领唱？你不怕给 203 班丢脸吗？"当时我眼泪如泉涌，心中升起无尽的悲伤。难道不是你叫我们自荐吗？我积极举手有错吗？作为老师，您是否可以当着全班同学的面这样嘲讽我呢？

然而，我没有说一句话，因为他是我的老师，我不敢争辩。

放学后，我没有回家，而是直接去了声乐刘老师的办公室。我跑到她怀里放声痛哭："老师，我再也不想唱歌了，我的嗓子就像破铜锣一样，我无法唱歌了！"刘老师轻抚着我的头说："傻孩子，你怎么会是破铜锣嗓子呢？你只是处于变声期而已，你拥有一副如此出色的嗓音，怎么能不唱歌呢？"我问："真的吗？我还能继续唱歌吗？"她坚定地说："当然，相信我！"正是这句"相信我"，让我咬紧牙关坚持了下来。

尽管他们都是音乐老师，为什么会有如此大的差距呢？每当我动摇时，每当我看不到希望时，我的声乐老师刘老师总是给我希望和鼓励。她说："成功之路充满了荆棘，只有拿出开拓精神，才能实现成功。成功之路也充满了惊喜，只有勇往直前，才能看到前方的光明。即使前方的路再艰难，作为你的老师，我会在背后支持你，你要大胆地向前迈进！"一位好的老师对学生的影响是如此之大，我的梦想因此改变了。我不再想成为一名歌手，而是想成为一名音乐老师，成为像刘老师那样的音乐老师！我希望能帮助更多像我曾经一样的孩子，在老师的支持和帮助下，在追寻梦想的道路上不再害怕、不再畏惧。

就这样，在初二时，我确定了我的"初恋对象"，那就是音乐教育。我知道这是一种"早熟"的热情，但我相信音乐教育将是我毕生所爱的事业。为了追寻这份热爱，我报考了湖南省艺术学校和星海音乐学院，以获得足够的勇气和能力来追随你！我害怕你会对我说："你还没有足够的资格去爱我，不要靠近我!"为了拥有足够的资格来爱你,我在中专三年和大学两年中都是班上最勤奋的学生。琴房、饭堂、宿舍和图书馆成了我在学校的固定轨迹。我总觉得自己的水平远远不够,越学习越发现自己的不足和缺点。或许我没有别人那样的天赋,但是我可以通过勤奋来弥补。我比别人付出十倍、百倍的努力,总能追上那些先进者的步伐。

在大学期间,每周有一节声乐课,每节课持续45分钟。我格外珍惜和重视这45分钟,看到一些同学因为背不下歌词,无法满足老师的要求而被赶出琴房,浪费了一节课的时间,我觉得非常可惜。我不能让这样的事情发生在自己身上。因此,我会认真背诵老师布置的歌曲,每个音符、每个字母,我都会反复练习和纠正。我还常常去图书馆听外文原著的朗读和演唱,省下伙食费购买音像资料。正是因为这份认真和坚持,老师每节课都会表扬我,并且布置给我的曲目越来越多,从最初的每周两首到后来的每周五首,我都按时完成。既然决定要爱你,我不能敷衍你,我要真心、真切地、真实地去爱你!

"初恋"的感觉是如此甜蜜与美好,我希望与音乐教育相伴一生。因此,在大学毕业那年,我毫不犹豫,追逐着音乐教育的怀抱。时光不负有心人,我没有走弯路,很快就在广东省惠州市找到了一所理想的学校,那就是广东惠阳高级中学。这是一所百年老校,对艺术教育非常重视。在这里,我得到了作为音乐教师所需的全面成长和发展机会。

吴丽君老师是音乐学科组的组长,她毕业于江西师范大学,是一位经验丰富的老师。在广东惠阳高级中学的那几年,几乎没有休息日和寒暑假,我记得自己总是在准备各种事情,如录像课比赛、说课比赛、基本功比赛、教学设计比赛、合唱比赛和学生才艺比赛等。在所有这些活动和比赛中,吴老师总是将我推到最前面。

说实话,当时在学校的时候,我内心也曾抱怨过,觉得吴老师似乎有点偏心,毕竟学校还有其他音乐老师,为什么所有的任务都落在我身上?而且成绩算在整个科组的名下,而不是属于我个人。但是,尽管抱怨,我仍然尽心尽力地完成每一项任务。后来,我渐渐理解了吴老师的用心良苦。虽然现在已从广东惠阳高级中学调到惠州市第一中学,但我仍由衷地感谢吴老师!如果那些年她没有让我做这一切,我永远不可能具备现在的能力。随着时间的推移,我越发意识到"初恋"时期的积累是远远不够的,我的成长和历练需要在每一节课、每一次比赛、每一次排练、每一次准备中不断总结和提升。

让我记忆最深的是当时的一次录像课比赛。我选择了《非洲的灵感》作为课题，并将我的教学设计拿给吴老师检查。吴老师先听我解释了设计目标和教学过程，然后根据我的内容，在很多细节和教具使用方面提出了建议。我感动的是，为了这次比赛，吴老师特地申请购买了非洲鼓，尽管我原本只是想通过视频展示非洲鼓的声音。为了达到最好的效果，吴老师反复帮我磨炼课堂表现，精确到每句话的语气、语调和语速。这节课给予我的不仅是在录像课比赛中取得的好成绩，还有获得广东省教学设计一等奖的荣誉。从吴老师身上，我能够清晰地感受到她对音乐教育的深深热爱，这也促使我和你的"爱情"不断升温。

为了让我们的"爱情"之树不断茁壮成长，我需要持续地给它浇水、施肥、除草和除虫。只要有优秀教师的公开课，我都会寻找机会去学习。我还向名师学习声乐、合唱指挥和 PPT 制作，学习一切我需要的东西。我觉得自己就像一块渴望营养的海绵，贪婪地吸收着音乐的滋养。有了这些滋养，我们的"爱情"之树逐渐茂盛起来。2007 年，我被调到了惠州市第一中学，这为我们的"爱情"提供了更广阔的发展空间。

就这样，我一直坚守着这份"爱"，二十年来从未动摇过。在这期间，有许多单位向我发出邀请，试图让我背叛我的"爱人"。他们用丰厚的工资和高职位来吸引我，但我从未动摇过。正是因为这份"爱"，我获得了一声声赞美和一份份荣誉。这些努力和坚守都是我应该做的，而在这个过程中，美好自然而然地降临。为了让我们的"爱情"影响更多的人，我去山西支教，去乡村音乐教室支教；我开讲座，开设微信公众号，引领年轻教师，分享我们的"爱情"。我用我所有的力量感动、感染、影响和带动更多的人！

感恩我们的这份"爱情"，虽然平凡而琐碎、清贫而艰辛，但这份"爱"是神圣、纯洁和伟大的。为了这份神圣、纯洁和伟大的"爱情"，我愿意成为一位用生命歌唱、用生命实践、用生命创新的音乐教育家！

（此文写于 2021 年，发表于由郭声健教授主编的《音乐教育情书》，有改动）

参 考 文 献

[1] 朱杨玲，陈烨．新文科视野下的中小学音乐教育与音乐文化传承 [J]．戏剧之家，2024 (02)：112－114.

[2] 邹扬，范琼瑶，邱琳，等．我国中小学音乐教育现状及改革思路 分析——评《中小学音乐有效学习评价》[J]．林产工业，2021，58 (04)：128.

[3] 陈玲．"双减"政策下中小学音乐教育现状调查与发展策略研究—— 以江西省上饶市义务教育学校为例 [D]．荆州：长江大学，2023.

[4] 林美美．浅谈中小学音乐教育的问题及建议 [J]．佳木斯职业学院 学报，2020，36 (06)：86－87.

[5] 王鹏．浅谈中小学音乐教育的发展现状及其思考 [J]．新课程 (中)，2019 (09)：131.

[6] 陈宁．中小学音乐教育的发展现状及其思考 [J]．戏剧之家，2019 (03)：201.

[7] 陈洪义，谭京．"浸养美育"，向"美"前行 [J]．师道：人文， 2022 (04)：21－23.

[8] 孙小桃．初中音乐互动性教学的开展 [J]．文理导航，2024 (11)： 91－93.

[9] 胡乃云．审美教育融入初中音乐教学的实施路径 [J]．教育艺术， 2024 (03)：53.

[10] 张丽云．基于数字化平台的音乐"多元交互式"课堂教学评价 [J]．教育艺术，2024 (03)：54－55.

[11] 李梓洁．基于学生核心素养培养的初中音乐教学 [J]．中学课程辅 导，2024 (07)：9－11.

[12] 肖媛媛．初中音乐教学中学生乐感及鉴赏能力的培养 [J]．教育艺

术，2024（03）：57－58.

[13] 秦婉婷，吴修林. 奥尔夫音乐教学法在中国的本土化发展 [J]. 大众文艺，2024（04）：177－179.

[14] 周永梅. 指向核心素养的音乐情境教学实践与探索 [J]. 小学教学参考，2024（06）：40－42.

[15] 苗飞，刘加建."教学做合一"视域下音乐大单元的开展 [J]. 剧影月报，2024（01）：140－141.

[16] 郑惠. 核心素养视域下中小学音乐"听赏与评述"教学策略探究 [J]. 辽宁教育，2024（03）：76－79.

[17] 郝玉芹. 音乐教学跨学科融合的路径探究 [J]. 留学，2024（02）：66－67.

[18] 王然. 当今音乐教育观念引发的系列思考 [J]. 贵州教育，2020（24）：43－44.

[19] 梅译文. 有过程的归纳教学——学生音乐学习的生长途径 [J]. 中小学音乐教育，2021（10）：11－13.

[20] 魏雅青. 文化理解目标下的高中《音乐鉴赏》教材解读与教学实施 [J]. 新智慧，2023（24）：81－83.

[21] 陈洪义. 情思教育的理论与方法 [M]. 长春：东北师范大学出版社，2020.

[22] 刘月霞，郭华. 深度学习：走向核心素养 [M]. 北京：教育科学出版社，2018.

[23] 刘玉海，王思萌. 深度学习是指向核心素养的学习 [J]. 教育·校长参考，2019（19）：76.

[24] 中华人民共和国教育部. 义务教育艺术课程标准（2022年版）[S]. 北京：北京师范大学出版集团，2022.

[25] 彭渤. 歌曲的演唱技巧处理与情感处理探析 [J]. 课程教育研究（学法教法研究）.2018（36）：271.

[26] 李春来. 基于综合育人的物理教材拓展内容跨学科教学设计——物理与音乐学科融合的教学案例研究 [J]. 物理通报，2023（08）：2－6.

[27] 陈辉. 信息化时代传统音乐基础理论教学问题研究——评《中国传统音乐基础》[J]. 人民长江，2024，55（01）：255－256.

［28］孙婧怡，郭宇．多元智能视域下中学音乐数字化教学现状梳理与反思［J］．大众文艺，2024（02）：186－188.

［29］张冬梅．基于音乐动作技能学习影响因素理论下的声乐学习和教学有效性研究［J］．民族音乐，2023（06）：94－97.

［30］杨李戎蓉．探究新视野下音乐教育教学路径［J］．戏剧之家，2023（34）：179－181.

［31］祝彬．兴趣发展理论视角下的音乐学习兴趣：内涵意蕴与教学改进［J］．中小学教材教学，2023（11）：38－42.

［32］周艺铭．多元智能理论让音乐教学不止于鉴赏［J］．课堂内外（高中版），2023（36）：76－77.

［33］张丹．音乐创新教育教学实践探究——评《音乐创新教育理论与教学实践研究》［J］．中国教育学刊，2023（07）：117.

［34］卢琨．建构主义理论在音乐学（师范类）专业舞蹈课程教学中的运用研究［D］．曲阜：曲阜师范大学，2023.

［35］王铄．认知发展理论下开展合唱教学的探究［J］．新教育，2023（17）：111－112.

［36］曾文佳．新文科音乐课程思政沉浸式教学研究［D］．青岛：青岛大学，2023.

［37］王嘉莉．"学科综合"理念下音乐教学策略探究［J］．戏剧之家，2024（03）：175－177.

［38］隋欣，杨忠月．基于新文科视角的音乐学科交叉理论教学策略研究［J］．艺术研究，2023（06）：108－110.

［39］王钰晶．基于生命教育的音乐素养教学策略探析［J］．基础教育论坛，2023（23）：76－77.

后　记

　　亲爱的读者，当我回顾写作本书的过程时，我感到无比激动和满足。这本书是我和团队多年音乐教学经验的总结和思考，也是我对美育教育理念的深入探索。在这里，我想分享一些我在写作过程中的所思所感。

　　音乐教育是一项神圣而伟大的事业。教师不仅要传授音乐知识和技能，还要激发学生的音乐情感，培养他们的审美素养和创造力。在我的教学生涯中，我始终坚信音乐教育不仅是教授音符和节奏，也是通过音乐的力量塑造学生的心灵，让他们在音乐的海洋中得到滋养和成长。

　　在书中，我提出了"浸养美育"的教学理念。这一理念强调通过多种感官的参与和全身心的投入，让学生深度体验音乐的魅力。我鼓励学生通过歌唱、演奏、舞蹈等方式，与音乐亲密接触，让音乐成为他们生活的一部分。我相信，只有在全身心投入的情况下，学生才能真正感受到音乐所带来的情感共鸣和美的享受。

　　在书中，我分享了团队在音乐教学中的实践经验和教学案例，讲述了学生们在音乐课堂上的成长和变化，以及他们通过音乐表达自己的喜怒哀乐。我还分享了一些教学活动和方法，如音乐创作、音乐欣赏和舞台表演等，希望能给读者带来一些启发和灵感。尽管有很多方面不尽成熟，但我相信这些研究成果将为相关领域的学术研究和教育实践提供有价值的参考和借鉴。我也期待与相关领域的学者开展合作，共同推动浸养美育教育的研究和实践。

　　在书写本书的过程中，我深深感受到了音乐教育的力量。每一个孩子，无论他们的音乐天赋如何，都应该有机会接触和体验音乐。音乐不仅仅是为了培养专业音乐人才，还是为了培养每个人的情感表达能力、团队合作精神和审美能力。通过音乐，我们可以帮助学生发现自己的潜能，增强自信，培养创造力和想象力。

　　我要衷心感谢所有一直支持和鼓励我的人，感恩学校的培养，感谢每一位学生。感恩广东省中小学"百千万人才培养工程"项目组搭建的平台，感恩李斌辉教授、陈洪义导师、胡樱平导师的悉心指导与培养，用三年时间梳理风格、凝练教学主张，感恩李斌辉教授、郭声健教授为本书作序，是你们的陪伴和理解让我能够坚持走在音乐教育的道路上。感谢团队成员钟弯湾、黄秀贤、卢淑芬、欧嘉瑜，也感谢合肥工业大学出版社给予我出版本书的机会，让我能够将自己的经验和思考与更多的人分享。

　　作者在写作本书的过程中，参考了教育心理学、脑科学和教育学等相关理论著作，借鉴了许多前辈的研究成果，在此表示衷心的感谢。由于本书需要探究的层面比较深，作者经验有限，加之写作时间仓促，书中难免存在疏漏之处，恳请前辈、同行及广大读者斧正。

谭　京

2024 年 4 月 18 日